张浩然 ◎ 著

漫溯

向文本更深处

—— 高中语文名篇细读

上海教育出版社
SHANGHAI EDUCATIONAL
PUBLISHING HOUSE

图书在版编目（CIP）数据

向文本更深处漫溯：高中语文名篇细读 / 张浩然
著. — 上海：上海教育出版社，2022.12
ISBN 978-7-5720-1745-2

Ⅰ. ①向… Ⅱ. ①张… Ⅲ. ①中学语文课 – 教学研
究 Ⅳ. ①G633.302

中国版本图书馆CIP数据核字(2022)第226313号

责任编辑　庄晓明
封面设计　周　亚

向文本更深处漫溯：高中语文名篇细读
张浩然　著

出版发行　上海教育出版社有限公司
官　　网　www.seph.com.cn
地　　址　上海市闵行区号景路159弄C座
邮　　编　201101
印　　刷　上海华顿书刊印刷有限公司
开　　本　787×1092　1/16　印张 13
字　　数　231 千字
版　　次　2023年1月第1版
印　　次　2023年1月第1次印刷
书　　号　ISBN 978-7-5720-1745-2/G·1600
定　　价　49.80 元

如发现质量问题，读者可向本社调换　电话：021-64373213

PREFACE 前言

　　我的前辈跟我分享过一句话,"文科理科都是理科",我深以为然。

　　因为无论是科学学科还是人文学科,最重要的都是问题意识,我们对这个世界的认识方式是——发现问题,分析问题,再解决问题。

　　对中学教育而言,数学、物理等纯理科,问题好像不言自明。一个公式,一个定理,一道题目,便是一个共识性的问题。中学教育所要解决的数学、物理问题,早已存在,中学学习也鲜明地体现了知识体系的传承,老师和学生处在共同的问题域,一起踏上教学之旅。

　　但是对于文科,尤其是语文,问题本身恰恰成了最大的问题。面对同一篇文本/课文,我们究竟要去探讨什么问题,什么才是语文课真正值得探讨的问题,对处在同一个学科体系中的语文老师好像并非不言自明,我们往往用语文或人文学习是个性化的,与老师个人风格密切相关,将这个问题草草打发。但是这个问题,犹如挥之不去的幽灵,始终盘旋在每个语文老师头顶上方。

　　每个语文老师,都有自己的风格,或幽默、或可爱、或激情、或理性、或温文尔雅、或端庄大方……每一堂课都打上了老师本人鲜明的烙印,但是衡量一堂语文课好坏的终极标准,其实在于课堂是否解决了真正有价值的问题,学生是否得到了真正的能力训练。所谓师道尊严,其实在于教学所要解决的问题有价值,然后学生才愿意追随。

　　什么是真正有价值的问题? 或什么是真问题? 教育界有这样一个经典案例,一个商贩家的小孩要经常帮父母做生意,最难的部分是算账,比如客人买了八斤苹果,需要算收多少钱,小孩算账可以说毫厘不爽,思维运转如飞,可是一来到数学课上,面对一道简单的乘法题,小孩却显得笨拙迟钝,无所适从。为什么小孩的表现会有如此大的差异? 因为前者是真实情境中的真实问题,而后者纯粹是一个抽象问题。

　　所以,现在的中、高考试卷命题开始出现更多情境化命题,主张学习不应脱离生活实际,我认为这是非常好的导向。但我想,问题情境化的背后,真正重要的是与己相关性。上文的小孩为什么算账那么好,不仅因为他在解决真实情境中的真实问题,而且因为这个真实情境中的真实问题,与他密切相关,如果他算错了账,爸妈就会亏钱。

真问题,首先是与己相关性。与己相关,才会关注,才会思考,才会学习。反过来,谁又会对完全与己无关的事物/知识真正感兴趣呢?比如,这世上的人万万千,每一个都是独立的个体,都有自己独特的故事,为什么你会特别想了解他/她的故事?因为在你的生命情境中,你和他/她早已建立了密不可分的生命联结。同样,这世上的知识万万千,这世界的奥秘无穷尽,为什么我们会特别想掌握这个或那个知识呢?因为在特殊的生命情境中,我们是如此迫切地需要它,它之于我们,显得那么重要,那么美。所以,一个好的老师,要学会创设生命情境,让知识真正与我们的生命联结在一起,让学生的生命真实在场。

回到语文的情境中,什么是语文的真问题?什么又是语文的假问题?当我们的语文阅读追问某句话或某段落怎么理解,有什么作用,有什么妙处,并执着于给出一个规训化的完美答案的时候,我们忍不住会想,答题的四个层次确实很对,可是学会掌握这样一个完美答案对我的人生真的很重要吗?倘若不是因为考试,它跟我的生命又有什么关系?语文的真问题,即在于真实地展现无与伦比的文学之美,并执着地告诉我们有关人生、世界的真相。哈姆莱特为什么一再延宕?沙子龙为何不传五虎断魂枪?宝玉为何认为"女儿是水作的骨肉,男人是泥作的骨肉。我见了女儿,我便清爽;见了男子,便觉浊臭逼人。"《百合花》中的新媳妇为何执意给牺牲的小战士盖上百合花被……这些文学文本情境中的真实问题,没有标准化的答题套路,但恰恰蕴藏着有关人生、有关世界的无穷尽的奥秘。

以是否解决真问题为标准,我们也就彻底明了"灌输式教育"的弊病所在。如果知识与己无关,那么所有的学习便成了被迫的知识接纳,一如填鸭这个意象所暗示的。现在流行一个观念,要从"以教师教授为中心"转变为"以学生学习为中心",一堂课,老师尽量少讲,以学生的学习作为主体,充分激发学生学习的主动性和积极性,以此纠正传统老师单向式的教,或曰老师唱主角的"满堂灌"。这个观念看上去很先进,但真正的问题从来不在于更侧重老师的"教"还是更侧重学生的"学",而是回归到最本质也最朴素的问题,我们是否在带领学生解决真问题。如果解决的是真问题,那么老师的引领,学生的主动思考、学习便是题中应有之义。否则,变化的只是外在的形式。

当然,对于任何一个求知者而言,提出真正有价值的问题其实恰恰是最难的部分。提出真正有价值的问题,意味着在本是"无"的世界中,开辟一个"有"的存在,只是这个"有"的世界尚是混沌一片,但问题本身照亮了它,只要假以时日,廓清迷雾,它就会成为朗朗乾坤历历分明的存在。用理论术语来说,客观只有依存于主观才真正存在,不同的主观视野会显现不同的客观世界,同样的,面对一个文本,不同的主观视野/理论视野会显现文本不同的价值,所有的主观解读都是在提供一种观察理解文本/世界的方式,很多时候,我们看不出文本的价值,我们提出不了真正有价值的问题,是因为我们还不具备相应的主观视野/理论视野。

我希望,在这本关于高中语文名篇细读的书中,真正做到以问题为引领贯穿始终,并且提出一些真正有价值的问题。

谈到为什么会写这本书,原因可能出乎很多人的意料——这本书是被逼出来的。一个看上去不可思议的原因。说实话,作为一名一线教师,教语文真的太难了。回想最初成为语文老师的那几年,无数个早起的清晨,我都会问自己,为什么要教语文呢?为什么要让自己这么累呢?

教语文,让我承受了巨大的压力。每次当我走上讲台的时候,我都会问自己,我的课堂是否足够有趣,孩子们是否真的喜欢听?我的课堂是否既能够让孩子们有效地应对考试,同时也给予他们超乎于考试之外的听课的理由?回到学习语文最本真、最朴素的目的,语文应该有益于人生,她教会我们一种更好地观察、理解、适应世界的方式,让我们更好地获得有关人生、世界的真相,那么我的课堂是否做到了这一点?

对于语文老师而言,语文教学其实是一门"无中生有"的艺术,我们像魔法师一样,把一个原本单薄的文本,延展成一堂精彩纷呈、高潮迭起的课堂。或者说,我们同时是编剧,是演员,亦是导演,而我们最初所依凭的不过是作者写的那短短几千字。

比如面对《老人与海》,这部小说我读过,感动过,可是当我要以一个老师的身份带领学生研习这个文本,一开始我并不知道我将要带领他们走上怎样的路,我也不知道这条路最终要通向哪里,我唯一知道的是,在《老人与海》指引的路上,我想带他们看最美的风景,看他们自己看不到的不一样的风景。

《老人与海》可能最终我只讲了三个课时,但是在讲之前,这本小说我至少读了三遍,我翻阅了所能找到的有关《老人与海》的最好的解读资料,然后在此基础上思考整合,设计一个让我满意的课堂,再以最饱满的状态将它呈现。只是很多时候,当我翻遍资料,却发现其中并没有我想要的答案,它并不能帮助我呈现我想要的课堂,于是焦虑开始袭来,"压力山大"。无数个夜晚,只剩我一人的办公室里,我一遍遍地逼迫自己回到文本,与它对话,苦苦琢磨,直到有那么一刻,灵光乍现,我突然发现我真正理解了它,真正触摸到了它的灵魂,于是我可以像谈论一个我熟识了多年的老友一样,跟我的学生们娓娓道来,我也知道怎样带领孩子们一步步地走进我想要他们到达的世界。

这是一条少有人走过的路,最初我探索的时候,焦虑不安,惶惑不已,但当我最终走到终点的时候,有一种忍不住的欣喜,因为我知道它足够精彩。在时间有限的课后、周末、寒暑假,我坚持把我所思考的记录下来。当我试着把它发表到公众号上,发现不仅收到了语文同仁们的支持,我的亲人、一些语文教育之外的朋友也很喜欢,于是我的"野心"便暗自滋长膨胀,我想把它变成一本书,一本写给所有人的语文书。

最后,特别想感谢北京师范大学附属实验中学李晓辉校长、李荔萍老师,因为有了你们的支持,我的野心才得以变成现实;感谢高冰倩老师一直以来对我的鼓励,你是我最初的读者,给予了我毫无保留的肯定;当然我最想感谢的还是始终如一日坚持的自己,不管多少因素在撕扯,唯初心不变,坚定地做自己想做的事。

民德楼

2021 年夏

CONTENTS 目录

戏剧 篇

文言 篇

整本书阅读 篇

小说
篇

1 奴性人格的极致书写
——评《装在套子里的人》

《装在套子里的人》是契诃夫的名篇，很少有同学会忘记这个经典的"套中人"形象，契诃夫以他犀利深邃的观察切中了人性中的某种心理，并用漫画式夸张的手法把它赤裸地展现在我们的面前。

别里科夫这个"装在套子里的人"好像很透明，我们能轻易地抓住他的核心精神特质，那就是恐惧。恐惧是人性中的正常情绪，可是在别里科夫这里，恐惧超出了常态，恐惧溢了出来，恐惧攫取了整个人，于是展现在我们面前的别里科夫总是一个惶恐不安的，极力将自己包裹在套子中的苍白乃至猥琐的小人物，直到死亡，他才最终安息。

正因为恐惧是人性的正常情绪，正因为每个人在世上都在寻求一种安全感，于是别里科夫在某种意义上，是变得可以理解和亲近的。难道在我们身上，就没有寻求套子的欲望和冲动吗？人是一个相对可怜的实体，总是会遭遇各种各样的创伤，我们遇到伤害的时候，总是会采取一种防御性姿态——退缩，退到一个自我保护的圈子中。别里科夫以恐惧为中心的变态人格，也许正是因为遭受了某种重大的创伤。作为怪人的别里科夫在晴天会穿上雨靴，带上雨伞，穿着长长的厚大衣，衣领立起来遮住面庞，耳朵塞上棉花，坐马车要求把车篷盖起来。晚上睡觉会用被子遮住自己，做着可怕的噩梦，害怕小偷，害怕厨子会杀了他。害怕与人接触，害怕人群密集的学校，害怕学校里可能出现的各种不合规矩的乱子。套子也可能代表了某种惯性和舒适区，惯性的河流通常会把我们带向安稳的所在。别里科夫胆小怕事，因循守旧，他惧怕一切新生事物，他固守着原有的观念，原有的生活：女生是不可以骑单车的，因为这样下去指不定会闹出什么乱子；教员是不可以穿花衬衣、带书上街的，这一点都不像话。从单纯人性的角度去理解别里科夫显然是不全面的，因为这世上没有永恒的单纯的人性，人性总是与时代性勾连在一起的，这也是别里科夫异于我们通常理解的创伤性人格的原因。

我们要追问，别里科夫到底怕的是什么？恐惧不会没有来由。表面上，别里科夫惧怕的是新生事物，惧怕的是扰乱秩序的乱子，他是一个因循守旧、墨守成规、胆小怕事的人，可是我们要追问的是，别里科夫为什么会因循守旧、墨守成规？旧的秩序或旧的规则为何能够给他带来安全感？我们发现，当别里科夫神经质地反复说着，"可千万别闹出什么乱子"时，总会伴随的话语便是，"只求这种事别传到当局的耳朵里去才好""要是被校长/督学知道了可怎么办？"显然，别里科夫恐惧的终极源泉来自于当局的权威或威权。他战战兢兢守护的旧的秩序或规则恰恰是当局所极力维持的。这里自然牵扯到沙皇威权统治的时代背景。亚历山大二世被刺身亡后，亚历山大三世即位，为巩固皇权，采取高压统治，警察和密探遍布全国，进步报刊被查封，革命人士被流放。这是白色恐怖的时代，恐怖的因子弥漫在整个空气中，在公共场合甚至私人场合中发表的某些言论都可能毁掉个人的政治生涯或让他丢掉饭碗，所有人敢怒不敢言，都在极度压抑的政治气氛中苟活着。"为了混口饭吃，有个温暖的小窝，捞个分文不值的一官半职"，不得不过上虚伪诌媚的生活。那么，作为"套中人"的别里科夫便具有代表着沙皇专制统治下的典型的奴性人格。他是一个被恐惧压垮了的人。

别里科夫带给我们的疑惑在于：作为一个正常的生活在白色恐怖下的人，他害怕说错话，做错事，我们可以理解；他胆小怕事、谨小慎微、循规蹈矩，我们可以理解；他好心劝告他人不要出乱子，我们也可以理解，可是为什么他会觉得，"凡是违背法令、脱离常规、不合规矩的事，虽然看来跟他毫不相干，却惹得他闷闷不乐。"他人的乱子又与他何干？他人的乱子为何会让他惶惶不安？这里必须提一下别里科夫的告密者身份，在城里，如柯瓦连科所说，他是以一个告密者的形象存在的，但别里科夫显然区别于传统的告密者，传统的告密者是统治阶级的合作者，是真小人，他们从告密中攫取政治利益，可别里科夫不是，他只是单纯地、真诚地害怕着，他本人并没有从告密中获得实质性的利益，这个意义上，别里科夫不是真小人。在讲鲁迅的大爱的时候，我们提到，世界上，所有人的悲伤与痛苦都与我们息息相关，这是一种伟大的生命感，当我们对他人的存在与死亡都彻底麻木的时候，我们的自我存在不也失去意义了吗？他人的乱子与别里科夫的存在本身息息相关。这到底意味着什么？课文中删去了一个很有意思的细节：

他有一个古怪的习惯——到同事家串门。他到一个教员家里，坐下后一言不发，像是在监视什么。就这样不声不响坐上个把钟头就走了。他把这叫做"和同事保持良好关系"。显然，他上同事家闷坐并不轻松，可他照样挨家挨户串门，只因为他认为这是尽到同事应尽的义务。

如果我们有这样一个同事，下班后坐到你家中，一言不发，直愣愣地盯着你，估计我们会不知所措。或者说，脾气火爆一点的会把那人赶走。可奇怪的地方在于，别里科夫那么害怕与人接触，可是他还是逼着自己到处去串门，他得去完成监视，也就是说脱离他视线之外的乱子比起与人接触更加令他害怕，令他无法忍受。一想到他的同事在他的视线之外，办家庭戏剧晚会、打牌，或者背着他搞男女约会，尽情享乐，他就受不了。那别里科夫是传统的卫道士形象吗？鲁迅早就通过《肥皂》这样的小说告诉我们，所谓的冠冕堂皇的卫道士形象背后都是统治阶级的利益相关者和维护者，四铭叫嚷着反对新学，咒骂女学生，不过是因为他想娶个行乞的丫头做妾而不得。一如前述，别里科夫的古板守旧背后，并非因为个人的私欲或利益，仅仅因为本能的害怕。那我们到底该如何理解别里科夫？别里科夫的精神实质到底是什么？

我们不妨问问自己，在我们心中是否有过别里科夫的时刻呢？当我们处在极端脆弱或虚弱的时刻，你是否会感觉整个世界都有可能伤害你，任何一点风吹草动，哪怕它还在很远的地方，都感觉可能波及到你。因为你如此敏感虚弱，没有任何防御地暴露在整个世界面前，你早已经受不起任何一丁点的伤害。对于别里科夫而言，也是如此，他处在一种极度的恐惧虚弱的状态中。当看到校园里，一对男女勾肩搭背，别里科夫就会忍不住想，要是其他同学看到了怎么办，他们肯定会效仿，然后校园里就会有一大群男女勾肩搭背，如此伤风败俗的景象，要是校长看到了怎么办？更甚者，督学看到了怎么办？批评事小，要是直接把中学给撤销了，那么我的饭碗岂不就丢了，天哪，一想到此，别里科夫的小心脏就再也受不了。这便是一个恐惧者看待世界的方式。

刚才，我们从消极的层面，考察了别里科夫极端的恐惧世界，那么从积极的层面看，别里科夫想构建的是什么样的世界呢？

作家唐诺说，重读才是真正的阅读。也许只有重读才能让我们摆脱最初的困惑。我们再次重读这个句子，"凡是违背法令、脱离常规、不合规矩的事，虽然看来跟他毫不相干，却惹得他闷闷不乐。"别里科夫害怕违背法令、脱离常规、不合规矩的事，这反过来意味着别里科夫本能地渴望法令，渴望常规，渴望规矩，只有法令、常规才能够带给他最大的安全感、稳定感和清晰感。"只有政府中的告示和报纸上的文章，其中规定着禁止什么，他才觉得一清二楚。"说到底，别里科夫渴望的是权威专制本身，他害怕自由，害怕自由引发的乱子，或者说在他眼中，自由是一切混乱的根源，而权威是一切秩序的保证。他希望在他周围建立一个稳定、清晰、规范的世界，这是他安身立命的所在，任何不安的因子，都可能如蝴蝶效应般引起整个秩序的崩塌。

讨论至此，我们突然发现，别里科夫是如此诡异的一个存在，一方面，我们说他那么害怕当局，害怕来自当局的惩罚，可是另一方面，他又如此渴望权威，拥抱当局。两个极端在他身上并存着。别里科夫身上所揭示的恰恰是人的异化的另一种极端形式，我们通常谈论的是经典的马克思关于"异化"的定义——资本主义时代，人异化成了机器，但是我们看到，人的异化还有另外的形式——在极权专制的沙俄，被奴役者与统治者的同化，如斯德哥尔摩综合征所揭示的——被害者与施害者的同一。

如果说别里科夫代表着沙皇专制统治下的奴性人格，那么准确来说，别里科夫代表着奴性人格的极致，那就是把当局的桎梏内化，内化成了自己的本能——渴望权威，害怕自由。表面上别里科夫害怕当局，害怕来自当局的惩罚，更深层意义上，他比谁在精神上都更依赖当局，没有了当局，别里科夫的套子世界也就彻底解体了。当局是恐惧的根源，而别里科夫将这种恐惧演绎到了极致，与当局同化，本能地渴望权威，害怕自由。渴望权威，害怕自由，听上去不可思议，难道我们人类不应该是本能地热爱自由吗？人类的斗争史难道不是一段段不断寻求自由的旅程吗？可是我们仔细想想，在人类历史上的现代化进程中，极权主义出现过多少次？弗洛姆在《逃避自由》一书中写到：

在天生的渴望自由之外，是否也可能有一种天生的臣服愿望？否则，我们又如何解释时下那么多人臣服于一个领袖，对他趋之若鹜？臣服中是否隐含着满足？其本质又如何？自由会不会成为沉重负担，使人无法承受，进而竭力逃避它？为什么自由是许多人的夙愿，又是其他人的威胁？

极端的自由或极端的权威都将导致人类社会的混乱，而别里科夫恰恰全身心地拥抱了极权。他的变态人格可在这一政治心理学层面上得到解释。契诃夫的伟大之处在于，他将民族性格中的奴性剖析推到了一个新的高度，他告诉我们，精神的奴性是如何渗透血液，并腐蚀整个机体的。契诃夫不无痛惜地说，"世界上没有一个地方像我们俄罗斯这样，人们受到权威的如此压制，俄罗斯人受到世世代代奴性的贬损，害怕自由……我们被奴颜婢膝和虚伪折磨得太惨了。"别里科夫代表了奴性人格的极致。

将鲁迅所剖析的民族奴性与契诃夫所指向的奴性作一对比，是件很有意思的事情。在《聪明人和傻子和奴才》《论照相之类》《灯下漫笔》的文章中，鲁迅告诉我们，在封建社会的中国，奴才和主子实则有着精神的同一，他们在根本上都认同主奴制度/等级制度的合法性，奴才能够忍受主子的统治，是因为他是上位的人的奴才，又将是下位的人的主子，"我们自己是早已布置妥帖了，有贵贱，有大小，有上下。自己被人凌虐，但也可以凌虐别人；自己被人吃，但也可以吃别人。一级一级的制驭着，不能动弹，也不想动弹了。"哪怕是权力系统中最下位的女子,也无需担忧的,"多年媳妇熬成婆",苦熬着,不平着,将来还有更下位的媳妇供你驱使。鲁迅点出了如此精妙的系统的特征,每个人可以被凌虐,也可以凌虐别人,然后天下太平,永葆盛世。而直到契诃夫生存的时代,俄罗斯奉行的依旧是身份血统论,农奴世世代代为农奴,贵族世世代代为贵族,奴性更显现为对权威的惧怕,明明知道正义与自由的存在,却"忍气吞声,任人侮辱,不敢公开声称你站在正直自由的人们一边,你只好说谎,陪笑",在"在游手好闲的懒汉、图谋私利的讼棍和愚蠢无聊的女人们中间消磨了我们的一生,说着并听着各种各样的废话。"在《变色龙》《公务员之死》等小说中,我们可以进一步验证我们的判断。

接下来,我们思考有关别里科夫的第二个核心问题,别里科夫只是一个微不足道的小人物,"可是这个老穿着雨鞋、拿着雨伞的小人物,却把整个中学辖制了足足十五年!可是光辖制中学算得了什么? 全城都受他辖制呢!"为何他能在思想上、在生活上辖制小城居民,使小城的生活变得死气沉沉? 十五年的时间,为什么就没有人敢反抗呢? 这个问题显然跟别里科夫有关,同样跟小城的"我们"有关。如果小城的居民都是顶天立地的大写的人,那么像别里科夫这样猥琐的小人断乎没有生存之地,我们会本能地厌恶他(们)、排斥他(们),可是如小说中柯瓦连科所说:

"我不明白,"他耸耸肩膀对我们说,"不明白你们怎么能容忍这个爱告密的家伙,这个卑鄙的小人。哎呀,先生们,你们怎么能在这儿生活! 你们这里的空气污浊,能把人活活憋死。难道你们是教育家、师长? 不,你们是一群官吏,你们这里不是科学的殿堂,而是城市警察局,有一股酸臭味,跟警察亭子里一样。不,诸位同事,我再跟你们待上一阵,不久就回到自己的田庄去。我宁愿在那里捉捉虾,教小俄罗斯的孩子们读书认字。我一定要走,你们跟你们的犹大就留在这里吧,叫他见鬼去!"

这告诉我们,小城居民早已容忍和习惯了权威的压制,学术、教育早已变异。精神上的奴性是小镇居民的共性。别里科夫在这里扮演了告密和散布恐惧的存在。小说的妙处在于,它能告诉我们精微的人性心理。我们要知道别里科夫不是单纯的告密者和散布恐惧者,事实上,我们可以追问,别里科夫和警察、密探相比,哪个更令人厌恶和害怕? 这个问题没有确定的答案,但这个问题的意义在于,别里科夫的真正破坏力不在于单纯告密和制造恐怖,他是一个真正在精神上控制居民的存在。小说中有句颇值得玩味的话,"他凭他那种唉声叹气,他那种垂头丧气和他那苍白的小脸上的眼睛,降服了我们,我们只好让步。"别里科夫恰恰是以唉声叹气、垂头丧气,以他恐惧的神色降服了我们。他的唉声叹气像幽灵一样将我们笼罩,像病菌一样将我们传染,我们无处躲藏,无处逃匿,这一声声叹气询唤、激发了我们内在最深的恐惧,它比任何明确的威胁都更加让人难以忍受,暧昧和模糊性与极权主义往往有着极其隐秘的联系。为什么偏偏别里科夫的唉声叹气有这样的破坏力呢? 这里容许我做一个也许不太恰当的联想,小时候,记忆中,最怕的不是挨揍,而是父亲的唉声叹气,父亲的唉声叹气将他的焦虑迅速传染给了我们,父亲的唉声叹气没有道理,让人难以忍受,甚至无比愤怒。小说写别里科夫之死时这样描述:

谁也不肯露出快活的感情。——像那样的感情,我们很久很久以前做小孩子的时候,遇到大人不在家,我们到花园里去跑一两个钟头,享受完全自由的时候,才经历过。

在很长的一段时间里,让小城居民那么害怕的别里科夫,是小城居民真正意义上的精神上的父亲,父亲的焦虑与恐惧控制了作为儿子的我们。而极权主义的形象往往是父性的形象,在众多反乌托邦小说如《一九八四》中早已印证了这一点。别里科夫真正的死因也与他精神上的父亲的身份密切相关。极权主义的天空是阴郁的天空。

小说核心的情节是别里科夫的恋爱及其导致的死亡,也许只有在这一非常规事件中我们才能真正看清楚别里科夫,在这里,我们不得不再一次佩服契诃夫的天才。这一个生命力枯竭,几乎将自己活埋的人,会擦出怎样的爱情火花? 这不能不引发人的奇思妙想。吸引他的是一个怎样的姑娘呢? 那是一个生命力旺盛,总是充满欢声笑语的南方姑娘,她天真、单纯、无所顾忌地大笑。她和她的哥哥柯瓦连科是小说中少数几个没有包裹在套子中的人。爱情是别里科夫生命中最危险的因素,它诉诸于超越文化与观念的本能,爱情可能真正拯救别里科夫,也可能最终断送别里科夫的小命。就像一个在阴暗中生存太久的人,会逐渐丧失拥抱光明的能力。当恋爱这个念头进入别里科夫的脑海中的时候,真正的危险也因此悄然来临,"结婚的决定使他像得了一场大病:他消瘦了,脸色煞白,似乎更深地藏进自己的套子里去了。"别里科夫受到自由和欢快的蛊惑,爬出洞穴,可是真正的自由与欢快如同太阳一般彻底灼伤了这一个腐尸一般的存在。先是漫画事件,紧接着自行车事件,动摇了他的统治与生存,而最终华连卡的三声大笑让他一命归西。

她瞧着他那滑稽的脸相,他那揉皱的大衣,他那雨鞋,不明白是怎么回事,以为他是一不小心摔下来的,就忍不住纵声大笑,笑声在整个房子里响着:

"哈哈哈!"

这响亮而清脆的"哈哈哈"就此结束了一切事情：结束了预想中的婚事，结束了别里科夫的人间生活。

可怜的别里科夫，最终死在了女友的大笑中。让这样一个整日惶惶不安的"套中人"在大笑中死去，好像没有比这更美妙的结局了。感谢契诃夫，让我们欣赏到这一伟大的滑稽喜剧。问题是，华连卡的笑为何成为了别里科夫生命中不能承受之"笑"，并直接导致了别里科夫的死亡？在我们的生命历程中我们也曾经被人无情地嘲笑，丢尽脸面，恨不得找个地缝钻进去，可是我们最终都顽强地活着，见到了第二天早上的太阳。为什么别里科夫不行？因为他生命力太弱，他脆弱的神经经不起这一大笑？因为在心上人面前丢了脸面？因为在他是有史以来第一次在公众面前被人耻笑？是也不是。我们先看别里科夫摔下楼梯时的心理反应：

正当他从楼梯上滚下来的时候，偏巧华连卡回来了，带着两位女士。她们站在楼下，怔住了。这在别里科夫却比任何事情都可怕。我相信他情愿摔断脖子和两条腿，也不愿成为别人取笑的对象。是啊，这样一来，全城的人都会知道这件事情，还会传到校长耳朵里，还会传到督学耳朵里去。哎呀，不定会闹出什么乱子！说不定有人会画一幅新的漫画，到头来弄得他奉命退休吧。

什么样的人最怕被别人笑话呢？是父亲。将来，我们有一天，我们也会成为父亲（或成为母亲），我们会去竭力扮演一个父亲的角色，而对一个父亲而言，最怕的是来自儿子的嘲笑。在笑声中，父亲不再成为父亲，父性权威开始解体。

别里科夫这么多年在思想上辖治着小镇居民，他要维持一个没有乱子的秩序井然的世界，在他的自我想象中，他自始至终都是一个正人君子。"我没有做出什么事来该得到这样的讥诮——刚好相反，我的举动素来在各方面都称得起是正人君子。"从大笑声响彻的那一天起，他的神像轰然倒塌，他再也没法控制小镇居民。极权主义最怕的是笑声，笑声将真正冲散极权主义的阴郁天空。如果说极权主义处处是政治禁忌，那么笑声恰恰无所顾忌，纯真无邪。在极权主义的语境下，别里科夫死于笑声亦可以作如是解。

北大教授赵桂莲女士不太同意关于契诃夫小说中"带泪的笑"的阐释，她认为在契诃夫小说中批判是大于怜悯的。但我想，一个死于笑声中的可怜虫若没有牵动人性中最内在的悲悯同情的话，这是难以理解的，说到底，别里科夫是极权最深刻意义上的受害者。

② 格里高尔之死的真相

——评《变形记》

在这里我无意讨论资本主义社会中人的变异、亲情的扭曲，这些论述都很正确，只是我更迫切地想揭示远比人的异化、亲情的扭曲更为残酷的真相。

我想以第三章节格里高尔之死来开启对《变形记》的讨论，更进一步以格里高尔死后，父亲、母亲、妹妹直面格里高尔尸体时的现场反应来回溯性地讨论格里高尔之死。读《变形记》，读了很多遍后，很多细节就开始变得诡异起来，在某一刻，你突然发现你面对的是一篇惊悚悬疑小说。而这一切正是从格里高尔死去的那个夜晚开始的。我们来看看在那一个清晨，老妈子报告了格里高尔的死讯后，父亲、母亲和妹妹分别有着怎样的反应。

一、母亲

"死了？"萨姆沙太太边说边抬头用询问的目光望着老妈子，虽然一切她都可以自己检验而且甚至不用检验也可以看得出来。"我是这么认为。"老妈子一边说，一边为了证明自己所说的话，还用扫帚把格里高尔的尸体往旁边推移了一大段距离。萨姆沙太太做了一个仿佛想拉住那把扫帚的动作，但没去拉。

母亲看了一眼格里高尔的尸体后，抬头用询问的目光望着老妈子，"虽然一切她都可以自己检验而且甚至不用检验也可以看得出来"，母亲想确认格里高尔的死，可是终究她不敢亲自去验证，她选择了将自己的视线移开。老妈子为了证实自己的话，用扫帚将格里高尔的尸体推移了一大段距离，看到儿子的尸体受到侮辱性对待，母亲本能地想拉住那把扫帚，可终究没去拉。这一症候性动作也恰恰揭示了母亲在格里高尔之死这一事件中的核心态度。母亲是一个软弱无力的人，她身患气喘病，行动困难，每隔一天就会呼吸不畅，常常躺在靠近敞开的窗户旁的沙发上休息。软弱无力指向了她的身体，也同样指向了她的意志。母亲在两次见到变成甲虫后的格里高尔后，都习惯性地晕倒，大呼"啊，上帝，啊，上帝"。

但在小说中，母亲是唯一一个真正爱过格里高尔的人。在格里高尔遭到父亲的苹果轰炸后，"母亲随后便向父亲奔去，在奔跑的路上她那已解开的衣裙一件接着一件滑落在地上，绊着衣裙向父亲扑过去，抱住他，紧紧地搂着他——可是这时格里高尔的视力已经衰退——双手抱住父亲的后脑穴请求饶格里高尔一命。"为了格里高尔，母亲没有了任何的体面，任凭身上衣裙一件接着一件地滑落，冲上去紧紧地搂着父亲，请求饶恕格里高尔一命。那一刻，母爱是多么的感人。

看着光秃秃的墙壁她心里很不舒服，而格里高尔难道就不会有这种感受吗？他已长期用惯了这些家具，在一个空荡荡的房间里会有孤单被遗弃的感觉。……"再说，事情会不会这样：搬走家具好像借此向他表明我们放弃了他会好转的希望，毫不在乎地让他自生自灭？我想，最好还是让房间维持原状。这样，格里高尔回到我们中间来的时候，就会发现什么都没有变，可以比较容易忘记其间发生的一切。"

搬走家具，让它彻底变成一个爬虫的洞穴，也就等于彻底放弃了格里高尔变回为人形的希望。此时的母亲还并不曾想过放弃自己的儿子。

"她说得对极了。"父亲自言自语。还一直在气喘吁吁的母亲露出一种癫狂的眼神，用手捂住嘴干咳起来。

在妹妹开始歇斯底里地控诉哥哥，做最后的摊牌的时候，父亲说，"她说得对极了"，父亲并没说"你说得对极了"，显然父亲的自言自语有一个对象，那便是母亲——你虽然爱你的儿子，可是你应当接受现实，变成了虫子的儿子不再是儿子，我们应该摆脱它。父亲知道需要先说服母亲的。母亲干咳起来，神经一度显得不正常，内心也很痛苦。可是母亲并没阻止眼前一切的发生，她再一次选择了默认，选择了妥协。就像搬家具时，母亲先是反对，但妹妹执拗地坚持，母亲就放弃了，甚至主动帮妹妹搬家具。

在《致父亲的信》中，卡夫卡写道，"她（母亲）太爱你了，对你太忠心、太顺从了，因而在孩子的斗争中难以持久地成为一种独立的精神力量。这也是孩子的一种正确的直觉，因为随着年岁的增加，母亲更加依赖你了；当事情涉及她自己时，母亲总是温良而柔软地维护着她那最低限度的独立，而且从不真正伤害你，随着年岁的增加，她却越来越——情感多于理智——全盘接受你对孩子们的看法和批评。"

《变形记》中的母亲显然有着现实中一些母亲的影子，爱自己的孩子可是又极容易顺从，只是最低限度维护着她的独立，不愿意做真正的反抗。而当一切变成既定事实，母亲又顺理成章地接受并与之和解，享受由之而来的光明前景。"来吧，葛蕾特，到我们房间里来一下。"萨姆沙太太挂出一丝忧郁的笑容说。"忧郁的笑容"是母亲极好的精神写照。

二、妹妹

小说中除格里高尔之外的核心主角其实是他的妹妹,只是节选后的课文这一点并没有体现出来。我们先看哥哥死后,她的反应。"她完全穿好了衣服,仿佛她根本不曾睡觉似的,她那张苍白的脸也似乎证明了这一点。"在格里高尔死去的那一个晚上,妹妹好像预知了这一切,一整晚不曾睡觉,忐忑不安地等待着,脸色苍白。

看到尸体后,与母亲目光的逃离不同,葛蕾特目不转睛地审视着那具干瘪丑陋的尸体。直白地感叹道:"你们看,他多瘦呀。这么长时间里他什么东西也没吃。食物拿进去了,又原封不动地拿了出来。"这便是妹妹,如此冷静,如此淡定,她不过在客观地确认一个她早已预知的事实而已。她一直在负责哥哥的饮食,她知道哥哥很久没进食了,第一眼看到哥哥的尸体,她便得到了确认,"你们看,他多瘦呀。"为什么妹妹这么淡然?我们回过头去看,格里高尔死的那一晚,究竟发生了什么。在格里高尔第三次爬出来,并吓走了房客后,妹妹的情绪看上去一度崩溃,表现相当异常。

她突然尖叫起来,"他又来了!"在一阵完全令格里高尔不可思议的惊恐中,妹妹甚至离开了母亲,简直是推开了她的扶手椅,仿佛她宁肯牺牲母亲也不愿待在格里高尔身旁似的,并且急忙奔到父亲背后,父亲只是由于她的态度才情绪激动起来,也站起身,像是保护妹妹似的在她身前略略举起双臂。

妹妹竟害怕起了虚弱无比的格里高尔,仿佛他是可怕的怪物一般。可是小说告诉我们,妹妹之前早已不怕格里高尔了,况且一直都是她在负责照料格里高尔。显然妹妹的异常举动不过是想用她的肢体语言再次明确告诉哥哥,告诉大家,你现在是怪物,你会害死我们的。

格里高尔听明白了妹妹的话后,开始转身,"因为身上有伤残,在做艰难的转身动作时他不得不用脑袋来帮忙,他多次抬起头来并用头撞击地面。""他抑制不住因过度劳累而发出的喘息声,也不得不时不时歇一口气。……对于他和自己的房间之间距离之大感到惊异,根本就不明白,他身体这样虚刚才是怎么几乎不知不觉走完同样这段路的。"格里高尔艰难地爬行着,这是一段无比悲情的旅程。妹妹厌弃了哥哥,哥哥顺从了妹妹的意愿,艰难转身离开。所有人都默默而忧伤地望着他,不说话,不吭声,不滋扰他,好像大家包括格里高尔本人都知道经历过今晚的折腾后这将是他最后的告别,一切都在今晚之后结束。在到达门口后,格里高尔扭过头来,"最后瞥了母亲一眼,母亲完全睡着了。"母亲还是那个母亲,她将眼睛合上了,不愿目睹这残忍的一幕。

他怀着深情和爱意回忆他的一家人。他认为自己必须离开这里,他的这个意见也许比他妹妹的意见还坚决呢。在钟楼上的钟敲响凌晨三点之前,他便一直处于这种空洞与平和的沉思状态中。窗户外面的朦胧晨曦他还经历着了。然后他的脑袋便不由自主地完全垂下,他的鼻孔呼出了最后一丝微弱的气息。

就在这个清晨,格里高尔一个人选择了凄然地离开。是啊,是时候离开了。如果真的还爱他们,怎么可以再拖累他们呢,是时候把自己留在黑暗中,放他们到光明里去了。如果爱,那就放手吧。格里高尔怀着深情和爱意,在朦胧晨曦中离开了这个世界。妹妹抛弃了哥哥,可是哥哥早已选择原谅了妹妹。如此默契的最后一幕是如何发生的,且让我们再往前追溯。

"亲爱的父母,"妹妹边说边用手拍了拍桌子算作引子,"这样下去是不行的。你们也许不明白这个道理,我明白。我不愿意当着这头怪物的面说出我哥哥的名字来,所以只是说,我们必须设法摆脱他。我们照料它,容忍它,我们仁至义尽了嘛,我认为,谁也不会对我们有丝毫的指责。"

妹妹率先发难。在格里高尔吓跑了房客之后,妹妹终于开始发作。这番义正言辞的话,既是说给自己听,也是说给父母听,更是说给在场的格里高尔听。事情到了这一地步,你不能怪我们。其实,我们已经接近事实的真相了,父亲、妹妹合谋杀死了格里高尔。只是这谋杀不是直接血腥地杀戮,而是在道德上、在情感上一步步逼死格里高尔。

格里高尔怕吓到母亲、妹妹,已经很久没有露面了,这一次为何又大胆地爬了出来呢?原因是他被妹妹的琴声和房客用餐时的肉香所吸引。小说中写道,这是妹妹这么长时间以来第一次拉小提琴,妹妹酷爱音乐,那么爱妹妹的格里高尔一直以来的一个隐秘愿望就是攒钱供妹妹去音乐学院学习,妹妹拉琴,格里高尔自然受到了吸引。特别是,在房客们对妹妹的演奏表示失望和轻蔑后,"他下定决心要挤到妹妹面前去,拽拽她的裙子,向她表示,请她带着小提琴到他房间里去,因为这里没人会像他想做的那样对演奏予以回报,他不会再让她离开他的房间,至少,只要他还活着。"他幻想着要用自己可怕的样子吓退那些闯入者,满腔柔情地告诉妹妹,他会帮她实现音乐梦想。他甚至自我感动地想亲吻妹妹的脖子。

于是,格里高尔忘乎所以地爬了出来,紧接着可怕的事情发生了,他吓到了房客。可吊诡的是在格里高尔出现以后,一开始房客们却根本就没有任何不安,"并且看来他们对格里高尔比对小提琴演奏更有兴趣。父亲赶紧跑向他们,想用张开的双臂催赶他们回房间去，同时用身体挡住他们的视线，不让他们看见格里高尔。这时他们有点生气了，不知道是因为父亲的举止，还是因为现在突然明白过来，原来他们有格里高尔这样一个邻居却被蒙在鼓里。"父亲的举动提醒了他们，你们应该感到恐慌才是，房客们于是恍然大悟，是啊，应该趁机敲诈一笔：我们宣布，鉴于这房子里和这家人的可憎状态，房租一分钱都不给，而且还要提出赔偿。好滑稽的画面。

小说特意交代父母亲以前从未出租过房间，第一次出租，对房客礼数异常地周多，竟不敢坐到自家的椅子上去。这下可恶的格里高尔居然吓坏了我们尊贵的房客，这还了得。于是妹妹用手拍了下桌子作为提示，开始了上述歇斯底里的控诉。当然，那几位尊贵的房客，在格里高尔死后，父亲便让他们滚蛋了。

"他还会要了你们俩的命的，我分明看到了这个结局。如果人们已经不得不在干着这么繁重的工作，像我们大家这样，那么人们就不能在家里忍受这种没完没了的折磨，我再也不能忍受了。"说罢，她嚎啕大哭起来。格里高尔在受重伤后，他获得了一个特权，起居室的门为他打开，他可以看见全家人，可以倾听他们的谈话。只是家里的谈话不再是昔日那种轻松活泼的闲谈，父亲下班后一脸疲倦地躺在扶手椅里睡觉，他非常需要睡眠，可在扶手椅上他根本睡不好，"出于一种自从当了仆役就染上的偏执症，他总是执意要在桌旁再多呆一会儿……他在沙发椅上越坐越往里靠，直到两个妇女叉着他的胳肢窝，他才看着母亲，又看着妹妹，并且总是说：'这是什么生活呀，这就是我平静的晚年啊。'"母亲则在灯下，弯腰低头，为陌生人的内衣出力卖命，妹妹干上了售货员的工作后忙碌不已，晚上还在学习速记和法语。所有人都显得劳累不堪，家庭预算越来越紧，甚至连变卖家传首饰这种事也发生了。母女俩常常泪眼相对，甚或欲哭无泪，干瞪着眼看着桌子。

这一切恰恰都为格里高尔所目睹、所耳闻，或者说这所有的叹息、眼泪不正是需要格里高尔所见证吗？否则一切又有什么意义？否则父亲为何执意要躺在那张不舒服的沙发椅上？否则那扇门为何又突然为格里高尔打开？妹妹在说，你难道不知道在你变成甲虫后，这个家是多么黯淡无光。一切都是因为你。你才是那个罪魁祸首。讽刺的是，小说结尾，他们舒舒服服地靠在椅背上谈论未来的前景，细想起来，他们的前景一点儿也不坏。（其实卡夫卡最能微妙地感知到这种负罪感及其生产的过程。）

妹妹继续宣告，"你只需抛开这是格里高尔这个念头。我们这么久一直相信这一点，这是我们真正的不幸。可是怎么会是格里高尔呢？如果这是格里高尔的话，他早就会认识到，人和这样一头动物是不可能共同生活的。我们没有哥哥，但是能继续生活下去，会缅怀他。"多么精致的逻辑！如果眼前的只是一只甲虫，不是格里高尔，那么我们驱逐一条虫子有何罪过？把它当成格里高尔才是我们真正的不幸。如果眼前的虫子真的是格里高尔，那么他（你）将听懂我们的话，他（你）也应该自愿离开。无论是哪种情况，我们都可以无罪责地摆脱它。妹妹向哥哥做最后的喊话："哥哥，你听到了吗？离开我们吧，没有你我们就能继续生活下去，我们会缅怀你的。你死去，我们会活着，但你也将活在我们心里。"

为什么最先发难的会是妹妹呢？小说结尾中写道，"萨姆沙夫妇几乎同时发现他们这位心情变得越来越轻松愉快的女儿已经变了。最近的种种忧患尽管使她的面颊变得苍白，但她还是长成一个美丽、丰满的少女了。"这个家庭中，最有生命力，最有希望的是妹妹，正因为最具生命力，最有希望，所以才迫不及待地渴望迎来新生吧。

在想到搬走家具的那一刻起，妹妹在无意识中已然放弃了格里高尔变回人形的希望，甚至默许放纵任由格里高尔向虫性发展，在母亲申明反对的理由，希望保留格里高尔作为人的生活印迹后，她更是执意坚持自己的主张，"不但要搬走柜子和书桌，这是她原先想到的，还要搬走所有的家具，只留下那张不可或缺的长沙发。……或许也有她这种年龄的女孩那一股疯劲，做什么事都要发疯，并且随时要找机会过个瘾，葛蕾特正是因此而想把格里高尔的情况弄得令人害怕，借此可以为他做更多的事。因为一间由格里高尔一个人控制着四片空墙的房间，除了葛蕾特是不会有人敢进去的。"妹妹已经想好了操控格里高尔的一切。

随后，格里高尔的生存环境每况愈下，他的生存空间先从房间变成地洞，然后变为杂货间。而这最终的跳跃还是由妹妹亲手完成，在母亲无法忍受格里高尔房间的肮脏，意外替他做了一次大扫除后，妹妹发飙了，母亲居然敢僭越照顾权，她抽泣得全身发抖，用她的两个小拳头捶着桌子。经此一闹，格里高尔的房间顺理成章地再也无人照管。后来来了一位老妈子，有意思的是，老妈子并不真的厌恶格里高尔，她只是友善地去招呼这只虫子，"过去呀，老蜣螂！"或"看看那只老蜣螂"，然后举起椅子吓唬吓唬它，把所有杂物都堆进格里高尔的房间。这样格里高尔就全然享受臭虫的待遇了。

为什么我会觉得真相无比残忍？毕竟在格里高尔变异后，这一家人并没有立马变脸，凶神恶煞般地驱逐他，在较长的一段时间里，他们还是收留了他，"久病床前无孝子"，这就是人性嘛，何况格里高尔是变成了一只可厌的虫子，爬行后留下的黏液多恶心呀。家人都要开启新的生活，总不能带着一条虫子过活吧。父亲、母亲、妹妹不过都是平凡的人而已。想来，残忍的地方正在于，这些平庸的人在摆脱格里高尔的过程中，在清除自己的罪恶感的过程中所体现出来的精致的伪善，正如德国思想家汉娜·阿伦特所说的"平庸的恶"。

三、父亲

"唔，"萨姆沙先生说，"现在我们可以感谢上帝了。"他画了一个十字。父亲对于格里高尔的死没有任何罪恶感，他最先开始庆祝作为甲虫的儿子的死。

父亲在儿子变成甲虫后，"恶狠狠地捏紧拳头……然后双手捂住眼睛哭了起来，他那宽大的胸膛颤抖着。"显然父亲没法接受自己的儿子变成了一只可恶的甲虫，因愤怒而捏紧了拳头，终究不得不接受现实而无可奈何地哭了起来。在格里高尔吓走了秘书主任后，父亲彻底发狂了，他一个劲儿地拼命跺脚，一边挥动手杖和报纸，无情地驱赶并发出嘘嘘声。父亲只想让这只甲虫从他眼前消失。

有趣的是格里高尔面对父亲的态度，他慌乱地后退，"他担心这极费时间的转身会让父亲不耐烦，父亲手中的手杖随时会照准他的后背或头部发出致命的一击。""父亲若不发出这种让人无法忍受的嘘嘘声那该有多好！"可怜的格里高尔，在父亲面前是那么诚惶诚恐，在诚惶诚恐的背后更为自己变成了一只让父亲讨厌的甲虫内疚不已。遑论甲虫是否有害，变成一只甲虫本身就是一大罪过了。格里高尔是断乎不可能变成一只老虎的，在父亲面前，他只能是一只甲虫。第二次，格里高尔从房间爬出来，"啊！"他一进门就喊，声音里仿佛既有愤怒，同时又有喜悦。"果然不出我所料，我一直告诉你们的嘛，可是你们女人就是不愿意听。"喜悦，一方面因为验证了他的所料，格里高尔能干什么好事？另一方面在于，好家伙，你自己主动跑出来了，就别怪我不客气了。

父亲将那件长长的制服上衣下摆往后一甩，双手插在裤袋里，板着面孔朝格里高尔走去。他大概也不知道自己要干什么；不过他却把脚抬得老高，格里高尔吃惊地看着他那巨大的鞋后跟。父子俩开始在房间里追逐绕圈，可由于格里高尔行走速度很慢，这件事整个就不像是一种追逐。如果父亲真的想碾压这只甲虫，甲虫早已被踩扁。父亲好像在追逐本身中找到了乐子，他在玩弄一只甲虫的恐惧。随后，父亲用水果盘子里的苹果装满了自己的衣袋，也不好好瞄准，便将苹果一只一只地扔出来。哈哈，用苹果随心所欲地轰炸，真是好玩，直到一只苹果砸进格里高尔的后背。此时的父亲，是多么享受自己的伟岸，又是多么地蔑视作为甲虫的儿子呀。

卡夫卡在《致父亲的信》中写道，"你喊叫着绕桌子跑着逮人，也很可怕，你显然根本不想逮住，只是做出这个样子，最后是母亲做出救人的样子来搭救。孩子又一次觉得，是你的恩赐让他又捡了一条命，只要他活着，就时刻觉得他的生命是你功德无量的馈赠。"你格里高尔能活下来是我的恩赐，你应该为你这条烂命感恩戴德。如果说，妹妹带给了我们有关亲情的第一个残忍的真相，那么父亲对作为甲虫的儿子那种深深的敌意和蔑视便是亲情的第二个残忍的真相。

与父亲对儿子深深的敌意和蔑视相伴随的便是儿子对父亲无穷无尽的负罪感。卡夫卡对他父亲说过，"我在你面前失去了自信，取而代之的是无穷无尽的内疚。"怀着这种无穷无尽的负疚感，他让他笔下《审判》的主人公说出了这个触目惊心的句子，"他担心他死了羞耻还留存。"哪怕死了，羞耻感也无法清洗，还会留存于世。

卡夫卡的父亲强壮健康，一如小说中的父亲，他参过军，如今坐在躺椅里统治世界，他完全凭自己的本事干成了一番事业，因此无比相信自己的看法，无比自信也就无比自负，也因此肆无忌惮、专横暴戾、充满优越感。他希望自己的孩子能同样勇敢强壮，可偏偏卡夫卡天生羸弱、胆小、敏感，无论卡夫卡怎么努力都无法让父亲满意。卡夫卡不无悲情地说，"父亲，你可是我衡量万物的尺度啊！"可这个万物的尺度丈量出来的却是卡夫卡的失败无能。父亲越伟岸越正确，作为儿子越不能让父亲满意，也就越内疚。

儿子根本无力反抗父亲，所有在父亲身上为嘲笑报复父亲搜集笑料的尝试，不过都证明了自己如小人般无能。小人的反抗——这更令自己难以接受，这就是卡夫卡无比悲情的一生，至始至终都处在父亲的阴影中，他永远无法完成自证。年龄越大，越在无意识中以自己无能的事实来确证父亲的正确，这样他才能获得少许解脱——既然父亲是正确的，父亲说我无能，接受这个事实不再反抗心里也就轻松释然了。

卡夫卡说，"我的写作都围绕着你，我写作时不过是在哭诉我无法扑在你的怀里哭诉的话。"父亲，你可听明白了，儿子因为无法摆脱的内疚发出的哭诉？这种内疚是理性无法清理的，哪怕卡夫卡能明晰地阐释一切的根源，可是他终究无法摆脱。那么卡夫卡的终极解脱之路何在？在小说《判决》中，父亲和儿子大吵一架之后，父亲判处儿子溺水而亡，儿子荒诞地执行了父亲的判决，当晚跳水而死，死前大声宣告："父亲，我可是爱你的呀！"父亲越残忍无情，面对父亲的残忍无情儿子反而越选择怀着负疚感的自我牺牲，这样他的内心才能真正获得救赎。一如格里高尔本人的选择,变成了一只父亲讨厌的甲虫,面对父亲残忍的对待却怀着内疚自我牺牲。这个结局的奥秘在于,父亲是不可责怪的(既然你变成了甲虫,那你承受的所有一切便不成为残忍),而我同样也将是无法责怪的(变成甲虫不是我能决定的,我也将为身为甲虫而赴死,哪怕我知道你们的合谋)。我们都无罪,只是命运造就了这一切。

卡夫卡在《致父亲的信》中多次表明"我俩的疏远完全不是你的错。可这也完全不是我的错。倘若我能使你认同这一点,那么我们就能获得某种安宁"。在某种意义上,寻求与父亲的和解是卡夫卡小说的原动力,面对父性形象无法清除的负疚感以及以自我牺牲的心态尝试与之和解便是卡夫卡小说的真正内核——卡夫卡的多数小说可从这个维度理解。

3 隐匿的叙事
——评《哦，香雪》

读铁凝的《哦，香雪》，我们会感受到一种总体欢快的基调，可是在欢快的背后总有一丝丝苦涩渗出来。欢快，我们容易理解，这个"一心一意掩藏在大山那深深的皱褶里，从春到夏，从秋到冬，默默地接受着大山任意给予的温存和粗暴"的贫弱闭塞的小山村，当它遭遇象征着现代文明的火车的时候，这会带给它怎样的关于美好未来的无限憧憬。可是又如何解释那没来由的苦涩呢？铁凝难道真的只是讲述了台儿沟少女们迎接现代文明时的喜悦与向往吗？

凤娇的故事

凤娇是台儿沟少女们中的佼佼者，她大胆泼辣，性格率真，在与作为现代文明载体的火车的相遇中，她先是怀着无比新奇的目光打量着，火车带来的是她从不知晓的远方的气息，一个关于远方的梦，然后开始主动大胆地追求着，她与火车上的客人们大大方方地做生意，大大方方地交谈，追求着她所向往的幸福生活。一切都平平常常，一切都好像按照预定的轨道运转，这难道不就是闭塞山村遭遇现代火车的真实场景吗？但是在这种正常中，铁凝好像加入了一丝丝的"不和谐"的东西。凤娇故事的核心是她与"北京话"的交往，可以肯定的是她对"北京话"有着一种女孩对男孩的情愫，尽管"北京话"对此一无所知，尽管她的满腔心思终空付：

"我撕了你的嘴！"凤娇骂着，眼睛却不由自主地朝第三节车厢的车门望去。

好像姑娘们真的在贬低她的什么人一样，她心里真有点替他抱不平呢。不知怎么的，她认定他的脸绝不是捂白的，那是天生。

她和他做买卖故意磨磨蹭蹭，车快开时才把整篮的鸡蛋塞给他。要是他先把鸡蛋拿走，下次见面时再付钱，那就更够意思了。

凤娇那不由自主的目光，那无端的"替他抱不平"，那故意的磨磨蹭蹭，一个女孩暗恋的心理在这里一览无余。但凤娇身上让人困惑的地方在于，她对自己情感的一再否认：台儿沟的女孩们对她的小心思一个个心知肚明，故意拿她打趣，"你担保人家没有相好的？"可凤娇一再否认说，有没有相好的不关她的事，她又没想过跟他走。可她愿意对他好，难道非得是相好的才能这么做吗？这话有多信誓旦旦，就有多违心。

凤娇难道真的没有想过跟他走吗？她真的不在乎人家有没有相好的吗？不是的。喜欢一个人，你就是会想跟他好，跟他在一起。可凤娇却选择将这份爱藏在心底，心甘情愿地默默付出，只要能跟他待一会儿，就感到满足。这个小姑娘的爱多么傻多么卑微啊。为什么会这样？仅仅是出于少女的娇羞吗？不是的，因为她知道，在巨大的身份差异面前，她要追寻的爱情可望而不可及，他和她有着天然的不平等，他是她的高攀不起，所以她只能将这份情感理性地压抑。凤娇是大胆泼辣的，但她同时也是矜持自重的。读到这，你真的会心酸。其实台儿沟的少女们或多或少都有过对"北京话"的憧憬，只不过凤娇更出挑，因而也更大胆罢了。

值得追问的是，凤娇们爱的真是"北京话"本人吗？铁凝描写了凤娇们眼中的"北京话"："白白净净、身材高大、头发乌黑，说一口漂亮北京话的乘务员""两条长腿灵巧地向上一跨就上了车"。但"北京话"的形象仅止于此。我们会发现一个问题，小说中"北京话"的形象始终是模糊隐约的，我们并不知道他具体是怎样一个人，有着怎样的性格特点，有过怎样的故事，显性的只是他漂亮的外貌和身份。这难道是铁凝的疏忽吗？作为小说中唯一的男主角，却是一个如此模糊的概念化的存在？不，恰恰相反，这里正是洞悉作者写作意图的关键所在。也就是说，对于小说而言，对凤娇们而言，"北京话"具体是怎样的一个人其实并不重要，重要的是"北京话""白白净净、身材高大、头发乌黑，说一口漂亮北京话的乘务员"的形象，是他身上所昭示的与乡村文明相对的异质性。无论是皮肤白净，身材高大，还是说一口漂亮北京话，这都是台儿沟的男人所不可能具备的。台儿沟的男人整日干农活，皮肤粗糙，如何白净？从没出过县城，又如何讲一口漂亮的北京话？故事的真相是，凤娇们爱的其实不是"北京话"本人，而是"北京话"所代表的现代文明，是他身上的现代文明的气息。在"北京话"身上，凤娇们恣肆挥洒着她们对城市男人的想象。

香雪的故事

香雪是小说的主角，在台儿沟的少女们中，她是唯一一个读书的。小说一再地揭示了这点，与凤娇等少女们单纯关注火车带来的丰富多彩的物质文明不同，香雪打听的是

"人造革学生书包""北京的大学要不要台儿沟的人",打听什么叫"配乐诗朗诵"。我们进一步看铁凝对香雪形象的塑造：

在与乘客做买卖时，"她是那么信任地瞅着你，那洁如水晶的眼睛告诉你，站在车窗下的这个女孩子还不知道什么叫受骗"，"你望着她那洁净得仿佛一分钟前才诞生的面孔，望着她那柔软得宛若红缎子似的嘴唇，心中会升起一种美好的感情。你不忍心跟这样的小姑娘耍滑头"。

这个山村女孩是多么的纯真善良，她的心中只有美好，她对任何人都抱以极度的信任，她还不知道什么叫伤害欺骗，她还没被金钱物质所污染，她身上有着未经世俗污染的清纯之美、健康之美。这个女孩让我们很自然地联想到沈从文笔下的翠翠，"翠翠在风日里长养着，把皮肤变得黑黑的，触目为青山绿水，一对眸子清明如水晶。自然既长养她且教育她，为人天真活泼，处处俨然如一只小兽物。人又那么乖，如山头小鹿一样，从不想到残忍事情，从不发愁，从不动气。"同样的干净灵动，同样美得让人心疼。

香雪的美，还来自她的娇怯——这是她的伙伴们所不具备的。在凤娇因伙伴的调笑而不开心，把香雪的手松开时，香雪"又悄悄把手送到凤娇手心里，她示意凤娇握住她的手，仿佛请求凤娇的宽恕，仿佛是她使凤娇受了委屈"。这是多么娇怯、羞涩、善良的姑娘！她为自己成了其他女孩口中的武器而感到抱歉，她愿意小心翼翼地用自己独有的方式请求凤娇的"原谅"。当娇怯与善良交织在一起，女性的柔婉与敏感就被无限放大了，香雪的眼光仿佛可以触探到人的内心深处。[1]

香雪的核心故事是她"处心积虑"地用四十个鸡蛋跟火车上的城市女孩换回了铅笔盒，然后又因错过下火车，无奈地一个人走夜路回家。问题随之而来，为什么香雪执意要换回铅笔盒，哪怕付出如此昂贵的代价？铅笔盒之于香雪到底有着怎样的意义？这是理解小说主旨的关键。我们很自然地认为，这是因为香雪在学校受到了同学们的嘲讽，她的自尊心受到了伤害，买铅笔盒是香雪挽回尊严的举动。可问题的关键在于，铅笔盒同样有它的物质属性，从实用角度来说，香雪本身并不缺铅笔盒。那么香雪是虚荣吗？这跟你穿不起名牌运动鞋，在学校受到同学们的嘲讽，你感觉抬不起头，于是哭着闹着让妈妈帮你买，有什么区别？有时候虚荣和自尊的界限并不分明。从这个角度来

---

① 梁翰晴《诗意的远方之城——读铁凝的〈哦，香雪〉》，《文艺报》，2016 - 08 - 18.

看,香雪好像有点不懂事。但这又跟我们印象中单纯善良的香雪好像非常矛盾。这个铅笔盒和一双名牌运动鞋的区别到底是什么?有人认为,铅笔盒不仅仅是一个单纯的铅笔盒,它有它的象征意义,它象征着现代文明,象征香雪对现代文明的渴望。答案好像很对,可是值得追问的是,铅笔盒如何具有了象征意义?这个改变如何发生?仅仅因为它是学习用品吗?象征意义不是作者说要有,于是就有了的东西。这个生成的过程,考验的正是一个作家的功力。

我们找到那个铁凝特意书写的创伤现场。

她们故意一遍又一遍地问她:"你们那儿一天吃几顿饭?"她不明白她们的用意,每次都认真地回答:"两顿。"然后又友好地瞧着她们反问道:"你们呢?""三顿!"她们每次都理直气壮地回答。之后,又对香雪在这方面的迟钝感到说不出的怜悯和气恼。

香雪的迟钝感来自于哪儿?在香雪的理解中,一天吃两顿或者三顿,只是单纯的生活方式的不同,我们台儿沟一天两顿,你们城里人一天三顿,如此而已,没有任何附加的意义,所以她总是瞪着一双无辜的眼神,语气认真而又友好,让人感到说不出的怜悯和气恼。她所不明白的是,在镇上少女的眼中,这分明是现代与落后,富有与贫穷的区别。

"你上学怎么不带铅笔盒呀?"她们又问。"那不是吗。"香雪指指桌角。其实,她们早知道桌角那只小木盒就是香雪的铅笔盒,但她们还是做出吃惊的样子。每到这时,香雪的同桌就把自己那只宽大的泡沫塑料铅笔盒摆弄得哒哒乱响。……可在这儿,和同桌的铅笔盒一比,为什么显得那样笨拙、陈旧?它在一阵哒哒声中有几分羞涩地畏缩在桌角上。

在香雪最初的视角中,香雪有一个她爸爸给她特制的木质铅笔盒,在台儿沟那是绝无仅有的存在,她感到很自豪。可是在同学们的视角中,在一种叫作现代化的视角中,木质铅笔盒在自动铅笔盒面前应该自惭形秽。木质铅笔盒象征着贫穷与落后,自动铅笔盒象征着现代与富有。可是香雪始终浑然不觉,直到同学们一再提醒她,她终于学会了用同学的视角,用所谓现代的视角去观看这个世界,她这才恍然大悟,她原来是一个被嘲笑的对象。而这个所谓现代的视角一旦开启,香雪就再也回不去了。香雪的心再也不能平静,她第一次意识到这是不光彩的,因为贫穷,同学才敢一遍又一遍地盘问她。香雪第一次意识到,贫穷原来是可耻的。原以为人与人之间是平等的,只要善良真诚就足够。现在却发现,原来人与人并非平等,存在着身份的隔阂与分野,城里的,山村的,一个现代,一个落后,一个高贵,一个卑微。而她恰恰代表着贫穷落后,她的自尊心受到了极大的伤害,她的整个世界被颠覆了。

她再也回不到那个单纯的香雪。

由此,我们便明白了香雪为何执意要换回铅笔盒,铅笔盒如何象征了现代文明。铅笔盒留给她的,是创伤的记忆。"准确来说,造成这种伤害的力量,主要不是同学,而是现代文明:城市里才有的机器制造的可以自动关上的塑料铅笔盒,把她的手工制作的木铅笔盒比得那样寒碜。在她看来,只要能拥有这种铅笔盒,她就能理直气壮地生活在同一种文明里,失去的自尊就能找回,再也不会被人看不起。"①得到新铅笔盒,成了香雪的执念。香雪的情结就是要洗去文明的落差带给她的屈辱,而不是有关物质的虚荣攀比。

回过头看,我们就会发现香雪的痛苦是那么的绵长。

看火车,她跑在最前边;火车来了,她却缩到最后去了。她有点害怕它那巨大的车头,车头那么雄壮地喷吐着白雾,仿佛一口气就能把台儿沟吸进肚里。它那撼天动地的轰鸣也叫她感到恐惧。在它跟前,她简直像一叶没根的小草。

起初她是那么期盼火车,看火车时她跑在最前边,可是当火车真正来了,她却缩到了最后。为什么会这样?因为火车对她而言,不仅仅意味着新奇和喜悦,同时也是一种让她恐惧害怕的力量,在她的感受中,火车头是那么的雄壮,它的轰鸣撼天动地,好像一个巨大的怪兽一样会把台儿沟吞没。这不能仅仅归咎于香雪性格的胆小,而是因为她遭受了台儿沟少女们所不曾经历的现代文明带来的屈辱感,她早已具备了台儿沟少女们所不具备的视角——在火车所代表的现代文明的映照下,她看到了台儿沟少女们的贫穷、落后、弱小、无力,她感到了自卑。

当小说写完香雪换回铅笔盒,故事似乎可以到此结束了。一个女孩面对文明落差的屈辱,自强地挽回尊严的故事已然完结。但是铁凝却不惜笔墨地描写了香雪走夜路回家的情景,她特意给这个女孩的回家之旅安排了一段长达三十里的陌生山路,而且还是夜晚独自一人。为什么会有这样的安排?因为这段回家的三十里夜路同时也是香雪的精神成长之旅,我们将看到这个小女孩如何一步一步地完成她的精神蜕变。

当香雪刚开始独立地面对这段孤独的旅程时,她内心本能地害怕,"害怕四周黑幽幽的大山,害怕叫人心跳的寂静,害怕小树林发出的窸窸窣窣的声音",可是慢慢走

① 毕光明《文明落差间的心灵风景——重读铁凝〈哦,香雪〉》,《名作欣赏》,2008-10-01.

着,这个小女孩内在的坚强开始显露,她想起了她"处心积虑"换回的铅笔盒,此时在她眼中多么像一个月光宝盒呀,宝盒中有着她的自尊倔强,有她"理直气壮"的人生,她紧紧握着,这时"她发现月亮是这样明净。群山被月光笼罩着,像母亲庄严、神圣的胸脯","香雪走着,就像第一次认出养育她长大成人的山谷。台儿沟呢?不知怎么的,她加快了脚步。她急着见到它,就像从来没有见过它那样觉得新奇。"多么精妙的笔墨。某种意义上,台儿沟不就是香雪的"原生家庭"吗?这个家一度让她那么幸福自足,可是突然有一天,外界的冲击从天而降,这个家失去了往日的荣光而暴露出屈辱的一面,香雪的内心是痛苦的,于是香雪竭力地拥抱新生,她用勇气证明自己可以进入新文明的序列,她无论如何也要换回铅笔盒,只有在完成这一切的时候,香雪才能够坦然地回看或审视自己的原生家庭,"就像第一次认出养育她长大成人的山谷",群山"像母亲庄严、神圣的胸脯",此时的她对大山充满了感激,她开始正视大山给予的一切,无论是荣光亦或屈辱。

精神的新生从来就不是能一次性完成的,它往往需要经历"否定之否定"的辩证法。于是香雪走着走着,又再次陷入犹疑困惑之中,被压抑的一切开始回返,"四十个鸡蛋没有了,娘会怎么说呢?爹不是盼望每天都有人家娶媳妇、聘闺女吗?那时他才有干不完的活儿,他才能光着红铜似的脊梁,不分昼夜地打出那些躺柜、碗橱、板箱,挣回香雪的学费。想到这儿,香雪站住了,月光好像也黯淡下来,脚下的枕木变成一片模糊。回去怎么说?"可是一个坚定了新生志向的人,一个拥抱过新生曙光的人,是不会轻易被动摇的,"她要告诉娘,这是一个宝盒子,谁用上它,就能一切顺心如意,就能上大学、坐上火车到处跑,就能要什么有什么,就再也不会被人盘问她们每天吃几顿饭了。"因此当最终的黑暗——隧道来袭时,"它愣在那里,就像大山的一只黑眼睛。香雪又站住了,但她没有返回去……然后她就朝隧道跑去。确切地说,是冲去。"冲去,迎接她的新生。这时,走完全部旅程的香雪忽然觉得心头一紧,不知怎么的就哭了起来,那是欢乐的泪水,满足的泪水。"面对严峻而又温厚的大山,她心中升起一种从未有过的骄傲。"注意"严峻而又温厚"这几个词,当她第一次完成"否定"获得新生的时候,大山在她眼中是如母亲般的"庄严、神圣",而当她完成"否定之否定"的时候,面对大山,她感受到的不再仅仅是母亲般的"庄严神圣",而是如父亲般的"严峻温厚",她真正完成了精神上的自立。大山在女儿眼中终于恢复了他真正的面目,一个父性权威的形象。也就是说,当大山的女儿真正完成蜕变,新生/成人,也就真正能够直面/认同这个原生的父亲。(在某种意义上,所谓的新生/成人是通过对父亲的叛逆完成的,叛逆让她一再地否定自己的生父。)

由此,我们也真正感受到铁凝作为一个女作家独有的才情,她生动地展现了一个女孩精神成长的真实图景。铁凝的书写同时告诉我们,与现代文明的相拥,除了有关进步的宏大叙事之外,还有着不曾被我们注意的被压抑的个体幽微的情感。

总结来说,小说通过对香雪、凤娇等山村少女的生动描摹,表现了山里姑娘的淳朴、善良、美好和自尊自强,表达了姑娘们对现代文明的向往和追求。小说更深刻的意义在于借台儿沟这一角落,写出了改革开放后,中国摆脱封闭、贫穷、落后,走向开放、文明与进步的喜悦与痛苦。

4 不是爱情的爱情牧歌
——评《百合花》

读小说,就如同面对一个人。它的文字是肌肤血肉,但同时无时不刻地透露着它的灵魂气质。好的小说一定会有一个美妙的灵魂,读小说的过程就是和这个灵魂对话的过程。但它通常也隐约朦胧,它期待一个好的读者与它相遇,能够真正读懂它,而这也正是探究文本的乐趣所在。反之,差的小说往往其内在的灵魂浅陋无趣,一览无余,经不起深究。

好的小说,你总会被它内在的灵魂深深吸引,它是如此美妙神秘,又如此与众不同,这是你未曾遇到过的存在,你总想一探究竟。当你真正揭开它神秘的面纱,当你真正了解这个独特的灵魂,那么你对人性本身的丰富性和复杂性又多了一层了解,用昆德拉的话来说,在人性"存在的地图"上你又解锁了一片未知的区域。真正富有创造力的小说,便是不断开拓存在的可能性/边界。当存在的可能性被穷尽,当人类的想象力被耗尽,那便是小说真正消亡之时。

小说的灵魂到底指什么?这个问题很复杂,我们先聚焦小说世界中人物的灵魂,对小说的理解归根结底在于对人物的理解。《断魂枪》中的沙子龙为何不传五虎断魂枪?《红楼梦》中的宝玉为何认为"女儿是水作的骨肉,男人是泥作的骨肉。我见了女儿,我便清爽;见了男子,便觉浊臭逼人。"《百合花》中的新媳妇为何执意给牺牲的小战士盖上百合花被?恰恰是这些看上去"不可理喻"的行为或瞬间蕴藏着某种惊心动魄的人性的力量,一次次冲击着我们的理性世界,它诱惑着我们去寻求答案,最终让我们走向那个未知的有关人性的神秘领域。读小说,首先要尊重你的直觉,抓住文本最核心最吸引你的问题,一步步思辨,不断地提问、分析,这样才能直抵文本的深处。在这个过程中,我们对小说的技巧也便会有一个更透彻的理解,因为技巧是为表达而服务的。

在有关战争的书写中,茹志鹃的《百合花》是为数不多的动人之作。她书写了真实的战争背景下伟大的人性之美。孙犁的《荷花淀》也很美,但是在孙犁诗意的笔下,战争早已被过滤净化成一个类似游戏的场景,战争的残酷性荡然无存,转而成为少男少女们展示勇敢气质的背景。

《百合花》最核心的情节是围绕小战士找百姓借被子展开的,我们的分析由此展开。

一会儿,门帘一挑,露出一个年轻媳妇来。这媳妇长得很好看,高高的鼻梁,弯弯的眉;额前一溜蓬松松的刘海。穿的虽是粗布,倒都是新的。我看她头上已硬挠挠地挽了髻,便大嫂长大嫂短的向她道歉,说刚才这个同志来,说话不好别见怪等等。她听着,脸扭向里面,尽咬着嘴唇笑。我说完了,她也不作声,还是低头咬着嘴唇,好像忍了一肚子的笑料没笑完。这一来,我倒有些尴尬了,下面的话怎么说呢!我看通讯员站在一边,眼睛一眨不眨的看着我,好像在看连长做示范动作似的。我只好硬了头皮,讪讪地向她开口借被子了,接着还对她说了一遍共产党的部队,打仗是为了老百姓的道理。这一次,她不笑了,一边听着,一边不断向房里瞅着。我说完了,她看看我,看看通讯员,好像在掂量我刚才那些话的斤两。半晌,她转身进去抱被子了。

通讯员乘这机会,颇不服气地对我说道:"我刚才也是说的这几句话,她就是不借,你看怪吧!……"

为何小战士第一次找新媳妇借被子的时候,新媳妇选择了拒绝?为何当"我"带上小战士第二次来借被子的时候,新媳妇却又欣然答应?

是因为性别差异吗?男同志来就不借,女同志来就借?但被子的用途是一样的,都是给伤员保暖用的。莫非因为小战士说话笨拙,所以不借?但即便通讯员嘴巴再笨,基本来意应该是解释清楚了的。到底为何?

可能女生更容易懂新媳妇这种微妙的心理。

原因只有一个,因为这是她新婚的被子。

新婚的被子,有着怎样的意义呢?可能很多女生在她是小女孩的时候,就已经憧憬过自己的婚礼了。"也许她为了这条被子,在做姑娘时,不知起早熬夜,多干了多少零活儿,才积起了做被子的钱,或许她曾为了这条花被,睡不着觉呢。"新婚被子上的百合花就是她一针一线绣出来的,她投入了多少心思、爱意在上面呀。这是她唯一的嫁妆。可是现在一个战士突然敲门,说要借走你的新婚被子,而且是给男人们用,你怎么想?肯定不乐意。就算你再深明大义,可是把新婚的被子借出去,你恐怕一时半会想不通,这才是真实的人性。

新婚的被子,她舍不得借,这是她隐秘的心理,但是这个理由不适合对同志弟讲,多尴尬,她能讲出的理由是什么?书中有提示吗?通讯员自己说的"老百姓,死封建",大家能还原这个对话吗？比如宿舍里，一个男生突然敲门找一个女生借被子，你会怎么想？"耍流氓""男女授受不亲"，是不是？如果我们试着还原一下当时小战士和新媳妇对话的场景，这是被作者刻意隐去的部分，这会是一个很有意思的工作。

你想象一下你是新媳妇，刚结婚三天，沉浸在新婚的喜悦中，这时，有人敲门，你掀开帘子一看，原来是一位小战士，这个小战士刚一开口，脸就绯红了，支吾半天才说出了来意，你一看这个小战士，同志弟，这么羞涩，太可爱了，忍不住想逗他，"哪有一个男人来借女孩子的被子的，我凭什么给你呀？"然后通讯员的脸红得像关公了，他急了，辩解道："我不是这个意思，不是我来借你的被子，是部队需要，我们共产党打仗都是为了老百姓。"新媳妇一听，什么感受？注意新媳妇对通讯员的称呼，不是同志，不是战士，而是同志弟，在新媳妇的眼中，小战士就是个穿了身军装的小弟弟，你这个小同志弟还动不动跟我讲大道理，真是好玩，新媳妇听了心里肯定发笑。新媳妇不是要故意气他吗？女孩子会怎么说呀？我还就不跟你讲道理，"那我就是不借给你们臭男人，你不知道男女授受不亲啊，你弄脏了咋办？"整个画面会非常有喜剧感。

那为何第二次又借了呢？因为第一次时，她没有思想准备，她想不通。等到第二次时，她其实已经不露声色地完成了一场心理斗争，这是一个真正深明大义的女孩，为了革命，她最终克服了自己的私心。齐泽克说，"真理总在第二次到来。"时间会还事情以本来面目。

她听着，脸扭向里面，尽咬着嘴唇笑。我说完了，她也不作声，还是低头咬着嘴唇，好像忍了一肚子的笑料没笑完。

她好像是在故意气通讯员，把被子朝我面前一送，说："抱去吧。"

"刚才借被子，他可受我的气了！"说完又抿了嘴笑着。

新媳妇的笑是怎样的一种笑？神经兮兮地笑？傻笑？

非也。这自然是顽皮可爱的笑。刚才她作弄了可怜的同志弟，同志弟给她说了多少好话，做了多少工作，自己却给他碰了钉子。刚才已经捉弄过他一次。现在自己又借了，多伤同志弟的面子呀，这不是又捉弄人家嘛，少不得又要累他受委屈。如果要她直白地道歉，一则无味，二则她也不是这样的性格。想想新媳妇说，"对不起，小兄弟，刚才没借给你，是我不好。"多尴尬呀。她笑这位同志倒霉，正碰上自己没一点思想准备，想不通的时候，但是倒霉就倒霉吧！活该他晦气，谁让他来走第一遭呢？新媳妇天性是如此爽朗,天真烂漫,真是让人忍不住怜爱。

她低着头,正一针一针地在缝他衣肩上那个破洞。医生听了听通讯员的心脏,默默地站起身说:"不用打针了。"我过去一摸,果然手都冰冷了。新媳妇却像什么也没看见,什么也没听到,依然拿着针,细细地、密密地缝着那个破洞。我实在看不下去了,低声地说:"不要缝了。"

新媳妇却对我异样地瞟了一眼,低下头,还是一针一针地缝。我想拉开她,我想推开这沉重的氛围,我想看见他坐起来,看见他羞涩地笑。……

卫生员让人抬了一口棺材来,动手揭掉他身上的被子,要把他放进棺材去。新媳妇这时脸发白,劈手夺过被子,狠狠地瞪了他们一眼。自己动手把半条被子平展展地铺在棺材底,半条盖在他身上。卫生员为难地说:"被子……是借老百姓的。"

"是我的——"她气汹汹地嚷了半句,就扭过脸去。在月光下,我看见她眼里晶莹发亮,我也看见那条枣红底色上撒满白色百合花的被子,这象征纯洁与感情的花,盖上了这位平常的、拖毛竹的青年人的脸。

为什么新媳妇执意给牺牲的同志弟缝补他衣服上的破洞? 为什么又执意把自己最美的百合花被盖在他身上呢? 从功利的角度而言,人死不能复生,这一切举动没有任何现实意义。事实上,她和同志弟只是有过短暂的交往,在同志弟借新婚被的时候,顽皮的她捉弄了这个腼腆羞涩的小伙子。要知道缝补衣服,盖上新婚被,这一切都是一个妻子角色的举动,但是同志弟并非她的丈夫。我们该如何理解新媳妇的这种感情?

知道牺牲的是小战士后,她"却像什么也没看见,什么也没听到",她只是一针针地缝,她"脸发白,劈手夺过被子,狠狠地瞪"要揭掉被子的卫生员,她"气汹汹地嚷了半句,就扭过脸去。在月光下,我看见她眼里晶莹发亮",她举止是那么异样,她的心痛是那么毫无顾忌地展露出来,完全不顾周围人的眼光。那个爱笑调皮、天真烂漫的新媳妇,瞬间变得那么严肃凶狠,"她刚才那种忸怩羞涩已经完全消失,只是庄严而虔诚地给他拭着身子"。我想这里面有愧疚,为当初不肯借被子给他;有崇敬,为小战士舍己为人的英勇献身精神;更有无比的沉痛,为小战士这么年轻就牺牲了。但其中,更有一种属于战争年代的神圣而纯洁的特殊情感在里边。

在新媳妇眼中,同志弟,不仅是一个战士、一位同志,同时是一个跟她年龄接近的小年轻、小弟弟,如果不穿这身军装,他可能就是邻居家的一个大男孩,短暂地接触之后,她知道这位同志弟是那么纯真质朴,稚气未脱,面对女孩子是那么紧张羞涩,他的生活还刚刚开始,他还未尝经历人生的美好,他尚未涉足爱情,可是他这么年轻就牺牲了,一切才刚开始就已经结束,而且刚刚在女孩面前那么羞涩腼腆的他,在战争面前,却又是那么英勇,为了他人义无反顾地牺牲自己,多么伟大。他的牺牲唤起了一个女人最深的怜爱,唤起了一个女人圣洁的感情。如果说在残酷的战争中,男人守护女人,守护美好的方式,是可以豁出性命,哪怕他刚刚认识这个女人,那么在战争中,女人守护男人,守护美好的方式,便是一如新媳妇,这位身处爱情的幸福旋涡中的美神,像个妻子一样一针针地缝补他衣服上的破洞,然后用洒满白色百合花的新婚被子给他盖上,象征性地给予他生命的完整。这属于不是爱情的爱情,它超越了单纯的男女两性之爱,它崇高、美丽、纯洁。茹志鹃说,"一位刚刚开始生活的青年,当他献出一切的时候,他也得到了一切。洁白无瑕的爱,晶莹的泪。"是的,这是纯真高尚与纯真高尚的相遇,于是有了这洁白无瑕的爱。

在纠结《百合花》是否到底有爱情的时候,我无意间看到这样一张照片,名字叫《死吻》,然后我瞬间理解了《百合花》中的情感。照片背景是对越自卫反击战中那场残酷的老山战役,一位20岁出头的年轻战士身负重伤,躺在阵地上奄奄一息,牺牲前,他红着脸对身边照顾他的女护士小心翼翼恳求道:"我这一辈子都不知道女人的滋味,你能吻吻我吗?"然后,年轻漂亮的女护士眼含热泪,俯下身子亲吻着这位年轻战士的脸颊唇角,直到这位战士慢慢合上双眼。

茹志鹃在《我写〈百合花〉的经过》中写道:"我写《百合花》的时候,正是反右派斗争处于紧锣密鼓之际,社会上如此,我家庭也如此。啸平处于岌岌可危之时,我无法救他,只有每天晚上,待孩子睡后,不无悲凉地思念起战时的生活和那时的同志关系。脑子里像放电影一样,出现了战争时接触到的种种人。战争使人不能有长谈的机会,但是战争确能使人深交。有时仅几十分钟,几分钟,甚至只来得及瞥一眼,便一闪而过,然而人与人之间,就在这个一刹那里,便能够肝胆相照,生死与共。"纯真年代,一去不复返,于是在夜晚悲凉地思慕中,写下了这篇"没有爱情的爱情牧歌"。

5 谁"杀死"了祥林嫂
——评《祝福》

每次读鲁迅的《祝福》，我都特别地沉重和压抑。会不自觉地想，鲁迅揭示的到底是历史的本质，还是人性的本质，在今天谈论鲁迅又具有怎样的意义？《祝福》是中国现代最好的短篇小说之一，它的思想深刻性和艺术成就远超同时代的众多作品，在今天，我们依然要仰视它。关于《祝福》可以谈论的很多，今天我重点谈论三个问题。

问题 1　谁"杀死"了祥林嫂？

为什么要用"杀死"一词？因为祥林嫂本是无辜之人，她没有犯下任何罪过。可就是这么一个善良勤劳，一心追求美好生活的人，沦为了乞丐，在这个世界上怎么都活不下去了，最终凄惨死去。究竟是什么原因导致了祥林嫂的死亡？到底谁杀死了她？肯定有人需要为祥林嫂之死负责。

如果我们要为祥林嫂讨回公道，怎么办？我们不妨现在成立一个临时法庭，对祥林嫂之死一案进行审判，直接就请在座的各位担任祥林嫂的控方律师好了，现在我们把可能的犯罪嫌疑人一一传唤过来，当场进行质问。

我们先把鲁镇的权力人物鲁四老爷带上法庭。

可是鲁四老爷肯定打死都不承认，他对祥林嫂做过什么。鲁迅小说中写他不过皱了皱眉头，总共两次，祥林嫂要来鲁家做工，但她是寡妇嘛，鲁四老爷觉得不吉利，还特意叮嘱鲁四奶奶，不要让她沾福礼，这人败坏风俗，不干不净，老祖宗不吃的，他有他的理由，你说鲁四老爷害死了祥林嫂，他肯定大呼冤枉。难道皱眉头也有错？天下还有王法吗？

接着传唤鲁四奶奶。

鲁四奶奶要承担责任吗？她会承认吗？她也不会。你看她至始至终都没有骂过，也没有打过祥林嫂，每次跟她说话都还很客气，鲁迅就写鲁四奶奶对祥林嫂三次说了同样的话，在祥林嫂要端福礼的时候，鲁四奶奶慌忙说："祥林嫂，你放着吧"，你看，她很有礼貌，没有说什么祥林嫂你不干净，你不配，没资格。就算最后是她辞退了祥林嫂，打发走了她，可这难道还不是因为祥林嫂记性太坏，没法干活了。鲁四奶奶又不是做慈善的，花了钱雇她肯定得指望她干活呀，祥林嫂的死怎么也怪不到她头上。

那么肯定是婆婆了。从我们现在的视角看，婆婆对祥林嫂的命运肯定是要承担主要责任的。这个婆婆实在太过冷酷无情，刚刚失去丈夫的儿媳，被她像商品一样给卖了，根本不管儿媳本人的意愿，也毫不在意一个女人刚刚失去丈夫的痛苦。为了卖个好价钱，甚至不惜把祥林嫂卖到大山里，祥林嫂不从，逃跑了，于是找人直接把祥林嫂粗暴地捆绑了。可婆婆会怎样为自己辩护呢？婆婆说，你们觉得我有罪，那么你们去问问鲁镇上的人们，特别是鲁四老爷，那个讲理学的老监生，他的话最权威，我这个当婆婆的没有权利卖儿媳吗？在祥林嫂被抓走后，鲁四老爷不是说了四个字吗，"可恶，然而……"什么意思？不打招呼，直接捆走鲁家的佣人，有损鲁家颜面，有点过分，然而我这么做是合理的，鲁四老爷也说不出半个不字来。婆婆说完，一副若无其事的样子，大大方方地离开了法庭。

是柳妈吗？柳妈告诉祥林嫂，你嫁了两个男人，死后到了地狱，两个男人都要争你，阎王爷是公平的，只好把你劈成两半，一人分一半。祥林嫂一听，立马显出恐惧的神色来，生而不能做一个平等的人，死后不能做一个完整的鬼，太恐怖了。祥林嫂陷入到灵魂深深的不安中，哪怕死前都一直处在极大的恐惧状态，追问到底有没有魂灵，有没有地狱，家人能不能见面。可是柳妈肯定觉得很委屈，我这还不是为了帮祥林嫂，让她赶紧赎罪吗？我是个好人，谁让你祥林嫂嫁了两个男人，是阎王爷要锯你，又不是我要锯你。难道我说的不对吗？

那么是鲁镇上的女人们？站在法庭上的她们肯定会想，这指控未免也太荒谬了，祥林嫂死了跟她们有什么关系，祥林嫂一天到晚像个神经病一样絮絮叨叨，"我真傻，真的，我单知道下雪的时候野兽在山坳里没有食吃"，听得耳朵都起茧子了。难道表示不耐烦也有罪过？

或者说，我们是不是要把小说中的"我"拉过来审判一番？这倒是个好问题。但是法庭应该不允许。

大家看，我们追寻到最后，结果发现竟然找不到任何一个凶手，所有人都觉得祥林嫂的死跟自己没有任何关系，反而心安理得，没有任何愧疚感。明明一个无辜的人就这么凄凉地在我们眼前死去，可是我们就是抓不到凶手。这难道不荒谬吗？如果有一个具体的凶手，比较好办，比较容易解气，像《白毛女》中的黄世仁，直接把他枪毙掉就好了。面对祥林嫂的死,我们感觉陷入到了鲁迅说的无物之阵,我们不知道敌人或坏人在哪儿,也找不到具体的复仇目标。

祥林嫂的死有点像某个推理小说的情节,"七个人设计了一个巧妙的计划,他们每一个人做一件事情。每一件事情都合理合法,不会伤害到任何人。但这七件事情加在一起,就正好完成了谋杀。"一个好人被谋杀,可是我们追查不到罪犯。

这是一场无声的杀戮,一场不见血腥的吃人。如同孙绍振所说,鲁迅所提示的是:没有恐怖感的恐怖,才是最大的恐怖。是的,真正的恐怖不来自明目张胆的血腥杀戮。读到文章最后,我们真的觉得特别压抑,喘不过气来。

我们不能这么轻易地放过罪犯,我们需要给祥林嫂一个交代。如果说在世俗的法庭上,我们无法为祥林嫂追回公道,我们还有良心的法庭。我们要质问所有鲁镇上的人们,你们摸着良心问问自己,你们真的对祥林嫂之死没有愧疚感吗? 你们真的没有参与对祥林嫂的谋杀吗?

我们再次回到祥林嫂之死的现场。孙绍振在《礼教的三重矛盾和悲剧的四层深度》中这样分析:"我"问短工,祥林嫂怎么死的,"怎么死的? ——还不是穷死的?"他淡然地回答。我们不妨从这个线索追踪。说她是穷死的好像不无道理,她毕竟是当了乞丐,冻饿而死。可这是终极的原因吗? 她为什么会穷死? 原因是她被开除了。她为什么被开除? 因为她丧失了劳动力,可是她最初劳动力是很强的呀,原因的原因是她的精神受了刺激。什么事情使她受了这么严重的刺激? 鲁家祭祀的时候,不准她端福礼。那么凭什么不准她端福礼呢?

一切都因为她是寡妇。

在鲁镇上,寡妇是不吉利的,而一个再嫁的寡妇则是不洁的。当一个女人成了寡妇,她便拥有了原罪。当一个女人成为了寡妇,她还选择了再嫁,那么她便彻底成了一个肮脏、不干不净的存在,她失去了贞操,人人得而嫌弃之。所谓"烈女不侍二夫""饿死事小,失节事大""生是夫家人,死是夫家鬼"。无论她怎么赎罪,她都将无法洗刷自己的罪孽,她已经永世被打上了耻辱的标记。无论祥林嫂的改嫁是否自愿,无论她是否曾拼死抗争,可是从结果来看,她都嫁了两个男人,那么所有的罪过都由她一人来承担。生前,你没有资格端福礼,死后,阎王爷也会将你劈成两半。

讨论至此,我们已经知道祥林嫂究竟死于什么,她死于众人的目光,死于封建礼教,死于世俗对寡妇的偏见。你是(再嫁的)寡妇,你有罪,于是所有人以神圣的名义(维护纯洁的名义)审判你,将你逐出鲁镇,永世不得翻身。什么叫精神上绝对孤立的存在,这就是。祥林嫂被鲁镇这个纯洁体放逐了,彻底孤立无援,直到凄凉地死去。其实,我们刚才提到的每一个人都是杀人凶手,他们都参与了对祥林嫂的精神虐杀,只是没有一个人意识到自己应该对祥林嫂之死负责。用《狂人日记》中的话来说,他们都在"吃人",而且不吐骨头,没有任何罪恶的痕迹。真正最厉害的杀人是什么,不是刀,不是枪,而是观念,准确地说是偏见。它杀人于无形——以"神圣的名义"判你死罪。

在追问祥林嫂死因的时候,我用了"杀死"一词,这个词借用自哈珀·李的小说《杀死一只知更鸟》,因为两篇小说的主题指向很相似,都指向了——偏见杀人。在漫长的人类历史上,偏见杀人的悲剧一再惨烈地上演着,比如对黑人的偏见,对女人(寡妇)的偏见、对犹太人的偏见、对异教徒的偏见等,回溯这一段段血腥的历史,我们会不由得感慨,每一次偏见的克服,每一次文明的进步,背后都要付出多么沉重的代价。

关于封建礼教"吃人",新文化运动中这一主题的写作多矣。鲁迅此篇深刻之处在哪儿? 我们可以看到,鲁迅对封建礼教的批判不是直接去展示,你看封建礼教多么残忍,它逼迫寡妇守节;多么不人道,它摧残了多少女性的生命,甚至不少女性直接因为守节而自尽。鲁迅怎么写的呢? 他写祥林嫂这个女人,她很想守节,很想从一而终,甚至为守节而拼死反抗,脑袋上直接撞了个血窟窿,可结果呢,她守节不成,被迫改嫁了,因为族权有理由卖掉她,可最后这个社会根本不管你祥林嫂是不是自愿,它只看结果,你改嫁了,那么你就是有罪的。鲁迅的厉害在于,他以这种方式深刻地揭示出封建礼教内在的荒谬和野蛮。

问题2 伤害祥林嫂最深的为何是鲁镇上的女人们?

我们说祥林嫂死于封建礼教,死于世俗对寡妇的偏见,那么我们要追问封建礼教为什么会存在? 封建礼教其实在根本上维护的是统治者的利益,换一个性别的视角,它其实维护的是男人的利益,那么作为被奴役、被压迫的女性怎么看待封建礼教? 她们为什么会自愿践行封建礼教? 有人说是惯性,可是在它成为惯性之前呢? 除了强权的因素,女人不得不屈服,还有什么其他原因吗? 大家有没有发现小说中伤害祥林嫂最深的,不是男人反而是女人,为什么会这样?

我们接下来关注鲁镇上的女人们。集中观察有关祥林嫂命运的三幅图景。

图景 1　柳妈的劝告

"祥林嫂,你实在不合算。"柳妈诡秘的说。"再一强,或者索性撞一个死,就好了。现在呢,你和你的第二个男人过活不到两年,倒落了一件大罪名。你想,你将来到阴司去,那两个死鬼的男人还要争,你给了谁好呢?阎罗大王只好把你锯开来,分给他们。我想,这真是……"

柳妈说祥林嫂死后会被劈成两半,如果你是祥林嫂,你会怎么为自己辩护?祥林嫂有辩解的理由吗?柳妈的话,看上去很有道理。有人说,这个事情好办,那就两个男人都归我,干嘛非得把我分给两个男人。这个想法很有意思,它非常后现代,但是在祥林嫂的时代肯定不能实现。祥林嫂在阎王爷面前,真正可以为自己辩护的点是什么?祥林嫂可以说:"我自己又不想改嫁,是我婆婆逼我改嫁的,你不能找我算账。真要劈两半的话,你应该劈我婆婆嘛。"阎王爷不是讲公平吗?那我是被迫的啊。这个理由成立吗?祥林嫂由此可以逃脱罪责了吗?似乎可以。但鲁迅在此问答之前写了一段柳妈和祥林嫂的对话:

"我问你:你额角上的伤痕,不就是那时撞坏的么?"

"唔唔。"她含胡的回答。

"我问你:你那时怎么后来竟依了呢?"

"我么?……"

"你呀。我想:这总是你自己愿意了,不然……。"

"阿阿,你不知道他力气多么大呀。"

"我不信。我不信你这么大的力气,真会拗他不过。你后来一定是自己肯了,倒推说他力气大。"

鲁迅在告诉我们,面对祥林嫂可能的辩护理由,柳妈早就替阎王想周全了,"这总是你自己愿意了,不然……""你后来一定是自己肯了,倒推说他力气大。"大家看柳妈厉不厉害,柳妈一再地说,一定是你自己愿意了,你自己肯了,你怎么反而把责任推到对方身上。如果不是你自己愿意,这个事情怎么可能最终发生?祥林嫂为何不辩,因为柳妈早已把祥林嫂的理由消解了。祥林嫂额上那块拼死抗争,守卫贞洁留下的疤痕,也因此顺理成章地成了耻辱的标记。

柳妈奉行的其实是典型的受害者有罪论,比如公交车上,一个女人被性骚扰了,受害者有罪论的逻辑是:还不是你自己不检点,衣着暴露,不然他为什么不骚扰别人,单骚扰你？你这是咎由自取，而且你穿着这么暴露，不就是存心勾引男人吗？要不你穿这么少干嘛？所以我看分明是你在勾引男人犯罪，你才是真正的罪人。

读到这，我们会忍不住想，柳妈作为一个女人，何苦为难女人？

图景2 四婶和卫老婆子的对话

"祥林嫂竟肯依？……"

"这有什么依不依。——闹是谁也总要闹一闹的，只要用绳子一捆，塞在花轿里，抬到男家，捺上花冠，拜堂，关上房门，就完事了。可是祥林嫂真出格，听说那时实在闹得利害，大家还都说大约因为在念书人家做过事，所以与众不同呢。太太，我们见得多了：回头人出嫁，哭喊的也有，说要寻死觅活的也有，抬到男家闹得拜不成天地的也有，连花烛都砸了的也有。祥林嫂可是异乎寻常……。"

读到这段文字，真的非常愤懑。卫老婆子让我们气愤的原因是什么？是她谈论这件事的口吻中透出的骨子里对女人的轻贱。

为什么女人会自动认同寡妇有罪？大家记得鲁迅在《聪明人傻子和奴才》《灯下漫笔》等文章中对主奴/等级制度的讨论吗？等级制度为何存在？它如何运转？等级制度的本质是权力关系，是造成区隔，于是有上等人，有下等人，有主子，有奴才，等级制度的精妙之处在于，下等人本身可以成为更下等人的上等人，这样，每个人既可以是主子也是奴才，都可以享受权力本身或奴役他人的滋味，于是一级一级地制驭着，动弹不得。这种做法在人与人之间造成区隔，原来大家都是平等的，可是慢慢地通过各种标准在人与人之间造成分野。于是一部分人可以借此凌驾于他人之上，一部分人可以借此在另一部分人身上找到优越感。而在女人内部，以女人是否再嫁为区隔，一部分女人便可以自然地凌驾于另一部分女人之上，试想谁会轻易地放弃这一种不费力气的优越感呢？

图景3 祥林嫂的反复诉说

"我真傻，真的，"祥林嫂抬起她没有神采的眼睛来，接着说。"我单知道下雪的时候野兽在山坳里没有食吃，会到村里来；我不知道春天也会有。我一清早起来就开了门，拿小篮盛了一篮豆，叫我们的阿毛坐在门槛上剥豆去。他是很听话的，我的话句句听；他出去了。我就在屋后劈柴，掏米，米下了锅，要蒸豆。我叫阿毛，没有应，出去口看，只见豆撒得一地,没有我们的阿毛了。他是不到别家去玩的;各处去一问,果然没有。我急了,央人出去寻。直到下半天,寻来寻去寻到山坳里,看见刺柴上挂着一只他的小鞋。大家都说,糟了,怕是遭了狼了。再进去;他果然躺在草窠里,肚里的五脏已经都给吃空了,手上还紧紧的捏着那只小篮呢。……"她接着但是呜咽,说不出成句的话来。

怎么理解祥林嫂反复的倾诉? 一天到晚,一遍又一遍地诉说着,以至于后来全镇的人们几乎都能背诵她的话,一听到就烦厌得头痛。等到别人听不耐烦了,她还妄想,希图从别的事,如小篮子、豆、别人的孩子上,引出她的阿毛的故事。那么大家的厌弃是否是自然的人性? 任谁都无法忍受祥林嫂的絮叨?

其实问题的原点在于,为何祥林嫂会反复诉说? 她是失去心智了吗? 不是。大家能够理解一个失去孩子的母亲的痛苦吗? 能够理解一个母亲失去孩子的深切的自责吗? 为什么她会像一个神经病一样反复的逢人就诉说,因为她太痛苦了,她一个人真的承受不来。她自责自己为什么不曾想到春天也会有野兽,自责自己为什么让阿毛那么听话,为什么叫他在门槛上剥豆,结果被狼吃了。人的生命中总是有太多的意外,但这次意外成了她注定无法承受的伤痛,永远无从摆脱。儿子死去的惨烈景象一遍遍在她脑海中过着,"他果然躺在草窠里,肚里的五脏已经都给吃空了,手上还紧紧的捏着那只小篮呢。"她没办法原谅自己。

注意一个细节,祥林嫂在讲阿毛的时候,不是说"我的阿毛",自始至终说的是"我们的阿毛",是丈夫和她的阿毛。鲁迅告诉我们,祥林嫂其实一直都怀念着丈夫,怀念着那个家,在第二个家中,她获得了真正的幸福,尽管很短暂。如今,她不仅失去了自己的丈夫,她唯一的依靠,而且又失去了唯一的儿子,这世上唯一的亲人,余生她都可能再也感受不到人世的温暖。

祥林嫂一遍遍地诉说着,她希望得到的是什么? 她希望别人告诉她,这不是你的错,你放过你自己吧,野兽真的很少会春天到村里来,这只狼的出现只是意外,我们大家都想不到,你让阿毛在门槛上剥豆,一点错都没有,我们不也让自己的孩子独自在外面玩吗? 我们也没有时时刻刻都看着孩子的,你不要自责了,早点从伤痛中走出来吧。你要节哀,你的人生还很长。她的期待是如此卑微,哪怕只有一个人愿意倾听一下她的痛苦,给予她一点点同情,她的精神焦虑也就减轻了。可现实如何呢? 她那么不幸,却从来没有任何人给过她一点点安慰。

这故事倒颇有效,男人听到这里,往往敛起笑容,没趣的走了开去;女人们却不独宽恕了她似的，脸上立刻改换了鄙薄的神气，还要陪出许多眼泪来。有些老女人没有在街头听到她的话，便特意寻来，要听她这一段悲惨的故事。直到她说到呜咽，她们也就一齐流下那停在眼角上的眼泪，叹息一番，满足的去了，一面还纷纷的评论着。

鲁迅说过，人与人的悲欢并不相通。这些女人在干吗？这么惨的故事，没亲耳听过，特意寻来当场听一听。等到说到最悲惨的那一段，该流眼泪了，于是一齐流下那早停在眼角上的眼泪，叹息一番，满足地去了，这故事没白听。

钱理群在《鲁迅文学作品十五讲》中说，这些看客，这些女人们，她们其实根本不关心祥林嫂的不幸，不去体察一个失去儿子的母亲的痛苦，尽管她们也是母亲，但她们已经麻木了，她们不过是把他人的不幸当作供消遣的故事来听，因为生活太无聊，太乏味，精神太空虚，太寂寞，所以想找点心理刺激。她们是来"看戏"的：一面将他人真实的不幸，祥林嫂痛苦的叙说、呜咽，都当作演戏来鉴赏，当做赏玩的对象；另一面，自己也演起戏来，一齐流下那停在眼角上的眼泪，又叹息一番，其实就是表演同情心，来获得一种崇高感，终于满足地去了。她们本也都是不幸的人，也有自己真实的痛苦，但在鉴赏他人的痛苦的过程中得到宣泄、转移，以至遗忘，那无聊的生活也就借此可以维持下去。

她未必知道她的悲哀经大家咀嚼赏鉴了许多天，早已成为渣滓，只值得烦厌和唾弃；但从人们的笑影上，也仿佛觉得这又冷又尖，自己再没有开口的必要了。她单是一瞥他们，并不回答一句话。

这样的笔触是多么触目惊心。等到连一个人的悲伤都失去了可利用的价值，等到祥林嫂的故事不能再带给她们刺激，于是她们开始生出一种"恶"来，一次次去揭祥林嫂的伤疤，在她的最痛处狠戳着，从她的痛苦中再次压榨一点新的乐子，"只要有孩子在眼前，便似笑非笑的先问她，道：'祥林嫂，你们的阿毛如果还在，不是也就有这么大了么？'"哪一天，等到祥林嫂的痛苦也失去了最后可榨取的价值，那么祥林嫂也就彻底失去了在这个世界的最后立足之地。这里有一种真正的残酷。

"雪崩的时候，没有一片雪花是无辜的。"这些女人其实都可能成为下一个受害者，下一个祥林嫂，可是只要灾难不曾降临在自己的头上，她们都可以选择冷眼旁观，甚至幸灾乐祸。鲁迅说的"无主名无意识的杀人团"，被侮辱被损害者之间的相互倾轧，大概可以在这个层面作一个理解。

问题 3　"我"为何会有负疚感？

小说用了近五分之一的篇幅写了"我"的故事，它像一个套子一样套在祥林嫂的故事之外，鲁迅为何要花如此篇幅来讲述"我"的故事？从情节功能上讲，"我"是祥林嫂故事的讲述者，是小说中唯一清醒的视点，当所有人对祥林嫂的死心安理得，沉浸在"祝福"的无限幸福之中，只有"我"内心感到痛苦，也因此只有良心未泯的"我"才能完整地讲述祥林嫂的故事。"我"的存在，在整个故事中嵌入了反思的视角，或者说在整个压抑悲惨的鲁镇世界中，"我"的痛苦成了烛照这个世界的存在。值得追问的是，"我"对祥林嫂的悲剧感到痛苦可以理解，为何"我"会有摆脱不掉的负疚感？明明祥林嫂的死跟"我"毫不相干，"我"又不曾对祥林嫂犯下罪。

我们回到"我"与祥林嫂的相遇中，去观察"我"的感受。当祥林嫂，一个讨饭的女人，迫切地问，"一个人死了之后，究竟有没有魂灵的"，为什么在"我"的感知中，却像是学生遭遇老师的质问一样如芒在背，好像是自己的灵魂在遭到审问，"我很悚然，一见她的眼盯着我的，背上也就遭了芒刺一般，比在学校里遇到不及豫防的临时考，教师又偏是站在身旁的时候，惶急得多了"。于是"我"语焉不详，模棱两可，最终匆匆地逃离，心里很觉得不安逸。小说中写了一大段拖沓的"我"的内心独白，"我"反复劝解自己，"而况明明说过'说不清'，已经推翻了答话的全局，即使发生什么事，于我也毫无关系了。""但是我总觉得不安""这不安愈加强烈了"。等到祥林嫂的死讯最终传来，"'死了？'我的心突然紧缩，几乎跳起来，脸上大约也变了色。""我"生怕自己的答话于她有些危险，"我"怕承担责任，我们可以理解，可是"我"的不安是否超出了常理？显然在"我"的不安中，有对祥林嫂的死的一种难以摆脱的负疚感，这超出了"我"给祥林嫂的回答应该负担的范围。小说的结尾中这样写道：

"我在蒙胧中，又隐约听到远处的爆竹声联绵不断，似乎合成一天音响的浓云，夹着团团飞舞的雪花，拥抱了全市镇。我在这繁响的拥抱中，也懒散而且舒适，从白天以至初夜的疑虑，全给祝福的空气一扫而空了，只觉得天地圣众歆享了牲醴和香烟，都醉醺醺的在空中蹒跚，豫备给鲁镇的人们以无限的幸福。"

一种无比沉痛的愤激的语调。"我"真的在祝福的拥抱中，懒散且舒适，且从白天以至初夜的疑虑，也就是那沉重的难以摆脱的负疚感，全给祝福的空气一扫而空了吗？显然不是。如何理解这种难以言说的负疚感呢？它到底来自于哪里？在现实中去追问它的由来，也许我们能找到些微小的证据，但是这种罪感本身显然超越了现实的层面。若我们熟悉鲁迅的小说散文,我们会发现,这种莫名其妙的"我"的罪感,其实在鲁迅的很多小说散文中都隐约出现过,比如《铸剑》《风筝》等,这也是鲁迅的文章中一个真正神秘且诱人的地方。简单来说,正如陀思妥耶夫斯基所说,"凡是人的灵魂的伟大的审问者,同时也一定是伟大的犯人",当鲁迅以"揭出病苦,以引起疗救的注意"为神圣使命,当鲁迅以审问国民的灵魂作为自己写作的天职,他同时也注定是最深刻意义上的伟大的犯人,"无穷的远方,无穷的人们,都和我有关",鲁镇人们的罪恶,也跟"我"息息相关。

⑥ 永恒的阿Q

——评《阿Q正传》

"（鲁迅在追忆辛亥革命的时候）是站在一个寂寞的讽刺家的观点，自然只采取了低劣于实际人生的东西，加以嘲笑和鞭挞。因此，我们要说，《阿Q正传》反映的辛亥革命，是二十年前鲁迅在寂寞的心情中写出的那时代的弱点的真实。"①

"画出沉默的国民的灵魂来。"

——鲁迅

我们读阿Q会有一种特别亲切的感觉，就像茅盾感叹的，"阿Q这人要在现实社会去实指出来，是办不到的，但是我读这篇小说的时候，总觉得阿Q这个人很面熟，是呵，他是中国人品性的结晶呀！"阿Q早已成了"精神胜利法"的代名词，成了"沉默的国民的灵魂"的写照。精神胜利法，顾名思义，即是面对现实的失败与屈辱，在精神上求得想象中的胜利。可正是因为熟悉，因为缺乏拉开距离的反思，我们恰恰容易忽视阿Q精神胜利法内在的复杂性，会忽视它的生成机制。

讨论阿Q精神胜利法的关键问题在于，它是一种普遍的人性，还是鲁迅笔下国民劣根性的写照呢？普遍的人性意味着我们每个人身上都有阿Q的影子，我们每个人都可能成为阿Q，它无关时间和空间，是一种永恒的人性心理，而鲁迅笔下国民劣根性意味着它是在特定的文化土壤中生成的。

我们分析第一个层面，即它是否是普遍的人性。比如面对半瓶水，我们可以说："太好了，还剩下半瓶。"我们也可以想，"天啊，居然只剩下半瓶水。"这里只涉及看待问题的不同角度，无论你怎么看待，在本质上，半瓶水的事实不会改变。但从积极的角度去设想，我们在精神上会更愉悦。面对困境，我们在精神上取得了胜利，尽管无助于现实的改善，至少我们在心理上好受些。苦也一天，笑也一天。那么为什么不笑着度过每一天呢？从这个意义而言，精神胜利法好像是我们每一个人都具备的一种普遍的人性。

---

① 转引自《六十年来鲁迅研究论文选》（上），李宗英，张梦阳编，北京：中国社会科学院出版社，1982年版，第289页.

那么，阿Q精神胜利法仅仅意味着看问题的乐观心态吗？进一步思考，如果你是阿Q，那么面对同样的屈辱的处境，你会怎么回应？

我们先来看，阿Q精神胜利法的表现之一——阿Q的自我想象。就人的自我认知而言，在他的自我想象和真实处境之间是有差距的，两者不可能完全叠合。小时候我们读过一篇童话，叫《白雪公主》，里面的皇后每天临睡前都会问魔镜一个问题，"魔镜魔镜，谁是这世界上最美丽的人，请你实话实说"，然后魔镜就会很"诚实"地回答，"当然是你啊"。小时候，我们觉得这只是童话故事，可长大了仔细一想，你会发现魔镜是什么呀？其实是你内心的镜子，映射出你的自我想象。

那么在阿Q的自我想象中，他是怎样的？他怎么看待和认识自己？"先前阔"，见识高，因为他进过城（事实上他是个流民），而且"真能做"（人家在嘲笑他），几乎是个"完人"。放现在，那绝对是一个高富帅。可鲁迅用很多笔墨向我们交代真实的阿Q。无从入传，无姓，无名，无籍贯，无家，无固定职业，无"行状"，不仅仅是"三无"人员，可以说是消失在"无"中的人。一个绝对悲惨的存在。可就是这样一个人，在他的自我理解中成了一个高富帅，他的自我想象和现实处境存在着很大的偏差，他甚至完全遗忘了真实的自己。这跟我们通常所谈论的自我想象和真实处境之间必然有的差距好像很不一样。

我们不妨了解下阿Q的真实处境。

鲁迅在《序》中交代给阿Q作传的困难，因为无论用哪种体例对阿Q都不适合，最后取了"言归正传"的"正传"这两个字。这意味着什么呢？鲁迅为什么要郑重其事地交代这一点？因为作传，是要使传主本人传之千古，让他进入到历史的叙事/记忆中，而千年以来，能够进入历史书写的，不是帝王将相就是达官贵人，哪里轮得上平民贱民？历史在某种意义上从来都是权力谱系的叙事，所以鲁迅一开始就感到了一种本能的尴尬。如果说历史书写将人显现为"有"的话，这种尴尬本身即揭示了阿Q对于历史而言，是"无"，是"非存在"，"有谁记得这世界他来过"。

阿Q本来姓什么？姓赵。赵太爷儿子考上秀才的那天，阿Q去凑热闹，说自己也姓赵，是赵太爷的本家，辈分还挺高，赵太爷跳过去，给了他一个嘴巴。"你怎么会姓赵——你那里配姓赵"。从此阿Q失去了自己姓赵的资格。失去姓和名，意味着什么呢？我们每个人一生下来，都会有一个属于自己的名字，伴随一生。姓名标示了我们的存在。我们这个古老的民族，对于姓名有一种近乎神圣的信仰或恐惧，就像《西游记》

中,银角大王用紫金葫芦收服孙悟空的奇特方式,呼唤三遍"孙行者",如果孙悟空应答的话,他就会被吸进紫金葫芦里边。姓名如果被取消的话,存在也就随之被取消了。阿Q的姓遗失之后,我们只知道未庄的人用当地方言叫他"阿 Quei",无奈之下,鲁迅用一种戏谑的方式说,那就照英国流行的拼法,写他为阿 Q 吧。可在中国,阿 Q 是一个不伦不类的、尴尬的名字,它中西结合,也可以说非中非西,两方都不属于,在某种意义上,鲁迅也告诉我们,阿 Q 对当时的未庄社会而言,同样是一个不伦不类的、尴尬的存在。

最后说一说,阿 Q 的无"行状",哪一天阿 Q 消失了,可能要过很久以后,大家才会突然想起,念叨一句,怎么好久没见到阿 Q 了? 然后阿 Q 就在未庄的记忆中彻底消失掉。这样的人在农村是很悲惨的,地位非常低,大家完全漠视他的存在。

我们进一步看看阿 Q 精神胜利法最重要的运用场景,看看阿 Q 如何在精神胜利法中一步步沦陷,或者说阿 Q 的精神胜利法的具体发展过程是怎样的。

阿 Q 的精神胜利法起源何处? 癞疮疤。癞疮疤很丑,每个人都知道这很丑,阿 Q 也知道,这恰恰是他无法回避的,阿 Q 总不能用精神胜利法说:"不是每个人都能拥有癞疮疤的,我这癞疮疤不偏不倚刚好长在正中间,老帅了。"这是精神胜利法的失效点,也正是精神胜利法的起源点。在阿 Q 的理解中,阿 Q 的失败屈辱处境跟他的经济社会地位丝毫无关,而是表征在他那生理上的癞疮疤,他所有的焦虑抗争都因着掩饰和遗忘癞疮疤而起。

怎么办? 阿 Q 只能通过避讳的方式,制止别人说来回避。一开始,阿 Q 采用"实力政策""估量了对手,口讷的他便骂,气力小的他便打,但瘦弱的阿 Q 明显技不如人,不知怎么一回事,总还是阿 Q 吃亏的时候多。"于是阿 Q 渐渐变换了方针,改为"怒目而视"。可是空洞的怒视终究不管用,"闲人还不完,只撩他,于是终而至于打。阿 Q 在形式上打败了,被人揪住黄辫子,在壁上碰了四五个响头,闲人这才心满意足的得胜的走了。"

我们可以想象,这肯定不是阿 Q 第一次受辱。阿 Q 有想过找回正义吗? 有抗争过吗? 肯定想过,肯定也挣扎过,可是现实并没有提供实现的途径。如果一两次还可以忍受的话,那么当屈辱成为一种常态,又该如何是好? 于是呈现在我们面前的阿 Q,是以空洞的言词来欺骗麻醉自己的阿 Q。"阿 Q 站了一刻,心里想,'我总算被儿子打了,现在的世界真不像样……'于是心满意足的得胜的走了。"他给自己编织了一套儿子打老子的虚假叙事。大家要注意,我们一般人面对这一屈辱事件,是不会轻易被虚假叙事所欺骗的,但阿Q却真诚地相信。这意味着,现实处境太过悲惨,以至于阿Q开始选择不再活在现实世界,而是活在虚幻叙事中。精神胜利法,就像精神鸦片,帮助阿Q逃离现实的悲惨处境。

我们看着阿Q如何继续沿着精神胜利法一步步沦陷。"打虫豸,好不好?我是虫豸——还不放么?"他觉得他是第一个能够自轻自贱的人,除了"自轻自贱"不算外,余下的是"第一个"。在"儿子打老子"的精神法宝被察觉后,阿Q抓住了"第一个"来维持自己精神上的胜利。不管"第一个"的实质是什么,"第一个"的修饰本身就获得了胜利。

阿Q精神胜利法的顶点就是:有一天,阿Q赌博赢了一堆很白很亮的洋钱,可是突然被人抢走了,阿Q忽忽不乐,心中久久不平,不能接受,阿Q无法简单地欺骗自己这笔巨资他不曾拥有过,所以也谈不上失去。这时他擎起右手,用力地在自己脸上连打了两个嘴巴,热辣辣的有些痛;打完之后,便心平气和起来,似乎打的是自己,被打的是另一个自己。手和脸相互分离。这个手是我的,这个脸是他的,然后啪啪打脸,痛了吧?求饶了吧?啪啪再打,求饶了吧?然后非常得意地擎着自己的手,感受着他人的脸,觉得胜利了——典型的人格分裂。这是阿Q精神胜利法的顶点,不惜通过打自己,在想象中战胜别人,读来真让人心酸。

所以这是普遍的人性吗?或者说我们内心都有这样的阿Q吗?我们肯定不承认,我们与阿Q在不承认现实的程度上差距太大。哪怕阿Q最后被砍头,他都没有能够选择直视自己,而是在精神的虚妄中,在"二十年后仍然是一条好汉"的麻木中,走向了死亡。

阿Q的精神胜利法之所以区别于乐观看问题的方式,首先在于程度的差异。他对现实失败是彻底否定的,当失败接踵而来的时候,精神胜利法赋予阿Q一个强大的心理机制,通过编造另一套叙述,在想象中赢得胜利,维护人之为人的基本自尊。我们常人会清醒地辨认出短暂的自我欺骗,而阿Q却像一个吸毒上瘾的人,沉溺于精神鸦片中无法自拔,在虚幻的叙事中彻底麻醉自己。比如一个小孩把妈妈的口红弄折了,当妈妈厉声质问她的时候,她一边一脸无辜地哭着说:"是爸爸弄断的,是爸爸弄断的。"一边用沾满了口红的手擦着自己满是口红的脸。小孩其实并不认为自己在说谎,她真诚地相信是爸爸弄断的,这是她的自我保护机制。问题在于,作为成年人的阿Q却不得不让自己沦陷到精神胜利法中,因为他无力承受这个世界所给予的残酷重压。明乎此,我们也就理解了阿Q的悲哀。

如果说阿Q的精神胜利法作为一种病态的自我想象，在极端情况下，是人类面对精神创伤时的一种自我保护机制的话，那么它具有普遍性的维度，它是潜藏在每一个人内心中的一颗种子。但是从过程性/现实性的角度来说，从可能性到变成现实，它所需要的土壤是否具有特殊性的维度呢？即，阿Q精神胜利法是否是在特定的文化土壤中才"发扬光大"，是鲁迅笔下国民劣根性的体现？

我们如何来解答这个问题？事实上，我们可以逆向思考，阿Q精神胜利法的存在是为了掩盖现实的屈辱，那么我们可以直接观察阿Q精神胜利法失效的瞬间，阿Q真正直面屈辱的时刻。阿Q的精神胜利法不起作用的情境往往能揭示它所依存的条件。

第三章节《续优胜记略》中写到，在未庄，有个阿Q非常藐视的人，他叫王癞胡，比起阿Q的癞还多了络腮胡子，所以阿Q有资格看不起他。阿Q坐在王胡身边，感觉那是在抬举他。这天王胡在捉虱子，阿Q也跟着捉，可王胡捉的虱子居然比他的多，比他的大，简直翻了天，这还了得！于是，他跟王胡冲突起来，结果王胡抓住他的辫子，拉到墙上照例去碰头。这时鲁迅写道，"在阿Q的记忆上，这大约要算是生平第一件的屈辱，因为王胡以络腮胡子的缺点，向来只被他奚落，从没有奚落他，更不必说动手了。……阿Q无所适从的站着"。

注意阿Q此时的"无所适从"的茫然状态，阿Q受到了屈辱，为何此时不动用精神胜利法来安慰自己？为什么不说这是"儿子打老子"？因为在他看来，王胡本来就处于"儿子"的地位。精神胜利法，是在精神上把自己抬高到高于别人的地位，摆脱自己事实上的失败地位。但是如果在阿Q的观念中，这个敌对方本来就比自己卑贱呢？阿Q又如何能够在精神上再次战而胜之？阿Q之前能够顺利采用精神胜利法，就在于根本上他承认在敌对关系中自己相对低贱的地位，所以他可以用精神上的诡计取得胜利。于是，当他第一次被一个在他看来低于自己的人所欺辱，那一刻精神胜利法彻底无效，他茫然、无所适从，他的精神世界有了一丝坍塌的危险。即便他立刻以"皇帝已经停了考""赵家减了威风"来修补这个程序，他还是有一瞬间"无所适从"。

鲁迅还书写了阿Q第二次真正感到屈辱的时刻，那便是与假洋鬼子的遭遇。在阿Q的鄙视链中，假洋鬼子相对于他是等而下之的存在。"阿Q尤其'深恶而痛绝之'的，是假洋鬼子的一条假辫子。辫子而至于假，就是没了做人的资格；他的老婆不跳第四回井，也不是好女人。阿Q在他心情不好的时候，骂了洋鬼子。'秃儿。驴……'。"可是接下来发生的事情，再次刷新了他的认知。他竟然被一个他最厌恶的洋鬼子打了。啪！

啪！这个世界突然变得荒唐无比，不可理喻。于是，在阿Q的记忆中，这大约要算是生平第二件的屈辱。它跟阿Q在王胡处的受辱本质上是同构的。

总结来说，阿Q的精神胜利法是通过将自己纳入一个等级秩序才得以完成，这是它生成机制中很重要的一部分。也就是在这个意义上，我们说精神胜利法不仅是普遍的人性，而且它跟鲁迅所批判的国民劣根性息息相关。

阿Q在遭受了一连串的屈辱之后，立马寻了小尼姑的晦气，狠狠地在小尼姑脸上扭了一把，"和尚摸得，我摸不得？"。为什么偏偏是小尼姑？因为阿Q还没有成家，所以没有更卑贱的女人或儿子供他驱使、奴役，在阿Q的等级秩序中，小尼姑便是最为低等的存在。

在这里我们看到，阿Q既卑怯又残忍，对弱者的残忍与对强者的卑怯都是缺乏平等观念的表现，都是封建等级观念的必然产物。只要承认人的权利在本质上是不平等的，不论他在弱者面前何等蛮横无理，在更强者面前也一定会暴露出自己的奴才本质。阿Q的屈辱本质上离不开他对等级秩序的认同，他承认强者可以欺凌弱者的残酷规则，只是大多数时候，他还是弱者，所以他始终处在该如何应对屈辱地位的境地。

正如刘勇、邹红在《中国现代文学史》中所点评的：在一个不平等的强权统治的社会里，一个没有平等意识的人，活在等级观念/秩序中的人，长期处于劣败地位时，只能用精神胜利法，来消极地承担人生苦难。

7 黑色人的复仇之歌[*]
——评《铸剑》

十六岁的眉间尺对这个世界是温柔相待的,他对生命有着本能的同情,看着自己踩死的一个生命,尽管是作恶的生命,呆呆地望着那停留在嘴角的血迹,整个人傻掉了,内心陷入深深的矛盾与痛苦之中,仿佛对自己的灵魂犯下了无可饶恕的罪孽。我们最初来到世间的时候,不也是这样吗?他母亲看到了,说:"你到底是要杀死它,还是要救它呢?"他应该有个决断的,可是年轻的眉间尺还没有杀伐决断之力。

母亲把父亲的仇告诉了眉间尺,你长大了,作为儿子你应该承担起为父亲报仇的重任,去直面那个残忍多疑的王。眉间尺没有像那个忧郁的王子哈姆莱特那样,在得知父亲被叔父所杀,母亲改嫁后,陷入到一种深深的忧郁中——世间曾经那么美好,现在怎么变得那么丑恶。母亲说,你必须改掉你优柔的性情,用这把剑报仇。儿子机械地重复道,我已经改掉了优柔的性情,我要用这把剑报仇。可是,一个人的本性哪能在瞬间改变。眉间尺告诉自己,我要成为一个真正的复仇者,一个真正的剑客,从此我要沉重、冷静、无动于衷、从容不迫。可是他的本能背叛了他,他在晚上翻来覆去睡不着觉,他没办法让自己躁动的血液冷却下来,他没办法让自己敏感的神经坚硬如铁。眉间尺的性情有了变化吗?有的,一开始的他不冷不热,没有极端的爱也没有极端的恨,他对这个世界怀着温柔的情感,可现在知晓父亲的血海深仇后,他从不冷不热转向了极热,他为父亲的仇热血沸腾,他的每个毛发都仿佛闪出复仇的火星,他的血性被彻底激发了。

可是光有血性并不能帮助他完成复仇。他的第一次复仇失败了,因为一件很荒谬的事情,他本有着绝佳的机会,王出城游玩,没有任何戒心。一个干瘪脸的少年抓住了他的脚踝,摔了一跤,然后干瘪脸向他敲诈,你压坏了我的丹田,得为我的下半生负责,如果我活不到八十岁,你得为我的损失买单。看客们紧接着围观了上来。眉间尺哭也不得,笑也不得,只觉得无聊,却又摆脱不了,心急如焚。眉间尺的第一个敌人,居然不是来自那个残忍的王,而是来自那些臣服于王的奴。眉间尺胸怀神圣的目标,可是从一

---

[*] 本文写作受到钱理群先生的《鲁迅作品十五讲》很大启发。

开始就陷入到了琐碎无聊荒谬的包围中，陷入到无聊的看客的包围中，第一次怒火中烧的激情复仇就这么被消解掉了。复仇的眉间尺摆脱不了这些无聊的看客，他不够坚定，他还有所顾忌，更重要的是他不知道这些看客对他复仇之情的消解，他不知道对于看客，对于干瘪脸们是应该坚硬冰冷对待的，他不知道陷入到看客世界会让自己也荒谬起来。

这时候，一个人出现了，黑色人，黑须黑眼睛，瘦硬如铁。他用冷冷的眼神一盯干瘪脸，干瘪脸就败退了。他的声音像鸱鸮一样，一种不祥的鸟的怪异的声音。黑色，代表无情、冰冷、坚硬、冷酷。黑色人仿佛一个来自地狱的复仇之神。这是我们的最初判断。一个真正的复仇者，应该如黑色人一样，无情、冰冷、坚硬、冷酷，或者说像那剑一样，透明纯青冰冷如雪。他断不是那个青涩的少年，后者有着太多多余的情感，还不知道这个世界是多么的冷酷无情。

接下来是眉间尺和黑色人的对话。"你是要替我报仇么，义士？""你是同情我们孤儿寡母吗？"黑色人说："我的心里全没有你说的那些，我只是要替你报仇。""义士"，"同情"，这些词原先干净过，可是现在已经被玷辱了。黑色人否定了那些美好的虚幻的名目，他不是要做一个行侠仗义的侠客，也不是出于道德上的同情才有此举动。那黑色人说的"我只是要替你报仇"到底何意？我们做一件事情终归是需要理由的。当我们理解了鲁迅根深蒂固的怀疑，我们也就能理解黑色人的拒绝。同情，一个多么美好的词汇。人类的同情心，一种多么美好的感情。可是现实中的同情早已成了放债的资本，我同情你，我帮你是为了获取回报。鲁迅在《我们如何做父亲》中说，我们自古以来的父子伦理关系，本质上是一种施恩—报恩的关系，做父亲的养育了儿子，那么儿子便是父亲的私有品，必须听命奉献乃至牺牲于父亲。父子关系本应是一种纯真的本能的爱，却被扭曲为利益交换关系的施恩—报恩。在同样的意义上，同情不也是被利益关系所扭曲了吗？所以黑色人拒绝了同情的名目。他不仅是在拒绝简单的回报，在更重要的意义上，他选择的是纯真的情感。这到底是一种怎样的纯真的情感？

黑色人说我要替你报仇，但我需要两样东西，你的头颅和你的剑。眉间尺没多想就答应了。是因为眉间尺的单纯天真，所以轻易去相信一个人？还是因为知道复仇无望，所以将希望托付给那个冰冷的黑色人？答案不得而知。转折的契机出现在哪里？其实核心的秘密藏在黑色人说的那一番话里。黑色人说："你还不知道么，我怎么地善于报仇。你的就是我的；他也就是我。我的魂灵上是有这么多的，人我所加的伤，我已经憎恶了我自己。"我认识你的父亲,一如我认识你。但我的报仇却并不为此。黑色人在这里否定了他的报仇是出于情义。那么问题是,"你的就是我的;他也就是我",你的指什么? 你的(仇? 痛苦? 欢乐?)就是我的(仇? 痛苦? 欢乐?),黑色人没有说;更进一步理解,黑色人说"他也就是我"。他指谁? 眉间尺的父亲? 王? 或抽象意义上的他? 不确定。可正是这种不确定性,才有了意义的极大丰盈性。鲁迅说,"当我沉默着的时候,我觉得充实;我将开口,同时感到空虚"。这个有关话语的悖论,在某种意义上也接近于黑色人的省略。但我们作为读者,我们需要尝试去言说。否则,我们将陷入到意义虚无的窒息中。每当灾难降临的时候,会出现一句宣言:在这一刻,我们都是＊＊人。是的,在那一刻,我们与他们同呼吸、共命运。在这个宣言的背后是人类之爱,是生命之爱。这好像冥冥中契合了黑色人的"你的就是我的;他也就是我"。

我们再看鲁迅的另一篇文章。

夜半在灯下坐着想,那两条小性命,竟是人不知鬼不觉的早在不知什么时候丧失了,生物史上不着一些痕迹,并 S 也不叫一声。我于是记起旧事来,先前我住在会馆里,清早起身,只见大槐树下一片散乱的鸽子毛,这明明是膏于鹰吻的了,上午长班来一打扫,便什么都不见,谁知道曾有一个生命断送在这里呢? 我又曾路过西四牌楼,看见一匹小狗被马车轧得快死,待回来时,什么也不见了,搬掉了罢,过往行人憧憧的走着,谁知道曾有一个生命断送在这里呢? 夏夜,窗外面,常听到苍蝇的悠长的吱吱的叫声,这一定是给蝇虎咬住了,然而我向来无所容心于其间,而别人并且不听到……

假使造物也可以责备,那么,我以为他实在将生命造得太滥了,毁得太滥了。

——鲁迅《兔和猫》

两只小兔子被可恶的黑猫活生生地吃了,这种"血案"太常见了,"时间永是流逝,街市依旧太平,有限的几个生命,在中国是不算什么的",可是偏偏鲁迅耿耿于怀,一并想起了几件生命消亡的旧事。"谁知道曾有一个生命断送在这里呢?""谁知道曾有一个生命断送在这里呢?"鲁迅一遍遍沉重地叹息质问,太多的生命在我们身边无情地消逝,可是我们早已习惯,熟视无睹,他们的印迹无声地被抹灭掉,又有谁记得他们曾经来过呢? 让鲁迅痛切自责的是,他自己不也是其中的一员吗? "苍蝇临死前悠长的吱吱的叫声……我向来无所容心于其间。"这是鲁迅式的大悲痛大忏悔。我们要问,兔子的被虐杀与你何干? 苍蝇的被吞噬与你又有何干? 你为何偏偏耿耿于怀,一并引发了对造物的质问——造物将生命造得太滥了,也毁得太滥了,竟一点都不知道怜惜。可是,当我们真的有一天，对生命的存在与死亡都彻底麻木，连基本的生命感都丧失了的时候，我们所谓的自我存在不也很可疑吗？在最本真的意义上，所有生命的欢乐与悲伤，都与我们自己息息相关。鲁迅说，"看着别个被捉去杀掉，比之我自己身受之还难受"。这便是鲁迅对生命的爱。

"你的就是我的，他也就是我"，黑色人否定了出于个人恩怨的复仇，否定了变异的仗义与同情的名目，他到底为何而复仇？那也便是出于真正的生命之爱，出于对世人所有苦难的感同身受，对世人所有苦难的承担。一想到所有名词一落入时下语境后的扭曲变异，黑色人永不会说出那个他最在乎，也最尊重的词——爱。陀思妥耶夫斯基也在苦难深重的俄罗斯大地宣扬爱，认为只有爱才能拯救俄罗斯民族，不同于这位伟大的先导的是，鲁迅拥抱的不是隐忍的爱，而是基于爱的向敌人的复仇。

年轻的鲁迅在日本留学时，和他的朋友讨论一个议题："中国国民性中最缺少什么"，结论是：一是"诚"，二是"爱"。鲁迅大声疾呼"我们还要叫出没有爱的悲哀，叫出无所可爱的悲哀！"一个充满爱的国度，是多么美妙的国度，这个国度不再有压迫奴役，没有主子和奴才，这个国家的人民相亲相爱。我们明白鲁迅对爱的呼吁。可缺少诚是什么意思？为何诚在第一位，爱在第二位。莫非爱的前提是诚？我忽然想到，鲁迅终其一生的命题是：在一个虚伪的旧社会里，我们如何去做一个真诚的人。在旧社会，同情可以变异，仗义可以变异，父子之爱可以变异，一切真挚的感情都可以因利益权势而变异，我们还能相信什么？我们又如何真诚地相互去爱？你的真诚会被消解，你没办法轻易做一个真诚的人，你真正地信奉你内心的真诚，为了你的真诚不被玷辱，你只能以一种冰冷的面孔，以一种决绝的方式去反抗虚伪乃至反抗真诚。就像黑色人拒绝了同情和仗义，就像黑色人以一种无比冰冷的方式去表达他的爱。我突然想到，看客们为什么不理解也不愿意相信革命？为什么旧社会的革命老是变质？这是因为他们从来不知道也从来不相信有一种爱，叫作为了大众牺牲自己，他们永远只知道权力的更迭与争夺。做一个真诚的人，这之后爱才有可能。

黑色人说："我的魂灵上是有这么多的，人我所加的伤，我已经憎恶了我自己。"用我的话翻译下，黑色人说："我的魂灵早已伤痕累累，有世人所加的伤，也有我自己所加的伤，我已经憎恶了这个灵魂已经伤痕累累的我自己。"世人所加的伤，我们理解，看看鲁迅笔下的夏瑜、魏连殳、吕纬甫、范爱农，这一个个曾经真诚地奔走呼号的革命者，最后一个个不都陷入无比孤独悲凉的处境吗？他们为他们试图拯救的民众所隔膜，被视为疯子、傻子、另类，他们被民众所驱逐，甚至被民众所杀戮，这些世人所加的伤还少吗？看看鲁迅本人，曾经那么热衷于革命的鲁迅，一度沉寂竟长达十年之久，他要沉入国民中，沉入古代，去彻底遗忘那些无可名状的寂寞与悲哀。

可是，我自己所加的伤，又如何理解？如何因憎恶自己而走向复仇？正因了这句话，我才发现黑色人是那么无比接近于那个真正鲁迅本人。鲁迅在谈论他无比敬重的陀思妥耶夫斯基时，写过这样一句话，"凡是人的灵魂的伟大的审问者，同时也一定是伟大的犯人。"鲁迅自己也说过，我的写作是"要揭出民众的疾苦，以引起疗救的注意"。鲁迅和陀思妥耶夫斯基一样，同是作为国民性的伟大审问者，可是伟大的审问者为何又是伟大的犯人？仔细想想难道不是这样吗？一个真正的灵魂的审问者，绝不是一个高高在上的上帝，用站在神位的目光打量一切——你们世人皆有罪，我要审判你们。我有资格审判你们，是因为我也曾是一个犯人，我已忏悔自己身上所有的罪。想起了《父亲的病》中的鲁迅，鲁迅说，"我现在还听到那时的自己的这声音，每听到时，就觉得这却是我对于父亲的最大的错处。"让父亲临终不得安息的那一声声突兀的叫喊，一直在鲁迅心中痛苦地回响着，这是鲁迅年幼时对父亲犯下的罪孽，尽管是无意的。想起了《我要骗人》中的鲁迅，他怀着善意骗了一个小女孩，可是女孩那只手残留的温度却依旧灼烧着鲁迅的心。想起了《风筝》中的鲁迅，做哥哥的撕毁了弟弟心爱的风筝，大声地指斥弟弟不应该玩物丧志，可是长大后的鲁迅突然明白，这是以哥哥的强权对弟弟的一次精神虐杀，想去弥补，却已无可挽回。鲁迅忏悔着自己的罪孽，究竟是怎样一个怀着真诚的爱的人，才会如此痛切自责。怀着这样一个真诚大爱的人，会经历怎样惨烈的心路历程。

鲁迅说，"我自己总觉得我的灵魂里有毒气和鬼气，我极憎恶他，想除去他，而不能。""正苦于背了这些古老的鬼魂，摆脱不开，时常感到一种使人气闷的沉重。"

我们都不可能是脱离传统、横空出世的新我，在最深刻的意义上，我们都早已带上无可荡灭的印迹。当鲁迅在反抗传统，在批判传统时，作为一个伟大的真诚的反抗者，他必然也反抗了自己，埋葬了自己。正如鲁迅本人清醒的历史选择：我们都是历史的中间物，因袭着古老的重负，肩住了黑暗的闸门，放孩子们到光明里去，而把自己留在黑暗中。

"我的魂灵上是有这么多的，人我所加的伤，我已经憎恶了我自己。"这是一个伟大的反亢者最真诚的复仇宣言，一个伟大的反抗者必然将解剖刀对准了自己，血淋淋地剖析自己的灵魂。

他所爱,所同情的是这些,——贫病的人们,——所记得的是这些,所描写的是这些;而他所毫无顾忌地解剖,详检,甚而至于鉴赏的也是这些。不但这些,其实,他早将自己也加以精神底苦刑了,从年青时候起,一直拷问到死灭。

——鲁迅《〈穷人〉小引》

黑色人出于爱而走向对所有人灵魂的拷问,走向对自己的灵魂施以精神的苦刑,由此出发走向对暴虐君王的复仇!

聪明的眉间尺在真正听懂了黑色人的复仇宣言后,又怎会不毅然把头颅献出来呢?如果之前的复仇还停留在个人的复仇,那么遇到黑色人之后,这个复仇早已走向了基于大爱的复仇/反抗——反抗一个暴虐残忍的王。黑色人提起眉间尺的头颅,对着那热的死掉的嘴唇接吻两次,发出冷冷的尖厉的笑。尽管显得如此的怪异,但这是黑色人的最后告别,是黑色人内心柔情在这无情世界的最后一次流露,一切伤痛被彻底埋藏在了心里。

饿狼的意象又出现了。可怜的阿Q在赴刑场的时候,在围观他被行刑的喝彩的群众中也听到了豺狼的嗥叫一般的声音,他想起:

四年之前,他曾在山脚下遇见一只饿狼,永是不近不远的跟定他,要吃他的肉。他那时吓得几乎要死,幸而手里有一柄斫柴刀,才得仗这壮了胆,支持到未庄;可是永远记得那狼眼睛,又凶又怯,闪闪的像两颗鬼火,似乎远远的来穿透了他的皮肉。而这回他又看见从来没有见过的更可怕的眼睛了,又钝又锋利,不但已经咀嚼了他的话,并且还要咀嚼他皮肉以外的东西,永是不近不远的跟他走。

——《阿Q正传》

阿Q在想象中发出了"救命"的呼喊,而眉间尺终于没能逃脱,他的身体被饿狼咬食殆尽,"血痕也顷刻舐尽",连骨头都不剩。好一场人肉的盛宴。

王一出场,就陷入到了无聊中,连第九个妃子的头发,也没有昨天那样黑得好看。"唉唉!无聊!"王打一个大哈欠后,高声向众人宣告。王一无聊,上自王后,下至弄臣,个个紧张兮兮,无聊是整个宫廷最大的错处。因为可怕的无聊,王常常要发怒,一发怒,便按着青剑,总想寻点小错处,杀掉几个人。血腥和恐怖是王最后也最奏效的消遣、刺激。

因了王的无聊，黑色人得以以一个民间异人的身份开始献上头颅的演出。复仇大戏由此正式上演。眉间尺的头颅在烧满沸水的大金鼎里，旋转跳跃，闪转腾挪，溅起满庭的热雨，多么欢快的景象，多么盛大华丽的演出，隐约可以想见在金碧辉煌的大殿里，所有衣着光鲜的大臣、妃子一个个瞪圆了眼睛，张大了嘴唇，眉间尺的头颅便在所有人的注视下在金色的大鼎中开始他一个人的舞蹈。眉间尺好像恢复了他少年玩闹的本性，他变幻着舞姿，忽而端庄，忽而睁大眼睛，漆黑的眼珠显得格外精彩，同时开口唱起歌来：

> 王泽流兮浩洋洋；
>
> 克服怨敌，怨敌克服兮，赫兮强！
>
> 宇宙有穷止兮万寿无疆。
>
> 幸我来也兮青其光！
>
> 青其光兮永不相忘。
>
> 异处异处兮堂哉皇！
>
> 堂哉皇哉兮嗳嗳唷，
>
> 嗟来归来，嗟来陪来兮青其光！

前面的歌词好像在唱着对王的赞歌，王您恩泽浩荡，克服怨敌，万寿无疆！可后面出现了强烈的反差，幸我来兮青其光，幸我来了，幸我来了，青剑终于大发光芒，堂皇地让您首身异处，嗳嗳唷（一种猥亵的小调——鲁迅语），嗳嗳唷，您的头颅快来陪我吧。眉间尺整个歌充满了调侃、嘲讽、蔑视的味道。当王终于上当，上前窥视，"王的眼光射到他脸上时，眉间尺便嫣然一笑"。"嫣然一笑"，多么美妙的用词，多么自信蔑视的笑呀，愚蠢的王终究上当了。待到王的头颅被劈掉，落在鼎里，黑色人为助阵也从容地劈下自己的头，"他们如饿鸡啄米一般，一顿乱咬，咬得王的头颅眼歪鼻塌，满脸鳞伤"，以咬的方式最终结束王的性命真是痛快，"待到知道王的头颅确已断气，便四目相视，微微一笑"，复仇至此完成，两人安然死去。我想起了《荆轲刺秦王》中荆轲刺杀秦王的场景，在图穷匕见，逐王绕柱的场景中，整个气氛冰冷窒息到了极点，荆轲刺杀中的从容镇定、大义凛然，以及失败后的叹惋多么让人叹息。可是，在黑色人/眉间尺的复仇中，我们全然看不到刺客故事中的那种紧张窒息，也看不到刺客的那种视死如归、冷静从容，乃至大义凛然、从容献身的悲壮感、崇高感、神圣感，更多是对王的蔑视、调侃，对复仇本身的某种超离，乃至虚无的审视。为什么会这样？说到底，这是孤独者的胜利，这是孤独者在虚伪荒诞世界的胜利,这是注定不被铭记也不被崇敬的胜利。黑色人/眉间尺清醒地意识到这点。不然为何鲁迅还要写下那复仇之后的故事呢?

请看,在三具头颅大战的时候,王后、大臣们的表现,"上自王后,下至弄臣,骇得凝结着的神色也应声活动起来,似乎感到暗无天日的悲哀,皮肤上都一粒一粒地起粟;然而又夹着秘密的欢喜,瞪了眼,像是等候着什么似的"。好一个"似乎",王的头颅被劈,似乎天日暗淡。好一个"然而",然而又夹着秘密的欢喜,瞪大眼睛,像是等候什么。是期待这个暴虐残忍的王的死去吗?是为王的死去、暴政的结束而欢喜吗?如果真这样理解鲁迅笔下的大臣、王妃,那可真大错特错了。其实,王和他的王后、大臣们早已有着精神的同一,瞪大了眼围观,一如后来争先恐后地拥上去窥探,对于习惯了围观、赏鉴(眼泪、血腥)的他们,无聊同样是整个宫廷世界最大的错处。

在欣赏了三具头颅大战的奇观后,"阿呀,天哪!咱们大王的头还在里面哪,唉唉唉!"第六个妃子忽然发狂似的哭嚷起来。一语惊醒看中人,"上自王后,下至弄臣,也都恍然大悟,仓皇散开,急得手足无措,各自转了四五个圈子"。上自王后,下至弄臣,突然明白了眼前发生的事实。咱们的王是死了呀,头还在鼎里面,怎么办?

约略费去了煮熟三锅小米的工夫,总算得到一种结果,是:到大厨房去调集了铁丝勺子,命武士协力捞起来。

好一会,一个武士的脸色忽而很端庄了,极小心地两手慢慢举起了勺子,水滴从勺孔中珠子一般漏下,勺里面便显出雪白的头骨来。大家惊叫了一声;他便将头骨倒在金盘里。

"阿呀!我的大王呀!"王后,妃子,老臣,以至太监之类,都放声哭起来。但不久就陆续停止了,因为武士又捞起了一个同样的头骨。

想起了周星驰的喜剧,那种无厘头的荒诞和幽默代表他特有的喜剧精神,莫名觉得鲁迅笔下的妃子、大臣、武士们跟周星驰那些经典的喜剧角色很像,因为他们都提供了一种共同的感觉,喜剧演员清醒地知道自己演的是喜剧,并且准确地把这种知道传递给观众。王死了,我们应该悲伤、痛哭、恭敬,于是我们共同开始悲伤、痛哭、恭敬。所有人都知道所有人在表演悲伤、痛哭、恭敬,可是所有人都不会拆穿所有人,我们是认真的演员。而鲁迅式的幽默更在于,妃子、大臣们竟连痛痛快快地表演一下哭都不能够,因为不知道哪一个头是真正的王的头,想来真是滑稽荒诞。"到后半夜,还是毫无结果。大家却居然一面打阿欠,一面继续讨论,直到第二次鸡鸣,这才决定了一个最慎重妥善的办法,是:只能将三个头骨都和王的身体放在金棺里落葬。"

妃子和群臣们欢喜而又焦急地辨认头颅,最后无可奈何地选择三头并葬。于复仇者而言,与仇人并葬似是一种亵渎,可我总觉得在背后暗藏了鲁迅式的隐秘的复仇快感。不信你再看接下来的笔墨。王要落葬,合城很热闹,远近的人们都来围观,不,是"瞻仰"大出丧。王、王妃、大臣和他们治下的国民们是有着精神的同一的。"几个义民很忠愤,咽着泪,怕那两个大逆不道的逆贼的魂灵,此时也和王一同享受祭礼,然而也无法可施。"有一句网络流行语叫做,就是喜欢看你恨得牙痒痒,却又无可奈何的样子。或许这便是鲁迅心目中最理想的复仇,让你恨得牙痒痒,却又无可奈何,因为复仇的对象何止是一个暴虐残忍无聊的王,还有那些永远无聊的看客。

牺牲上场,如果显得慷慨,他们就看了悲壮剧;如果显得觳,他们就看了滑稽剧。北京的羊肉铺前常有几个人张着嘴看剥羊,仿佛颇愉快,人的牺牲能给与他们的益处,也不过如此。而况事后走不几步,他们并这一点愉快也就忘却了。

对于这样的群众没有法,只好使他们无戏可看倒是疗救,正无需乎震骇一时的牺牲,不如深沉的韧性的战斗。

——鲁迅《娜拉走后怎样》

鲁迅说,"戏场小天地,天地大戏场"。作为清醒的复仇者,黑色人/眉间尺知道对暴虐残忍的王的神圣复仇永是会被看客所消解。如果说无情与冰冷是黑色人在这无情与冰冷世界中的保护色,那么嘲讽戏弄便是对这本是游戏虚伪世事的最大报复。

8 恐怖三部曲

——评《药》

一、红

"一只手却撮着一个鲜红的馒头,那红的还是一点一点的往下滴。"

华大妈在枕头底下掏了半天,掏出一包洋钱,交给老栓,老栓接了,抖抖的装入衣袋,又在外面按了两下;便点上灯笼,吹熄灯盏,走向里屋子去了。那屋子里面,正在悉悉窣窣的响,接着便是一通咳嗽。老栓候他平静下去,才低低的叫道,"小栓……你不要起来。……店么? 你娘会安排的"。

这一幕,读起来,是那么的温情脉脉。为了救儿子,老两口掏出了半辈子积攒的血汗钱。临走前装钱的郑重其事,更是让人心酸。大家看到过农村里上年纪的老太太是怎么装钱的吗? 她们一般用一个塑料袋把钱紧紧地包裹起来,这个塑料袋因为用得太久一般都皱巴巴的,钱通常也不多,就百十来块,然后再把这个塑料袋藏进衣服缝里,这样不容易被贼偷走。而用钱的时候,自然也是掏半天才能掏出来,然后小心翼翼地把塑料袋打开。明乎此,我们也就能更好地理解"掏了半天""抖抖的装入"等动作背后老两口对儿子的爱。

此时的儿子也并没有睡着,他隐约感知到父母今晚有事,他想起来帮忙,尽自己的一点力气。因此老栓在临走前,特意安抚了儿子:"小栓……你不要起来。……店么? 你娘会安排的。"多么温情有爱的一家三口呀。

"街上黑沉沉的一无所有,只有一条灰白的路,看得分明。灯光照着他的两脚,一前一后的走。有时也遇到几只狗,可是一只也没有叫。"秋天的后半夜,一切静悄悄黑沉沉的,除了夜游的东西,什么都睡着了。一切是那么静谧,可是在静谧之中有着一种神秘阴森的气息,这神秘阴森好像连狗都被感染到了,不敢发出一点声响。这是一个行刑的夜晚。

天气比屋子里冷多了,老栓此时的内心却充满了隐秘的欣喜,"老栓倒觉爽快,仿佛一旦变了少年,得了神通,有给人生命的本领似的,跨步格外高远"。他满脑子想着的是,买了药儿子就可以得救了,他的付出都是值得的。"路也愈走愈分明,天也愈走愈亮了。"一切都充满了希望。

"老栓正在专心走路,忽然吃了一惊,远远里看见一条丁字街,明明白白横着。他便退了几步,寻到一家关着门的铺子,蹩进檐下,靠门立住了。好一会,身上觉得有些发冷。"前面我们看到老栓怀着满心的欢喜和期待,跨步格外高远。为什么这里突然吃了一惊,退了几步,蹩进屋檐,觉得身上有些发冷呢?这是因为他到了丁字街,这时,你看鲁迅的用词,"明明白白横着",丁字街是那么醒目,你的视线怎么也逃脱不开,被它牢牢地吸引住了。丁字街什么地方呀,是刑场。就在这一刻,老栓突然意识到了药的真相——这个药是人的鲜血。用不了多久,就会有一个人被砍头,一个鲜活的生命即将消失。老栓本来是买"药"治病,多么天经地义啊。"药",多么文明的一个字眼。他几乎拿出了自己的所有积蓄来救治孩子,又多么温情感人。可是就在他走到刑场的那一刻,真相瞬间袭来,一切是那么残忍。难道在此之前他不知道他买人血馒头是在践踏另一个人的生命吗?不,他知道,但他之前满脑子想的都是他儿子要因此得救了,只是真的到了刑场,他才开始不得不直面这真相。

"老栓又吃一惊,睁眼看时,几个人从他面前过去了。一个还回头看他,样子不甚分明,但很像久饿的人见了食物一般,眼里闪出一种攫取的光。……仰起头两面一望,只见许多古怪的人,三三两两,鬼似的在那里徘徊;定睛再看,却也看不出什么别的奇怪。"鲁迅小说的经典意象再一次出现了——"吃人"。分明是吃人的披着人皮的"狼",可是定睛再看,却也看不出什么别的奇怪。

鲁迅为什么不直接写几个官兵带着犯人走来了?如果直接写官兵带着犯人来了,那这就是全知全能的上帝视角,一切一览无余,一切都在掌控之中,那也就无须害怕了。"衣服前后的一个大白圆圈,远地里也看得清楚。"这是老实心怯的华老栓所看到的景象,这是一个主观受限的视角。我们通过华老栓来看,华老栓所看到的,所感受到的,也就成了我们所看到的,所感受到的。小时候,我看电影,看到穿着前后有大白圆圈的清兵就格外害怕,因为电影中的清兵总是与杀戮联系在一起,大白圆圈的衣服在我的记忆中也就成了恐惧的象征。对华老栓来说,这格外醒目的大白圆圈,恐怕也是属于他的恐惧景象吧。

"颈项都伸得很长,仿佛许多鸭,被无形的手捏住了的,向上提着。"读到这个句子,我们不由得感叹鲁迅真是语言天才,这个笔墨实在太让人赞叹了,犀利、辛辣,在一个简单的句子中活画出一个群体的灵魂。被无形的手捏住,向上提,说明这是一群完全丧失了自我意识的人,在那一刻,他们像动物一样服从本能欲望的驱使;在那一刻,他们被阴暗的肮脏的欲望攫取住了,那捏住他们的无形的手,正是隐藏在他们内心深处的本能的阴暗的欲望。

读到此,我不由得联想到这样一个画面:在一个偏远的镇子上,镇上人们有一种奇特的隐秘的习俗,——每当午夜降临的时候,镇子上的人们从远近各处赶来,汇集在广场,大家都穿着黑色的袍子,戴着面具,彼此间并不说话,凝神屏息地围观砍头,在人头落地的那一刻,所有人获得一种极大的刺激,并伴随着一种巨大隐秘的快感,这时所有人开始窃窃私语,评头论足,今儿这头砍得利索,今儿这血溅得够远,然后大家不约而同地散去。到了第二天白天,好像什么都没有发生一样,彼此交谈如故,过着正常的生活。只是在特定时期,当午夜降临的时候,镇上的人们又开始出没,开启新的围观,这是所有人隐秘的快感的源泉。

二、白

"焦皮里面窜出一道白气,白气散了,是两半个白面的馒头。"

"夏三爷真是乖角儿,要是他不先告官,连他满门抄斩。现在怎样?银子!——这小东西也真不成东西!关在牢里,还要劝牢头造反。"

"阿呀,那还了得。"坐在后排的一个二十多岁的人,很现出气愤模样。

……

"义哥是一手好拳棒,这两下,一定够他受用了。"壁角的驼背忽然高兴起来。

"他这贱骨头打不怕,还要说可怜可怜哩。"

花白胡子的人说,"打了这种东西,有什么可怜呢?"

康大叔显出看他不上的样子,冷笑着说,"你没有听清我的话;看他神气,是说阿义可怜哩!"

听着的人的眼光,忽然有些板滞,话也停顿了。

在听到夏瑜说阿义可怜的时候,突然"听着的人的眼光,忽然有些板滞,话也停顿了"。为什么听着的人有了如此大的变化呢?

阿义打了他,可他却说阿义可怜。言下之意是,阿义你被清廷奴役,可是你却始终执迷不悟，死心塌地地为清廷卖命，你活着真可怜可悲啊。说阿义可怜，不就等于说我们所有人可怜吗？这句话给了所有人极大的冲击，夏家这小孩儿自己都死到临头了，居然还在说我们可怜，真是可笑。可夏家这小孩儿是如此坚定，甚至为此搭上了自己的性命也在所不惜，在听到他说出阿义可怜的那一刻，我们会止不住想，万一他说的是正确的，我们错了，我们信奉了几千年的"率土之滨，莫非王臣"是错的，这大清的天下是我们大家的，我们生来不是做奴隶的，我们是可以自己当家做主的。

不，不，不，这也太可怕了，我们的整个世界观被彻底颠覆了，我们这么多年活着算什么呀！这个真相实在太让人难以接受、消化。这一群人迎来了一个精神转换的契机，可是最终他们都选择了逃离。就像柏拉图所说的，关在地洞中，已经久习惯于火把投影的影子世界的人，突然见到了真实的阳光，却立马把眼睛闭上，转过头说，不，这是虚假的世界。真相有时候太过灼热，会把我们的眼睛灼伤。

在封建民众看来，历史不过就是一治一乱的循环，无论在哪个朝代，低头做小民便是。而夏瑜，那小毛孩儿，不过是想造反。那么造反被砍头，那是他活该。革命这个现代观念，离他们有十万八千里。他们不可能明白革命恰恰是要打破那所谓的一治一乱的历史循环，另造一个新的世界。

"阿义可怜——疯话，简直是发了疯了。"花白胡子恍然大悟似的说。

"发了疯了。"二十多岁的人也恍然大悟的说。

店里的坐客，便又现出活气，谈笑起来。

对于夏瑜石破天惊的话语，我们需要一个解释，这样我们才能心安理得地继续我们正常的生活，唯一合理的解释就是夏瑜疯了，只有疯子才会说出这样的话，然后所有人都如释重负。

当有人说，"举世皆浊我独清，举世皆醉而我独醒"，那么在世人看来，谁才是那个污浊和醉了的人呢？肯定是那个自以为清白与清醒的人。《狂人日记》里叫嚷着这是一个吃人世界的受迫害妄想症的狂人不就是如此吗？就像当年那个提出日心说的布鲁诺，当他以科学的方式无比坚定地论证地球是围绕着太阳转的时候，我想，那些宗教人士，恐怕有那么一刻也如鲁迅笔下的群众，"听着的人的眼光，忽然有些板滞；话也停顿了。"太阳不是绕着地球转，地球不是宇宙的中心，这世界并不是上帝创世的模样，这实在太不可思议了。唯一的解释是，布鲁诺疯了，他是异端，邪魔侵体，我们才是正常的那个。消灭了他，我们这世界就恢复正常了。

在第三章节的叙述中，革命者夏瑜的故事从历史深处走来。如果没有第三章节的故事，那么《药》这个故事书写的便是群众以人血馒头治病的愚昧以及围观砍头的麻木与残忍。可是当革命者的故事浮出水面，当人血馒头的真相进一步得到揭示的时候，《药》的主旨发生了根本性的改变。我们进一步感知到革命者的寂寞与悲哀，为群众奋斗乃至于牺牲，可是他们的价值却一点都得不到认同，甚至在群众眼里，牺牲可以享用，可以增加某一私人的福利。

那鲁迅为什么不正面交代革命者夏瑜的故事，而要通过康大叔的口吻来侧面交代？因为对于鲁迅而言，重要的不是革命者如何牺牲，重要的是群众如何去看待革命者的牺牲。就像一粒石子扔进一潭死水，重要的不是石子本身，而是石子投入一潭死水后，激起了怎样的涟漪。这也是为什么要选择茶馆作为故事场景的原因。因为茶馆是饭后闲聊，谈论国事的绝佳场所，是呈现国民价值观念的最好场景。《孔乙己》的叙事如此，《祥林嫂》的叙事在某种意义上也是如此。

在小栓吃药的时候，为什么要安排驼背五少爷上场？驼背五少爷给这个场景带来了什么？可以删去吗？由于驼背五少爷的进入，茶馆从私密空间变成了公共空间，老栓一家才不得不顾及外人的目光，刻意回避驼背五少爷的询问。如果华老栓理直气壮很坦然地回答："我们在给小栓吃人血馒头。"那么这会带给我们什么样的感觉？这个世界未免也太黑暗，太让人绝望了。正是因为老栓一家的回避，老栓一家内心的罪恶感，才给了这个世界最后一点亮色，一点希望。鲁迅真是天才。

三、黑

"那乌鸦也在笔直的树枝间，缩着头，铁铸一般站着。"

来到小说的结局，清明节那天，两个失去儿子的素不相识的女人在坟场相遇。只是她们都不知道，她们的儿子之间有着怎样的因缘际会——其中一个人的儿子曾用另一个人的儿子的鲜血来救命。这是对那个牺牲的生命的践踏。

"中间歪歪斜斜一条细路，是贪走便道的人，用鞋底造成的，但却成了自然的界限。路的左边，都埋着死刑和瘐毙的人，右边是穷人的丛冢。"贪走便道，应该是随意自然的，服从于路的远近，可这分明有着一层人为的选择，在死刑犯和穷人之间造成了分野。活着的时候，人是不平等的，有死刑犯、穷人和富人之分，哪怕死后，这人世间的等级界限也不能取消，哪怕死了，也得分出个高低贵贱，真是可笑。鲁迅说过，"在我自己，总仿佛觉得我们人人之间各有一道高墙，将各个分离，使大家的心无从相印"。我们常说至死方休，可是这样一种人与人的隔膜至死都不能取消。

"两面都已埋到层层叠叠，宛然阔人家里祝寿时的馒头。"可笑的是无论死刑犯和穷人之间如何区隔，都不过是给阔人享用的馒头而已。

"天明未久，华大妈已在右边的一坐新坟前面，排出四碟菜，一碗饭，哭了一场。化过，呆呆的坐在地上；仿佛等候什么似的，但自己也说不出等候什么。"白发人送黑发人，失云儿子的母亲内心深处无比期待着儿子的复活，可理智又分明告诉她那绝对是不可能的。儿子永远也回不来了。因此她常常陷入到一种恍惚的状态，仿佛在等候什么，又说不清楚到底是在等候什么。这是一种生命的空洞状态。

在华大妈老夫妇黯淡的生活中，小栓是他们的希望和阳光，他们曾经不惜付出任何代价，用全部力量想把他从病魔手中抢夺过来，然而他最终死了。对于华大妈而言，生活已经失去了全部的光彩和意义，她的心中充满着无限的悲哀与绝望。"微风起来，吹动短发，确乎比去年白得多了。"从去年秋天到今年清明，仅仅几个月的时间过去，头发已经白了许多。

"三步一歇的走。忽然见华大妈坐在地上看她，便有些踌躇，惨白的脸上，现出些羞愧的颜色。"夏大妈为何这样呢？因为她的儿子是死刑犯，是被砍头的，在大家眼里，闹造反能不被砍头吗？所以她做母亲的在有外人在场的时候感到羞愧。她不知道她的儿子是革命者，是英雄，是烈士，是为群众而牺牲自己的人，她不知道自己应该感到骄傲。"但终于硬着头皮，走到左边的一坐坟前，放下了篮子。"一个人牺牲了，可是连做母亲的都不能理解他，认同他的价值，这是悲剧的沉痛所在。

"那坟与小栓的坟，一字儿排着，中间只隔一条小路。"真是天意啊，夏瑜和小栓生前并不认识，因为人血馒头而联结在一起，死后两人的坟墓却并排着，仍旧隔着一条小路。为什么这两人生前死后有着如此深的纠葛？除了小说家的安排，还有什么样的隐喻吗？看他们两人的名字，一个姓华，一个姓夏，合起来就是华夏，夏瑜和华小栓的故事也许隐喻着中国人的生命故事，隐喻着群众与革命者的生命故事。

"华大妈见这样子，生怕她伤心到快要发狂了；便忍不住立起身，跨过小路，低声对他说，'你这位老奶奶不要伤心了，——我们还是回去罢'。"两个素不相识却有着相似命运的孤独的老妇人在坟场上相互扶持，相互慰藉，读到这里，真是让人感叹唏嘘。

"分明有一圈红白的花，围着那尖圆的坟顶。"这个花环来自哪儿？合理的解释来自同志,来自革命者,夏瑜不是孤单的,革命之火不曾熄灭。鲁迅自己绝对不会相信,会有人来祭奠夏瑜,历史上有着太多的无名英雄了。否则,他不会一再地书写革命者——作为最先觉醒者的落寞、悲哀与痛苦,也不会写出革命者的鲜血成了群众的药引子如此残酷的故事。

事实上,鲁迅在文本内部也一再地消解了花环存在的现实性——"这没有根,不像自己开的。——这地方有谁来呢?孩子不会来玩;——亲戚本家早不来了。"鲁迅后来在《〈呐喊〉自序》中解释道,这花环是"凭空添上去的",是听从将令用的曲笔,是为了慰藉那在寂寞中奔驰的猛士,使他们不惮于前驱,是绝望中给出的一点希望。

夏大妈如何解释儿子坟上那异样的花圈呢?我们前面提到母亲并不理解自己儿子为什么会被砍头,并不知道什么革命、造反。但是她了解自己的儿子,她知道儿子是个好人,儿子被官府砍头了,那么在她的世界观中,唯一合理的解释是儿子是被冤枉的,儿子死不瞑目。她从来没有想过清朝官府是罪恶的。

看到坟上的那一圈红白的花,她涌现出了一点点希望。待到抬眼看到树枝上的乌鸦,她希望冤死的儿子能够显灵,"你如果真在这里,听到我的话——便教这乌鸦飞上你的坟顶,给我看罢"。接下来的笔墨真的是触目惊心。我们可以想象母亲把她残存的全部的希望都寄托在那无情的乌鸦身上,她的眼睛肯定死死盯着那乌鸦,她的内心无比迫切地祈祷着乌鸦的飞动,来验证儿子的冤屈。

可是那乌鸦一动不动,这世界是死一般寂静。她越是希望乌鸦飞动,这乌鸦的静,这世界的静,越是静得让她难堪,让她窒息。这极端的静,甚至让我们感受到了一种残忍。我们看鲁迅的描写:

微风早已停息了;枯草支支直立,有如铜丝。一丝发抖的声音,在空气中愈颤愈细,细到没有,周围便都是死一般静。两人站在枯草丛里,仰面看那乌鸦;那乌鸦也在笔直的树枝间,缩着头,铁铸一般站着。

你看鲁迅用的意象,枯草如铜丝,支支直立,乌鸦站在笔直的树枝间,如铁铸一般站着。世界好像在那一刻瞬间凝固了,这是一个冰冷、冷酷、无情、生硬的世界。这是一个绝望的母亲在那一刻所感知到的世界。正如孙福熙在评论小说《示众》时所指出的:"他的文章中没有风月动人,没有眉目传情,他的描写如铁笔画在岩壁上,生硬以外还夹着尖利的声音,使人牙根发酸或头顶发火……"

"许多功夫过去了;上坟的人渐渐增多。那老女人叹一口气,无精打采的收起饭菜;

又迟疑了一刻,终于慢慢地走了。"《药》的故事,本来可以在这里结束。这样可以留下些许幻想,也许乌鸦在夏大妈离开后,飞到坟顶上去了呢。哪怕我们不相信,可是至少,对于这位母亲,留下了少许慰藉。

可是鲁迅的心肠真的是硬。他偏偏又写下了最后一段。

他们走不上二三十步远,忽听得背后"哑——"的一声大叫;两个人都竦然的回过头,只见那乌鸦张开两翅,一挫身,直向着远处的天空,箭也似的飞去了。

鲁迅把最后的那一点希望、那一丝慰藉也断绝了,乌鸦箭也似的向远处的天空飞走,没有一丝犹豫。如此深沉悲哀,没有任何希望,贯穿全篇的恐怖气氛由此达到了顶点。

钱理群说,"坟上的花圈与坟场的阴冷气氛正是鲁迅内心深处的希望与绝望的艺术的外化,二者相互交织,补充,对错交流,而又互相碰撞,汇合成了鲁迅式的心灵的大颤动"。是的,这是鲁迅式的心灵的大颤动,非鲁迅式的心灵不会写出如此绝望沉痛的文字。

9 讲故事的艺术
——评《小二黑结婚》

赵树理的《小二黑结婚》作为通俗小说，取得了非常大的成功，在它发行之后，受到边区军民的热烈追捧，甚至加印到四万册，这在当时是一个了不起的成就。

《小二黑结婚》这个小说的母题，我们非常熟悉，讲述的是男女青年冲破封建束缚勇敢追求爱情的故事，与《孔雀东南飞》的悲剧结局不同，新青年在政府的支持下最终收获了幸福的爱情。除了对小说主题的探究，赵树理在小说叙事艺术上新的探索也值得我们关注。

读赵树理的小说，我们有一个感觉，它跟鲁迅、孙犁、王愿坚等人的小说在形式上好像很不一样，那么这个区别到底是什么？为什么会有这个区别呢？我们以小说片段为例，对赵树理的小说形式作一个探究。

区长又打量了她一眼道："你就是小芹的娘呀？起来！不要装神做鬼！我什么都清楚！起来！"三仙姑站起来了。区长问："你今年多大岁数？"三仙姑说："四十五。"区长说："你自己看看你打扮得像个人不像？"门边站着老乡一个十来岁的小闺女嘻嘻嘻笑了。交通员说："到外边耍！"小闺女跑了。区长问："你会下神是不是？"三仙姑不敢答话。区长问："你给你闺女找了个婆家？"三仙姑答："找下了！"问："使了多少钱？"答："三千五！"问："还有些什么？"答："有些首饰布匹！"问："跟你闺女商量过没有？"答："没有！"问："你闺女愿意不愿意？"答："不知道！"区长道："我给你叫来你亲自问问她！"又向交通员道："去叫于小芹！"

这一片段选自《看看仙姑》，它描写的是区长教育三仙姑的场景。我们发现，这个片段的叙事主要是依靠动作描写和对话描写，区长问、三仙姑答的模式贯穿始终，读来有一种奇特的旋律，整个叙事节奏推进得很快。显然赵树理并没有也无意停下来对区长、三仙姑的内心世界或外在的情态作过多描写，我们并不知道对话时双方的表情，也无从了解他们内心的世界。同时，赵树理的叙述语言也干净简练，没有太多形容词，没有太多雕琢刻画，没有繁复的渲染。我们进一步会发现，重视动作描写和对话描写，叙事语言简洁明了，其实是赵树理小说叙事的典型特征，在全本《小二黑结婚》以及赵树理其他小说中,我们可以一再地确认。我们与其他作家的小说作个对比,也许能更好理解赵树理的创作特质。

> 月亮升起来,院子里凉爽得很,干净得很。白天破好的苇眉子潮润润的,正好编席。女人坐在小院当中,手指上缠绞着柔滑修长的苇眉子。苇眉子又薄又细,在她怀里跳跃。

——孙犁《荷花淀》

这是孙犁《荷花淀》开头的环境描写,读来非常柔美,让人感觉一切是那么静谧美好,孙犁的描写非常细腻生动。

> 对了,四十个鸡蛋也没有了,娘会怎么说呢?爹不是盼望每天都有人家娶媳妇、聘闺女吗?那时他才有干不完的活儿,他才能光着红铜似的脊梁,不分昼夜地打出那些躺柜、碗橱、板箱,挣回香雪的学费。想到这儿,香雪站住了,月光好像也黯淡下来,脚下的枕木变成一片模糊。回去怎么说?她环视群山,群山沉默着;她又朝着近处的杨树林张望,杨树林悉悉索索地响着,并不真心告诉她应该怎么做。

——铁凝《哦,香雪》

这是《哦,香雪》中香雪半夜沿铁轨走回家的场景,因为用四十个鸡蛋的昂贵代价换取了铅笔盒,香雪在回家的路上陷入了深深的焦虑之中,铁凝对香雪的心理描写非常富有层次感,而且情景相应的关系处理得极为生动。

这样细腻的环境描写和心理描写在赵树理的小说中几乎找不到。追溯小说的谱系,赵树理其实遵循了中国古典小说一个非常重要的叙事传统,那就是白描:重动作、对话描写,轻心理、环境描写。《三国演义》《水浒传》等传统小说莫不如是。

赵树理对自己的小说有一个清晰的定位,他说,"我写的东西,一向虽被列在小说里,但在我写的时候却有个想叫农村读者当作故事说的意图"。赵树理很大程度上,在扮演一个说故事的人或传统说书人的角色,这是不同于我们现在通常说的小说家的定位的,这意味着他传承的是我国民间文学的传统,即兴盛于明清时的话本小说或评书体小说。现代小说是诉诸阅读的艺术,而评书体小说则更多诉诸于听觉。现代小说与传统(评书体)小说的本质区别在于:现代小说更注重的是内面的开掘,它会深入到人物幽微复杂的内心世界,所以它更重视心理和环境描写(环境即人),我们因此对人性有更为深刻的理解;而传统小说(能被当作故事说出来的)更强调的是故事,是情节,人物说了什么,人物做了什么,人物身上发生了什么事情,后来的命运是怎样的,所以更重视动作和对话描写，我们听故事的趣味大体在此，我们也因此从中获得世俗的教益。我们很难想象一个说书人，会中途停止叙事，停下来来一段静态的环境描述或者冗长的心理描述，我想，当他尝试这么做的时候，一抬头，可能发现台下的听众早已跑光了。

我过去所写的小说如《小二黑结婚》《李有才板话》《李家庄的变迁》等里面，不仅没有单独的心理描写，连单独的一般描写也没有。这也是为了照顾农民读者。因为农民读者不习惯读单独的描写文字，你要是写几页风景，他们怕你在写什么地理书哩。

我写小说有这样一个想法：怎么样写最省字数。我是主张"白描"的，因为写农民，就得叫农民看得懂，不识字的也能听得懂，因此，我就不着重在描写扮相、穿戴。只通过人物行动和对话去写人。

我们通常所见的小说，是把叙述故事融化在描写情景中的，而中国评书式的小说则是把描写情景融化在叙述故事中的。

从这些自我叙述中，我们可以清晰地知道赵树理对其小说叙事艺术的追求极为自觉。

同时，赵树理的语言富有地方特色，朴实自然，生动有趣。相比于鲁迅、孙犁、王愿坚等人的语言，显然赵树理的更偏口语化。这自然跟他的写作对象有关，他自觉地融入方言，语汇系统主动向老百姓接近。比如"于福不怎么爱说话，就是在地里死受"，"死受"这个词，是山西的方言，但它出奇精准，一句话把于福的形象写活了，老百姓一听就知道于福是怎样一个人，这样的人在农村非常典型：老实憨厚笨拙，不太会跟人说话，没有生活的情趣，只会在地里干活。这也导致了他跟三仙姑的婚姻悲剧。赵树理说，老百姓听不懂"然而"，那我就换成"可是"，这便是他的语言取向。再比如二诸葛的语言，"唉！反正是时运，躲也躲不过""千万请区长恩典恩典，命相不对，这是一辈子的事。"这些语言非常符合二诸葛这个人物的形象，体现了地方语言特色，展示出浓厚的生活气息和乡土气息。

在情节结构上，赵树理的小说通常情节连贯，故事性强。我们读全本的《小二黑结婚》，会发现它叙事脉络非常清晰，采用的是中国古典小说和传统说唱艺术最常用的单线条发展的手法，作者由刘家峧的两个神仙——二诸葛和三仙姑的故事引出了小芹、小二黑、金旺兄弟这些人物的故事，一环扣一环，情节交代得清楚，故事推进得有趣。到第九节，作者完成了矛盾激化前的最后准备。最后三节，我们如愿以偿地看到了矛盾的解决：金旺兄弟受到惩罚，二诸葛和三仙姑在思想上发生转变，小二黑和小芹获得幸福——解放区迎来了新气象。我们很难想象,评书体小说会采用《红楼梦》或现代小说那样复杂的多线索叙事,当你尝试这么做的时候,极有可能读者读着读着就被你绕晕了。

而且赵树理注重借鉴传统评书的"扣子"手法吸引读者。什么叫"扣子"? 我们熟知的"若知后事如何? 且听下回分解!"就是"扣子"。"扣子"就是把矛盾的解决,先巧妙地掩盖起来,给听众造成悬念的一种技巧。在某种意义上,说书就是系扣、解扣。比如小说的第二节,讲述三仙姑的故事,在结尾处赵树理写道,"三仙姑有什么本领能团结这伙青年呢? 这秘密在她女儿小芹身上"。这就自然而然地系上了扣子,设置悬念,引出下文的解扣。

赵树理抛弃"五四"以来现代小说那种注重人物主观情绪流露(人物心理)的写法,采用说书人的口吻,用全知全能的叙述视角讲述出一个个有头有尾、情节曲折、"可说性"强的故事。①

那么,赵树理为何会回归这个传统? 如前所述,这跟写作对象有关,赵树理是专门为农民写作的。农民喜欢听书,比如《薛仁贵征西》《三国》《水浒》,听得有滋有味,不亦乐乎,农民不爱看书,也看不懂书,因为看书是私人化的阅读活动,要求比较高,你得认字,你得沉下心来,形成一个阅读的安静的场,而听书呢? 是大伙农闲时聚在一起,有人站出来给大伙讲故事,一起说说笑笑,热热闹闹,农民肯定更喜欢这种形式。

赵树理这样谈论其小说的功能,"老百姓喜欢看,政治上起作用""俗话常说:'说书唱戏是劝人哩!'这是对的。我们写小说和说书唱戏一样,都是劝人的"。这让我们很自然联想到一位伟大的诗人——白居易,他有过类似的表述,"文章合为时而著,诗歌合为事而作",在他看来,文学不应该是风花雪月,不应该只是精英分子的自娱自乐,文学应该真正走向百姓,为大众而书写,他的新乐府运动正是对这一伟大目标的践行。赵树理接续的正是这一伟大的现实主义传统。

回到《小二黑结婚》这部小说,赵树理的写作显然针对的是具体现实问题。我们可以猜想,在当时的农村,很多封建观念根深蒂固,比如,婚姻是父母之命媒妁之言,迷信守旧等,它们导致了婚恋不自由,导致了恋爱的悲剧,所以赵树理希望大家能勇敢地突

---

① 赵勇《讲故事的人,或形式的政治——本雅明视角下的赵树理》,《文学评论》,2017 年第 5 期.

破封建势力/观念的束缚,大胆地追求爱情。

当时的一桩真实发生的婚恋悲剧是赵树理写作的直接动因:某个村子有个叫岳冬至的青年干部不同意父亲为他选的童养媳,爱上了一个叫智英祥的姑娘。可是村里另一个干部有意要将这姑娘说给自己的儿子,这样他们产生了矛盾,结果几个干部找了一个机会把岳冬至打死了。调查此案件时,很可悲的是,当地的村民都认为岳冬至不对,应该好好处罚一下他,最多不应该将他打死。

这类小说,某种意义上是"问题小说",为解决某个具体问题而生,它有直接的功用,在那个特殊的年代,它是非常有价值的。同时,在小说形式上,它在继承了明清评书体小说传统的基础上又有新的探索和突破。

但是作为向传统评书体艺术的回归,它主动抛弃了现代小说的形式,那么它带来的影响或遮蔽是什么?这个问题值得我们进一步辨析。我们关注到对小说而言最重要的维度——人物形象的塑造。

"了不得呀了不得!丑土的父母动出午火的官鬼,火旺于夏,恐怕有些危险了。唉!人家把他选成青年队长,我就说过不叫他当,小杂种硬要充人物头!人家说要按军法处理,要不当队长哪里犯得了军法。"

"千万请区长恩典恩典,命相不对,这是一辈子的事。"

二诸葛的形象是可笑的,他迷信软弱守旧顽固,事事依赖算卦。当儿子被抓后,他首先想到的是怪罪于"时运不好",是儿子不该出头挑事,而不是直面事情本身,去想儿子到底有没有犯事,该如何解决。见到区长后,他一再地恳求区长恩典,骨子里是根深蒂固的官本位思想。二诸葛因为"命相不对"的迷信固执地阻碍儿子的自由恋爱,是一个被批判的对象,可是为何他会如此迷恋算卦,如此懦弱?我想不是简单用所谓封建迷信、个人性格因素就能解释的,答案里面恰恰包含了当时中国普通民众的生存艰辛和苦难深重的历史体验。二诸葛了解中国民众几千年来受到的生存伤害,才会一再地借助迷信来寻求现实困境的解决之道。

虽然已经四十五岁,却偏爱当个老来俏,小鞋也仍要绣花,裤腿上仍要镶边,顶门上的头发脱光了,用黑手帕盖起来,只可惜官粉涂不平脸上的皱纹,看起来好像驴粪蛋上下上了霜。

小二黑这个孩子,在三仙姑看来好像鲜果,可惜多一个小芹,就没了自己的份儿。……那是多么可惜的事,因此托东家求西家要给小芹找婆家。

再比如三仙姑的形象,三仙姑同样是作者批判的对象,赵树理一再地用漫画化的笔墨予以辛辣嘲讽,比如对她的外貌描写,"只可惜官粉涂不平脸上的皱纹,看起来好像驴粪蛋上下上了霜",在面见区长时,更是安排一场近乎狂欢的闹剧,让三仙姑的浮夸打扮受尽众人的嘲笑,让她无地自容。三仙姑年轻时不老实,以下神为幌子勾搭男人,当她老了,依旧为老不尊,打扮离谱,为满足个人情欲,甚至不惜拆散女儿的姻缘。在农村,这是一个典型的僭越礼俗,生活不检点,为老不尊的丑角形象。

可是当我们尝试以人性的视角,以启蒙的视角去审视,会发现三仙姑人生的另一面。三仙姑漂亮灵巧,十五岁就嫁给了于福,可是于福只会在地里死守,老实笨拙木讷单调,三仙姑的婚姻是不幸的,在她身上我们联想到同样处在压抑下的《雷雨》中的繁漪,《金锁记》中的曹七巧。旺盛的青春、涌动的生命力不在压抑中爆发,就会在压抑中沉寂。三仙姑最终寻得了她释放的途径,在一场大病后,她开始下神,装神弄鬼,通过扮演"巫"的角色,在乡村严密的礼法制度中获得僭越的自由,她因此才没有被彻底窒息,没有成为另一个疯了的曹七巧和繁漪。在三仙姑可恨的背后,同样有她的可怜之处——她是一个封建男权制度下的牺牲品。

但这一切并不会进入到赵树理的视野,一方面从写作宗旨而言,这些所谓的启蒙问题并不是当下农村的当务之急,从"劝人"以及向老百姓趣味靠拢的角度来说,赵树理自然不会关注;另一方面,这同样也来自评书体式小说不可避免的局限性,评书体式小说本身并不注重内面的发现,不注重内心的开掘,所以它不可避免地造成人物形象的扁平化、人性开掘的浅层化。

当然,这并不影响它的伟大。总结来说,赵树理《小二黑结婚》作为通俗小说取得了非常大的成功,这跟它的叙事艺术是息息相关的,它在叙事艺术上的自觉追求和探索在今天依然有很大的学习价值。

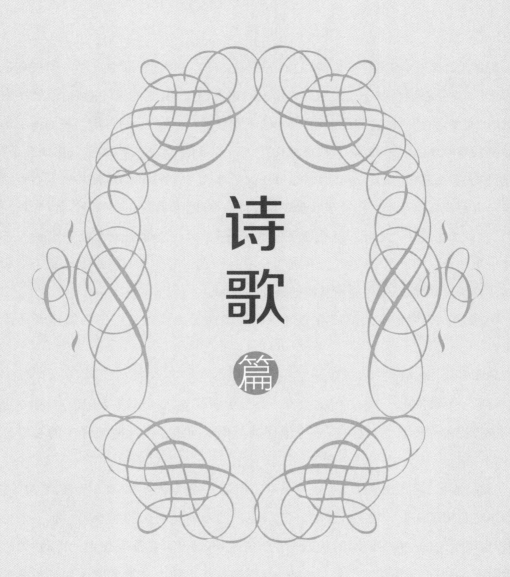

诗歌篇

⑩ 毛泽东的诗意天空
——评《沁园春·长沙》

青年毛泽东在《沁园春·长沙》的惊天一问,"问苍茫大地,谁主沉浮",读来真是让人感慨。"少年心事当挐云",回溯有关伟人的谱系,好像真正的天才,哪怕他处在未发轫之时,大多会有一种"舍我其谁"的天才的先觉意识,一种天才的自信。比如项羽望着秦始皇的巍峨车队说出的那句"彼可取而代之";刘邦的"大丈夫当如是";比如孔子"文王既没,文不在兹乎",那种清醒的以道自任的精神;比如司马迁的追忆,"先人有言:'自周公卒五百岁而有孔子。孔子卒后至于今五百岁,有能绍明世、正《易传》,继《春秋》、本《诗》、《书》、《礼》、《乐》之际?'意在斯乎! 意在斯乎! 小子何敢让焉!"将自己纳入五百年才一出的圣人的谱系中,这是何等的自信啊! 但真正的伟人必将高度敏感于他所处的时代,同样高度敏感于他将所从事的事业之伟大。

"文如其人",我们今天就试着通过诗歌这条途径去接近新中国的缔造者的诗意心灵。

独立寒秋,湘江北去,橘子洲头

诗歌一开篇推出了孤独的诗人意象。寒秋表明季节,橘子洲头表明地点,独立看湘江北去表明人物的状态,这里有一个语序的颠倒。问题在于此时毛泽东的心境是怎样的?

"独立寒秋",哪怕视野辽阔,也很难不去感慨万物之萧瑟,凋零。秋者,主肃杀也。毛泽东特意用了一个"寒"字,而非"深"字,突出的不就是秋天的寒意吗? 而一个"独"字,不也昭示的是一种"孤独"的状态吗? 此情此景,甚至会让你联想到杜甫的"无边落木萧萧下,不尽长江滚滚来",同样是寒秋,同样是江水和山林意象的叠加。毛泽东的"独立寒秋",是否指向的是孤独感伤,悲秋感怀呢?

更值得追问的是,在这样一个寒秋时节,毛泽东为什么特地一个人跑到橘子洲头,于天宇之下,独立寒秋之中? 他内心是怎样的心绪翻涌? 是的,一切不会无缘无故,长沙是毛泽东的第二故乡,他在这里生活了近十年,早年的求学和革命生涯都是在长沙度过的。这个年轻人显然看不够湘江风景,所以当再次路过长沙,他会很想故地重游。但我想,让毛泽东"独立寒秋/橘子洲头"的理由肯定不止这个,让我们追随作者的视线往下走。

看万山红遍,层林尽染

一个"看"字总领下文的意象群,"万山红遍,层林尽染",值得注意的是"万"字、"尽"字。我们仔细想想,万山如何可能真的红遍?层林如何可能真的尽染?但毛泽东偏偏用了"万""尽",在他看来,千万座山要红就红个遍,层层森林要染就染个不剩,这便是毛泽东笔下的秋意之美。闭上眼一想,这样的画面真的是太美了,一种壮美在里边,秋天的肃杀之气、萧瑟之意荡然无存。此时的毛泽东很像一个浪漫的画家,他用艳丽的颜料在画布上肆意地挥洒,渲染出他胸中最得意、最壮美的秋景。

漫江碧透,百舸争流

此时江面上千帆竞发,百舸争渡,一片热火朝天的景象。我们发现,这里同样有着毛泽东一以贯之的诗意逻辑,在他的诗意世界中,眼前的湘江之水要碧自然就碧个透底,江面上的船它就不应该是静止或缓慢行驶的,它应该得动,而且得是百舸争流,竞相追逐。

鹰击长空,鱼翔浅底

仰视,"鹰击长空",万里无云的秋空,雄鹰正奋振健羽,自由飞翔。关于鹰的书写,毛泽东刻意强调的是"击"字,而非"飞",意在突出的是雄鹰的矫健有力。此时此刻,毛泽东真的在橘子洲头看见雄鹰了吗?但进一步想,这个答案真的重要吗?有无与否不重要,重要的是此时此刻,毛泽东需要的是一只雄鹰,在他的诗意天空中,飞翔的必然是一只雄鹰。在古典诗词的天空中,诗人们抬头望见的常常是小鸟、大雁,比如"渚清沙白鸟飞回""众鸟高飞尽""云中谁寄锦书来,雁字回时,月满西楼""雁过也,正伤心,却是旧时相识"……显然雄鹰才是毛泽东钟情的意象,雄鹰代表刚健、勇猛、力量,由此,我们可以窥见这位天才的内心。俯瞰,"鱼翔浅底",本应是属于鸟的飞翔用在了鱼的身上,透明而清浅见底的江里,仿佛真的能看见鱼如鸟般在翱翔,游得那么畅快自由。

毛泽东以寥寥数语,描绘出一幅立体的寥廓万里、绚丽多彩、生机勃勃的湘江秋景图。文人自古悲秋,但显然毛泽东是拒绝悲秋感伤的,他并非多愁善感的纤弱文人,对于毛泽东这样有着伟大理想抱负的青年而言,哪怕是在秋天,他也会用自己满腔的豪情壮志给它涂上一抹绚丽的金色,在他身上,在他的不同凡响的诗歌中,我们感受到革命乐观主义精神。

万类霜天竞自由

这是毛泽东对湘江秋景意象群的总体评价,在辽阔的天宇之下,鹰飞得那么高,鱼游得那么快,船在自由穿梭,树在恣意染色,万物都在深秋竞相自由地活着。万物生命力如此蓬勃旺盛,让人误以为是在春天。所有这一切中,核心是"自由"二字。

怅寥廓,问苍茫大地,谁主沉浮?

毛泽东开始直抒胸臆。"寥廓"二字是对湘江秋景的另一个概括。"怅"则是情感的结语,"怅"是怅惘,是深沉感慨,是怅然若失,那么毛泽东到底为何而怅? 我们现在可以回答一开始的提问,毛泽东为什么一个人在寒秋时节跑到了橘子洲头? 不仅是他不能忘怀橘子洲头,更是因为他心中有个结,这个结一直横亘在青年毛泽东的内心,那就是"问苍茫大地,谁主沉浮"。

问题的关键来了,湘江秋景如何引发了毛泽东关于"谁主沉浮"的感慨? 自然秋景如何与国家的命运关联起来? 借景抒情,关键在于理解景和情内在的逻辑关联,景和情不是割裂的。

毛泽东看到自然界是如此壮美,如此有生机,如此欢快,万物在辽阔的天地中自由生长,有着独立的自由意志,可以自主沉浮,可是神州上下呢? 在当时军阀割据的中国,在彼时被帝国主义殖民者主宰的中国,谁又能自主沉浮? 当作者这样发问时,恰恰说明生存于其间的芸芸众生不能主宰自己的命运,无有自由无有欢快。这是青年毛泽东独对苍茫,振聋发聩的一句"天问"。萦绕在作者心头的始终是国家命运和革命前途,所谓"心事浩茫连广宇"。

回头看,我们也理解了诗词开篇的那个"独"字,这个"独"不是失意的孤独,而是独自思索国家命运的孤独。于此,我们可以看到一个具有革命先觉、胸怀天下、特立独行、独领风骚的青年毛泽东的昂然身影。

那么作者回答了"谁主沉浮"这个问题了吗?

携来百侣曾游,忆往昔峥嵘岁月稠。

恰同学少年,风华正茂;

书生意气,挥斥方遒。

指点江山,激扬文字,粪土当年万户侯。

上阕写景,景中见情。下阕叙事,以叙事来抒情。具体来说即是忆往事。由"忆"字领起下阕的意象群。

毛泽东站在橘子洲头，不禁回忆起往昔和同学们一起游玩的情景，想起当年的峥嵘岁月：那时候的我们正值青春年少，一个个风华正茂，书生意气，以天下为己任，畅谈国家大事，奋笔疾书，激浊扬清，惩恶扬善，把当时的腐朽的军阀官僚视为粪土。如果我们了解毛泽东早年的读书和革命经历，就会知道毛泽东所言非虚。

1893 年毛泽东生。

1914 入学湖南第一师范大学。

1915 年 9 月毛泽东印发反对袁世凯称帝的小册子，开展反对袁世凯的斗争。

1917 年发起组织新民学会，1918 年四月正式成立。

1917 年开办了中国第一所工人夜校。

1919 年创办《湘江评论》，发表抨击黑暗现实、鼓舞民众斗争的文章，他在创刊宣言就宣称"官僚不要怕，军阀不要怕，资本家不要怕。"下半年积极领导了湖南人民驱逐北洋军阀张敬尧的运动。

这是一位真正的有志爱国青年的奋斗历程，当民族处于危难之际，他满腔热血，奔走呼告，积极探求改造中国的路径。我们说年轻人要有年轻人的朝气，在毛泽东那一代青年身上，我们真的能感受到，一群有志青年为国家前途奔走的慷慨激昂，那种以天下为己任、改造旧中国的豪迈大气。

曾记否，到中流击水，浪遏飞舟？

诗的结尾，为何会突然跳脱到"中流击水"的意象？其中有何深意？

击水，即游泳。毛泽东一生之中是非常喜欢游泳的，年轻时在长沙读书的时候，他曾和蔡和森等数十名同学，在盛夏水涨的时候到湘江游泳，坚持不懈，哪怕到了寒冬季节也不放弃，以此来锻炼自己的意志和胆识。他写下过"会当击水三百里，自信人生二百年"的诗句，晚年还特意横渡长江，写下了"万里长江横渡，极目楚天舒。不管风吹浪打，胜似闲庭信步"这样豪情满怀的诗篇。当毛泽东独立于橘子洲头，回忆起当时的情景，不禁向同学和战友亲切发问："你们还记得当年中流击水时浪遏飞舟的豪情吗？"

毛泽东为什么要以此来作为结尾？除了表面的怀念友情，怀念峥嵘岁月之外，真正指向的是什么？是毛泽东所要进一步塑造的青年形象。真正的中国青年不仅能指点江山、激扬文字，而且同样敢于中流击水、浪遏飞舟。用象征的角度来看，如果把中国革命看作是一条长河，那么这群中流击水者正是长河中的弄潮儿，他们大无畏的精神足以浪遏飞舟,掀起震天动地的漫江波涛。中流弄潮,这个意象带有十足抗争的意味,带有坚毅勇敢不怕牺牲的意味,它是青年革命家峥嵘岁月的缩影和形象写照。

　　整个下阕忆往昔对同学少年的书写都是在回应全诗的核心问题——"谁主沉浮"。究竟"谁主沉浮"? 主沉浮者,正在我辈之青年;中国的希望,正在我辈之青年,正在指点江山,激扬文字,粪土当年万户侯,敢于浪遏飞舟的中国青年。从看湘江秋景引发"谁主沉浮"的感慨,再以忆同学少年回应,全诗形成了一个完美的闭环。此词不仅大气豪迈,而且逻辑严密,确属佳作。

11 勇者的告白
——评《峨日朵雪峰之侧》

峨日朵雪峰之侧
昌　耀

这是我此刻仅能征服的高度了：

我小心地探出前额，

惊异于薄壁那边

朝向峨日朵之雪彷徨许久的太阳

正决然跃入一片引力无穷的

山海。石砾不时滑坡，

引动棕色深渊自上而下的一派嚣鸣，

像军旅远去的喊杀声。

我的指关节铆钉一样揳入巨石的罅隙。

血滴，从撕裂的千层掌鞋底渗出。

呵，真渴望有一只雄鹰或雪豹与我为伍。

在锈蚀的岩壁，

但有一只小得可怜的蜘蛛

与我一同默享着这大自然赐予的

快慰。

　　"这是我此刻仅能征服的高度了"，这是一个攀登者的形象，作为一个攀登者，他最大的荣誉便是登顶。"会当凌绝顶，一览众山小"，完成对大自然的征服。这是一项属于勇者的运动，很多人为攀登献出了生命。

　　可是这个攀登者，一开头就说"这是我此刻仅能征服的高度了"。读到这个句子，你会有一种莫名的深沉感伤，此刻他早已筋疲力尽，但并没能成功登顶。这不是胜利者的诗篇，而是失败者的告白。

可以肯定的是,这位攀登者绝不是一个胆怯者,一位轻易认输的人。

这个句子很神奇,每一次琢磨都会有不同的味道。"此刻""仅能""征服""了"这些词义之间构成了一种内在的高度的紧张关系。

第一层理解,诗人说,这是我此刻仅能征服的高度了,好像在说,没关系,等我喘口气,缓过劲来,我又能达到新的高度了。这是一种乐观的姿态,但同时也是过于轻巧的姿态,一种未曾经历生活之残酷的年轻人才会有的姿态,带着一种廉价的自信。

第二层理解,我们注意到紧随其后的"仅能"二字,何为一位勇者口中的"仅能"?那便是你倾尽所有,压根不想认输,但最终又无可奈何。于是不得不承认这是你此刻仅能征服的最大高度了。这种无可奈何,这种悲伤,一如 2019—2020 美国职业篮球大联盟季后赛雷霆跟火箭"抢七",34 岁的保罗"拼光了最后一颗子弹",胜负旨在他手里最后一球能否投中,但是他没能拯救比赛,球队以 2 分惜败,一个赛季的努力化为乌有。对于 34 岁高龄的保罗而言,这也可能是他职业生涯中的最后机会。保罗赛后接受采访的时候极为伤感,"我们努力了一整年,很多人瞧不起我们,可是我们从来没有看不起自己,每场比赛我们都努力争胜,这就是我们努力一整个赛季的原因,每场比赛我们都想赢,所以好难受,好难"。这是一个无比要强的男人的无奈告白,但竞技比赛就是如此残酷。

第三层理解,回过头来,我们再看这个"此刻",我们便会明白,其实这位攀登者内心早已清楚,事实上,没有征服任何新的高度的可能了,面临如此绝境,他挣扎着耗光了他所有的力量,"我的指关节铆钉一样揳入巨石的罅隙/血滴,从撕裂的千层掌鞋底渗出",却绝无任何翻盘的可能。当一位真正的勇士终于承认失败的时候,意味在此之前,他已经穷尽了所有努力。事实上,如果他真的最终能够登顶的话,这首诗就不存在了。但他依然用了"此刻",这是他此刻仅能征服的高度了,好像他只是需要暂时喘口气,歇息之后,他又会满血复活,攀登新的高度。这是一位勇士的自我暗示,自我安慰,也是他内心最后的倔强。在冰冷的理性和绝望的现实面前,精神在作最后的抗争。

第四层理解,我们注意到诗人用的"征服"一词以及舒缓语气的"了"字,用"征服"而非"攀登",意味着,尽管没能成功登顶,但毕竟已经完成了此刻的征服,这条人生的攀登之路,我走得如此艰难,多少次我曾想过放弃,但我毕竟坚持下来了,这是此刻我仅能征服的高度了。语气有无奈,但也有些许欣慰。诗人昌耀尽管历经磨难,但他始终没有丧失对生活的热爱和信心。

渡尽劫波的诗人在回望人生的攀登之路时,内心想必是有无限的感慨、悲伤、沉痛、无奈、不甘,还有些许欣慰等种种情感交织其中。

攀登者的告白,即是诗人的告白,"这是我此刻仅能征服的高度了"。

12 隐形的纪念*
——评《再别康桥》

华兹华斯说,"诗是强烈情感的自然流露"。这是浪漫派诗人关于诗歌的一个经典定义。但情感之强烈以致于满溢而出("overflow"),并不意味着诗就是宣泄,是我们想象中的浪漫显露抒情,"它源于宁静中回忆起来的情感","宁静中的回忆"即意味着写诗之时是事后,而不是情感强烈的当下,回忆中的情感已经经过时间的净化和沉淀,也经过理性之加工演绎。因此读诗,很多时候不仅仅是去接受情感的感动,而且还伴随着智性之快乐。"诗的本质是发现",是穿越意象的丛林,或者穿透情感的"客观对应物",去找寻隐匿在意象背后的情感真相。

相对于日常世界,诗的意象往往是变异的,其本质原因在于诗的意象如果完全等同日常客观世界,那么诗这门艺术也就消亡了,诗的意象与日常客观世界之差异,恰恰是情感的寄身之处,分析情感如何扭曲了日常客观世界,正是读诗的乐趣之所在。

要注意的是,无论诗的意象如何变异,意象之间如何跳跃,诗的意象世界的营造,一定会符合一个最基本的逻辑,那便是"情感的逻辑"。意象不是召之即来,挥之即去的东西,不是可以虚构的事物,意象的变异本质上是情感的作用。情感是诗的灵魂,有了灵魂,一首诗(所有的意象)才能血脉贯通,生气灌注。这也是好诗与坏诗最基本的区别。

古典诗歌的意象世界,虽然看上去晦涩,本质上却是亲切的。经过千百年以来无数诗人们的反复传承实践,它本身形成了一套稳定的文化符码系统,意象森林中的每一棵树,对应什么样的情感语义,基本是清晰的。我们所要做的便是,如同掌握密码编码手册一样掌握这套文化符码系统,然后开启破译之旅。

现代诗歌的意象世界,表面看上去平易近人,骨子里却将读者推得很远,因为现代诗人相比于古典诗人对传统意象的继承,更注重于个性化/私人化意象的开拓,当诗歌的语言如同钞票一样在流通中用旧,当传统的意象因僵化而丧失表现力的时候,现代诗歌便开启了它的陌生化或变异之旅。

---

* 本文写作受到陈日亮先生的《如是我读》很大启发。

通俗来讲,诗歌作为一门运用意象抒情的艺术,解读诗歌,便是要抓住诗歌的意象,分析其特点,看它传递了诗人怎样的情感。在意象与情感之间,搭建起联通的桥梁。

回到徐志摩的《再别康桥》,这首诗可谓家喻户晓,喜欢新诗的人很少有不喜欢这首《再别康桥》的。康桥,代表的是剑桥大学,1920 年到 1922 年,徐志摩在剑桥大学度过了两年快乐的求学时光,他对剑桥大学怀有很深的感情。《再别康桥》是他对剑桥大学的第二次告别。剑桥大学非常美,大家如果有机会去剑桥大学求学或游玩,会发现康河上一座桥的旁边有一块石碑,上面刻着的就是徐志摩的《再别康桥》。

这首诗无论是意象,还是节奏都很美,而且一点也不晦涩,意象平易近人,感觉很容易就读懂了它。可事实上,它内在的灵魂其实并不被我们轻易所知晓。围绕这首诗,我们可以提出一系列困惑。

> 轻轻的我走了,
>
> 正如我轻轻的来;
>
> 我轻轻的招手,
>
> 作别西天的云彩。

> 悄悄的我走了,
>
> 正如我悄悄的来;
>
> 我挥一挥衣袖,
>
> 不带走一片云彩。

诗的第一节和最后一节,构成了一个复沓关系,都在重复我的告别是沉默静悄。问题是为何你一再地要求自己的告别要沉默静悄呢?就好像生怕打扰了谁似的。热热闹闹地告别不行么?或者你很是感伤不舍,"执手相看泪眼,竟无语凝噎",亦或者你哭得梨花带雨,哭着告别不行么?诗人还说"不带走一片云彩",云彩的意象是轻盈的、美好的,如果说"云彩"代表曾经的美好回忆,为何又不愿带走?还是说云彩可能代表着昔日的痛苦记忆呢?

> 那河畔的金柳,
>
> 是夕阳中的新娘;
>
> 波光里的艳影,

在我的心头荡漾。

这里对柳树的描写,徐志摩用了一个比喻,把它比作了夕阳中的新娘,从自然写实的角度我们能够理解,康河河畔,夕阳西下,那柳树披上了一层金灿灿的晚霞,就好像夕阳中的新娘,徐志摩写出了柳树的美丽,也写出了他见到金柳见到康桥时的幸福甜蜜(一个男子当他见到心爱的新娘的时候,肯定是幸福甜蜜的),我们要追问的是他真的只是在书写柳树的美丽和他的喜悦吗? 为何他偏偏想到了新娘?

> 那榆荫下的一潭,
>
> 不是清泉,是天上虹;
>
> 揉碎在浮藻间,
>
> 沉淀着彩虹似的梦。

为什么在徐志摩眼中,榆荫的潭水不再是清泉,而是变成了天上的彩虹? 从自然写实的角度,我们同样能够解释,潭水清澈,霞光透过榆树倒映下来,一片红光,因此潭水看上去"不是清泉,是天上虹"。"揉碎在浮藻间",是因为潭水上漂着很多水藻,挡住了部分霞光,零零碎碎的,有的红,有的绿,好像被揉碎一般。可是徐志摩仅仅停留在实写吗? 更进一步,彩虹似的梦到底是指什么梦? 它为何既被揉碎又沉淀?

> 寻梦? 撑一支长篙,
>
> 向青草更青处漫溯;
>
> 满载一船星辉,
>
> 在星辉斑斓里放歌。

在这里,我们追问一个核心问题,徐志摩再次来到康桥,到底所为何来? 诗中有明确告诉我们吗? 有的。是寻梦,这个梦不是面向未来的追梦,而是指向过去的重温旧梦。既是寻梦而来,为何寻梦后面是问号,而不是句号或逗号? 为何徐志摩会陷入犹疑之中?

> 但我不能放歌,
>
> 悄悄是别离的笙箫;
>
> 夏虫也为我沉默,
>
> 沉默是今晚的康桥!

徐志摩明明忍不住想在星辉斑斓里放歌,为何又最终否定了这一想法? 沉默如何成为别离最好的伴奏?

问题很多,可是如果我们拘泥于对这些问题一一做局部的解答,虽然看上去会得到一些合理的答案,可最终对这首诗的理解很可能会显得支离破碎。我们说过,一首诗,一定有它内在的灵魂。只有抓住了它,才能真正理解这首诗。理解这首诗的核心问题其实只有一个,那就是作为告别对象的康桥,对于徐志摩到底意味着什么? 或者说,既然是为寻梦而来,康桥对徐志摩到底是怎样一个旧梦?

如果文本内部提供不了足够多的证据或支撑,那么我们不妨向文本外部开拓。读现代诗,有时候,同样需要了解写作背景,所谓知人论世。

我们先回答,康桥对徐志摩的意义。徐志摩曾经多次表白过他对康桥的感情,在《我所知道的康桥》中,他这样写道,"就我个人说,我的眼是康桥教我睁的,我的求知欲是康桥给我拨动的,我的自由的意识,是康桥给我胚胎的。"我们可以看到,康桥之于徐志摩称得上思想的启蒙地和灵魂苏醒的地方。"一个人要写他最心爱的对象,不论是人是地,是多么使他为难的一个工作? 你怕,你怕描坏了它,你怕说过分了恼了它,你怕说太谨慎了辜负了它。我现在想写康桥,正是这样的心理,我不曾写,我就知道这回是写不好的。"徐志摩究竟是有多爱康桥呀,这种爱甚至到了惶恐的地步,以至于都不敢轻易下笔来描写它。

这样一个答案显然无法让我们满足,因为如果徐志摩对康桥有的只是无限的爱的话,就解释不了为何他的告别要沉默静悄,为何他不带走一片云彩,为何他寻梦的时候会陷入犹疑。

要回答这个问题,就不得不提到一段隐秘的过往……

1921 年,徐志摩在康桥与一代才女林徽因相遇,那年林徽因 16 岁半,徐志摩对她一见倾心,展开了疯狂的追求,两人有过短暂而热烈的交往,那可以说是徐志摩一生最快乐的时光,两人携手相伴在康河,一起谈诗,谈人生,谈理想,康河见证了他们爱情的甜蜜。但是半年后,林徽因不辞而别。为什么? 因为当时的徐志摩已是有妇之夫,他有他的结发妻子张幼仪,虽然那是包办婚姻的产物,徐志摩并不爱她,但是对于林徽因而言,这是不能承受的生命之重,不能承受的伦理之重,于是她选择了离开。而对于徐志摩而言,这是一段刻骨铭心的记忆,是一段将永远留存心底的美好,也是他心头永恒的痛。

后来,徐志摩遇到了陆小曼,两人开始了一段轰轰烈烈的爱情故事,并在 1926 年结婚,对于这段婚姻徐志摩的期望是非常高的,他以为他和陆小曼将会成为一对神仙眷侣,但是两人婚后的生活并不如人意,陆小曼沉湎于大都会纸醉金迷的生活,甚至染上了一个特殊的癖好——抽大烟,所以我们可以想见此时的徐志摩是多么的痛苦,这也是为什么在 1928 年他选择再次远游国外,重游旧地。因为痛苦,所以想短暂地抽离,他说"我这次故地重游,是带着再寻旧欢的痴想的"。他明确地想要重温旧梦,以此来慰藉自己受伤的心。他后来在给陆小曼中的信中这样写道,"我决意去国外时是我最难受的表示,但那时希冀你能明白我的苦衷,提起勇气做人"。①

而且 1928 年 3 月,林徽因跟梁思成在加拿大结婚。这首诗写于 1928 年 11 月,徐志摩应该是已经获知了这个消息,永失心中所爱,我们同样可以想见此时他的内心必然有着无限的感慨。

抓住这个隐秘的情感核心之后,我们也就明白,为什么在他眼中的康桥会是这样,进入到康桥,他其实整个沉浸到一种梦幻的情绪中,康河的世界是一个梦幻的世界。

"河畔的金柳,是夕阳中的新娘",在梦的迷离中,他看着柳树,好像看到了夕阳下的金光灿灿的新娘,好像看到了荡漾在他心头的倩影,看到了他和她曾经在一起的样子,他满怀柔情地说,"在康河的柔波里,我甘心做一条水草",因为康河早已是他俩的爱情之河,在这爱情的柔波里,做一条水草,彻底依偎着她,拥抱着她,多么幸福,于是他看到的榆荫下的一潭,"不是清泉,是天上虹""揉碎在浮藻间,沉淀彩虹似的梦",他当年的爱情梦,不正如天上虹一样美丽而又短暂吗?只是如今它早已被揉碎,化作了永恒,永远地沉淀在了康河。

身处如梦似幻的康桥世界,那段隐秘记忆的闸门似乎马上要开启。"寻梦?"诗人原本为寻梦而来,为何又陷入疑虑?真的要寻梦吗?重温旧梦,让精神的丝履牵着已逝的寂寞的时光,真的好吗?徽因刚刚嫁人了,而我……,一切都恍如隔世,一切都已物是人非,可是我还是禁不住这甜蜜的诱惑。"撑一支长篙,向青草更青处漫溯",沿着康河这条时间之河溯流而上,向着青草更青处进发,于是,记忆深处的一切便都重现眼前,如在昨日。"满载一船星辉,在星辉斑斓里放歌",徐志摩说,那种感觉就像满天的星星一下子都落到了我的船上,落进了我的怀里。将记忆中的所有美好比作那满天的星星,当我沉浸其中的时候,好像它们一下子都落入了我的船上。这可能是我见过的关于记忆的最为动人的诗句了,可以想见,那时候的徐志摩真的好开心好开心。

---

① 关于徐志摩与陆小曼故事的表述,引自王志彬《北京四中语文课》,第 194—195 页.

　　"但我不能放歌,悄悄是离别的笙箫",陷入回忆中的徐志摩忍不住想在这星辉斑斓的包围中放歌,我太甜蜜了,但我知道不能放歌,因为这是我内心深处的隐形纪念,一切只能埋藏心底,因为放歌会惊扰这个美梦,会将我残忍地拉回到现实中。"悄悄是别离的笙箫",是的,悄悄是告别最好的音乐,就要走了,总要走的,让我和昔日的梦静静地多待一会吧,夏虫好像都认可了我的沉默,"沉默是今晚的康桥!"

　　"悄悄的我走了,正如我悄悄的来",最后,就让我悄悄地和我的康桥告别,和我曾经的梦告别,让一切无声地留下,完好地封存。"挥一挥衣袖,不带走一片云彩"。"梦"既然已经沉淀,就让它永远地留在康桥。因为"谁记得一切,谁就感到沉重",带走这个曾经的梦,一切已经不合时宜了。无论是对徽因,还是对小曼,都是如此。每个人的人生都已经走向不同的方向,何必让自己苦苦纠缠不放。如同云与影的交会,很美妙,但终究不会也无须为彼此停留。留下了痕迹,便已经足够。这就是徐志摩,我们熟知的那个轻灵飘逸、洒脱不羁、从容优雅的徐志摩。

　　最后附录徐志摩的《偶然》以及林徽因的《那一晚》,不作过多解读,想必大家读完,对这一段隐秘的过往一定会有更深的了解。还有一首歌,我最喜欢的《隐形纪念》。

偶然

徐志摩

我是天空里的一片云,

偶尔投影在你的波心——

你不必讶异,

更无须欢喜——

在转瞬间消灭了踪影。

你我相逢在黑夜的海上,

你有你的,我有我的,方向;

你记得也好,

最好你忘掉,

在这交会时互放的光亮!

那一晚

林徽因

那一晚我的船推出了河心

澄蓝的天上托着密密的星。

那一晚你的手牵着我的手,

迷惘的星夜封锁起重愁。

那一晚你和我分定了方向,

两人各认取个生活的模样。

到如今我的船仍然在海面飘,

细弱的桅杆常在风涛里摇。

隐形纪念

蔡淳佳

我想要回到那一年

你守护我那一年

想起遥远那个夏夜

我记得你眼里是我的脸

不管这世界是那么的危险

我都悄悄的在你身边

一直到某一个幸福期限

别忘记我的脸

隐形的纪念躲在心里面

也许吧 也许不会再见

阴天或晴天 一天又一年

风它在对我说莫忘这一切

我想要去找那条路

你牵着我那段路

有甜有苦呀有泥有雾

我说有你所以喜欢旅途

有时候下着雨我淋湿了脸

所有风景都变成想念

一双脚要走过多少时间

才能走成思念

13 你可曾懂我的悲伤

——评《登高》

杜甫《登高》的核心情感字眼是什么？是一个"悲"字。但"悲"是一个抽象的字眼，古往今来，悲秋之作不计其数，大家可曾真正读懂杜甫的悲伤？

在细读文本之前，先想象一下，如果你是 56 岁的杜甫，流寓于西南夔州，半生飘零，在这样一个寒秋时节，于重阳佳节在三峡登高望远，此刻你的心境会怎样？你又会想到些什么？

无边落木萧萧下，不尽长江滚滚来

自古悲秋之作多矣，杜甫诗作的独特之处何在？这句所写景象，与《楚辞·九歌·湘夫人》的"袅袅兮秋风，洞庭波兮木叶下"有着渊源关系。我们可以对比下两者的情调。《九歌·湘夫人》的"秋风"，是"袅袅"的轻盈舒徐之风，所以掀起的洞庭之波是微波动荡，"木叶"也是一片两片地往下掉落，整个意境阔大明净中兼具轻盈柔美，适宜于表现湘夫人的柔美情思。而《登高》中的秋风却是急疾猛烈的风，是在广远空间中席卷落叶的疾风，它所营造的意境是截然不同的。何谓"无边落木"，想象一下，在深秋的季节，万木凋零，然后刮了一阵"宇宙级"强劲的风，在那一刹那，千山万壑，丛林高树，木叶尽脱，耳听的是无尽落叶的萧萧声。大家感觉到的是什么？是大动荡，是万千生命瞬间凋敝的阔大悲凉。我们见过很多写悲秋的诗，但很少有诗句会如同此句那样格局宏大、意境阔远。

"不尽长江滚滚来"，核心字眼是什么？是"不尽"，眼前的长江之水，滚滚东流去，波涛汹涌，浩浩荡荡，绵延无尽，你根本看不到尽头。大家要知道，在古诗的意象之中，长江往往象征时间之河，那条历史的长河，"逝者如斯夫，不舍昼夜"，所以当杜甫看着眼前的滔滔江水感受到的便是悠悠历史长河中无尽时间和生命的逝去。这一切都紧扣悲秋的意绪，为下文书写悲秋之情做足了铺垫。[1]

万里悲秋常作客，百年多病独登台

---

[1] 关于此诗句的分析，参考自刘学锴《唐诗选注评鉴》，中州古籍出版社，2013 年.

从这里,杜甫开始转入了悲秋抒情。古人对此联之精妙有过细致的研究,南宋学者罗大经《鹤林玉露》评析此联十四字之间含有八意,即八可悲:

他乡作客,一可悲;常作客,二可悲;万里作客,三可悲;又当萧瑟的秋天,四可悲;年已暮齿,一事无成,五可悲;亲朋亡散,六可悲;孤零零的独自去登台,七可悲;身患疾病,八可悲。

由此可见杜甫笔法之凝练,仅此一联充分表达了其长年飘泊、忧国伤时、老病孤愁的复杂感情。但抽象地谈论这些悲愁于文学而言,本身并没有太多意义,只有将文字具体关联到杜甫这个活生生的人的时候,才能真实地感知到文字背后的沉痛与悲伤。

何为"万里悲秋常作客",可能真的只有常年离乡万里的人才能够理解这种深深的思念与愁苦,打一个不恰当的比方,当年那些逃到台湾地区的老兵,与亲人相隔两岸,望穿秋水,余生最大的心愿就是想回到祖国大陆,回到故乡,等到终于回到祖国大陆,见到亲人时怎能不老泪纵横?杜甫写过这样一句诗,"此生那老蜀,不死会归秦",他说我这一辈子怎么可以老死在四川呢?只要我有一口气在,就一定要挣扎着回到我的故乡长安。安史之乱后,他的生活就处在动荡之中,蜀地的十年是他人生中最为安定的日子,可是他晚年朝思暮想的仍是无论如何也要归乡。因为时局的混乱,这条回家的路他走了三年,最终也没能走到,孤独地病死在一叶小舟之上。

"百年多病独登台",如何理解杜甫的这个"独"字?杜甫在《赠卫八处士》中,曾这样书写与老友的相逢,"人生不相见,动如参与商。今夕复何夕,共此灯烛光。少壮能几时,鬓发各已苍。访旧半为鬼,惊呼热中肠。"在那个人命微如草芥的时代,人到中年时与年少的知己再相逢,这是怎样的一种欢喜。而当杜甫已近迟暮之年,回首看的时候,身边的知己好友(比如李白、严武、高适等人)已经一个个早早地离开了人世,只剩下了他孤零零的一个人,这大概便是他"独登台"的切身感受。何为"百年多病"?要知道杜甫这个五十五岁的年迈老头,一生穷困潦倒,他的身体怎么可能好呢?能活着便已经是莫大的幸运,据史料记载,此时的杜甫身患糖尿病、痛风、疟疾、肺病、肌肉萎缩等多种疾病,可想而知,他承受着怎样的肉体痛苦。

艰难苦恨繁霜鬓,潦倒新停浊酒杯

杜甫的"艰难"指向了什么?"苦恨"是极为遗憾,"繁霜鬓"是鬓发斑白。这个"艰难",可以是"个人的艰难",前后是并列关系,而更好的理解是"时局的艰难",前后是因果关系,因为时局艰难,国家艰难,所以极为遗憾的是如今我两鬓苍苍,我真的老了,再不能对国家有什么作为了。

　　杜甫的诗无不流露出对时局的担忧和对国家、人民深沉的爱。我们都知道,理解杜甫最核心的一个词是"爱国"。我们如何理解杜甫具体的爱国情感?

　　我们举一个例子,杜甫写《茅屋为秋风所破歌》,眼看着自己破茅屋上的茅草被秋风刮跑,马上就要挨冻,这时候的杜甫想到的是什么?"安得广厦千万间,大庇天下寒士俱欢颜! 风雨不动安如山。呜呼! 何时眼前突兀见此屋,吾庐独破受冻死亦足!"这个节骨眼,他想到的不是他今晚还能不能睡上一个囫囵觉,反而是远在天边的跟他没有半毛钱关系的所谓天下寒士——什么时候老天能开开眼呀,只要能拯救天下的寒士于贫苦之中,哪怕个人冻死又何所惜哉。对于杜甫而言,这一想法发自他本能的真诚的情感。这个一直有着"致君尧舜上,再使风俗淳"的单纯梦想的士人,就是这么纯真。当杜甫自己的儿子快病死了,他的内心悲痛欲绝,可是这时的他,想到什么? 他想的是在这样一个糟糕透顶的时代,我一个官宦人家的命运尚且如此悲惨,那么那些贫穷老百姓呢? 他们又怎能活下去?

　　在杜甫的一生中,朝廷对他的恩惠其实很少,他这辈子做过的最大的官不过是个从八品的左拾遗,还因为老爱进谏,皇帝嫌他烦,没过多久就把他给贬了,一生沉沦于下僚。所谓在其位谋其政,不在其位不谋其政,朝廷对他没多少恩,他又何必如此忧国忧民呢? 但杜甫始终忠君爱国,始终心系着平民百姓。

　　杜甫最后说,眼下时局依旧艰难,而我个人呢,依旧穷困潦倒,更重要的是,我杜甫此时真的老了,两鬓斑白,很难再有什么作为了,一辈子差不多也就如此了,我多么想喝点酒呀,我就这么点安慰了,可是"新停浊酒杯",我身上到处都是病,连借酒浇愁都不能,所有郁闷堆积胸口,无处发泄。所谓"哀音满纸"即如是。"软冷收之,而无限悲凉之意,溢于言外",杜甫将他的无奈写到了极致。

　　王国维说《登高》一诗:"阅罢尤觉'悲秋'铺天盖地,无一景不如此,无一语不如此,顿觉无处遁逃之感!"这是真正懂诗之语。

　　这么一首简单的诗,竟包含了如此深沉复杂的情感,而且混融一体,我们也就理解了杜甫情感的博大以及艺术造诣的精深,理解了它为何被后人尊为"古今七律第一"。

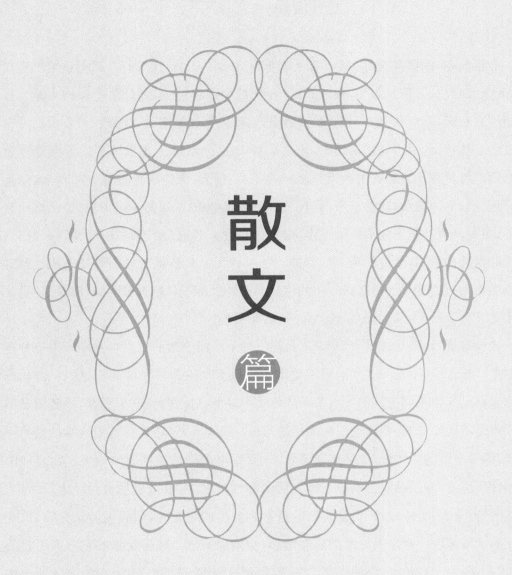

散文篇

14 做一回都市闲人
——评《故都的秋》

　　春夏秋冬,你最喜欢哪一个季节？其实从生命本能的角度而言,我们肯定更喜欢春天,春天万物复苏,草长莺飞,姹紫嫣红,一切都是那么可爱,到处是生命的力量。有同学说喜欢秋天,喜欢秋天的明朗,秋天的高远,秋天色彩的绚丽,比如秋天香山红叶火红火红的一片,真的很漂亮。说到底,无论是春天还是秋天,大多数人喜欢的都是暖色调的东西。可是郁达夫喜欢的秋天是怎样的呢？"秋天,无论在什么地方的秋天,总是好的;可是啊,北国的秋,却特别来得清,来得静,来得悲凉。我的不远千里,要从杭州赶上青岛,更要从青岛赶上北平来的理由,也不过想尝一尝这'秋',这故都的秋味。"郁达夫喜爱的秋天的情调,恰恰是清、静、悲凉。他对秋天又具体是怎样一种姿态呢？"江南,秋当然也是有的;但……秋的味,秋的色,秋的意境与姿态,总是看不饱,尝不透,赏玩不到十足。"对于秋天,郁达夫是玩味,是审美,是赏鉴。

　　也就是说,在郁达夫看来,悲凉本身是一种美。或生命的衰亡本身能成为一种审美的对象。很奇怪,不是吗？我们通常欣赏的难道不是生命带来的愉悦感吗？郁达夫的写作风格其实很不同于我们文人悲秋的传统,"多情自古伤离别,更那堪,冷落清秋节",秋天不是审美的对象,相反它引起无尽的悲愁。事实上,郁达夫在这里接续的是另一个传统,即日本的物哀传统,他早年留学日本,受日本美学思想的影响很大。物哀即内心为外物所感发,有所感叹。不过在感发的诸种情感之中,唯以哀伤最为动人。"日本国民性的特点……更爱残月、更爱初绽的蓓蕾和散落的花瓣儿,因为他们认为残月、花蕾和花落中潜藏着一种令人怜惜的哀愁情绪,会增加美感。这种无常的哀感和无常的美感,正是日本人的'物哀美'的真髓。""爱宕山野的朝露,鸟部山麓的青烟,若永无消失的时候,为人在世,也想这样的长活下去,那人生的风趣,还有什么？正唯其人世之无常,才感得到人生的有味。"(吉田兼好(日),郁达夫译《徒然草》)郁达夫本人的生命情调与物哀的美学结合起来,于是有了《故都的秋》中对秋天的动人赏玩。

　　讲郁达夫《故都的秋》,最惬意的莫过于在秋天的时候,找一间四合院,在树底下围坐着,泡一碗浓茶,一边仰头看看高远的天空,一边细细赏玩《故都的秋》。因为散文本身来源于生活,读起来像邻人絮叨家常一般散淡而谈,聊的是作者独特的生活体验或审美情趣,回归生活是对散文最大的尊重。

品味写景散文,不光要看作者写了什么,还要看到作者因此而放弃了什么,那些潜在的隐去的可能性,往往能帮助我们更好地看清楚作者的审美选择。"不逢北国之秋,已将近十余年了。在南方每年到了秋天,总要想起陶然亭的芦花,钓鱼台的柳影,西山的虫唱,玉泉的月夜,潭柘寺的钟声。"说到秋天,每个人都有着独属于他的秋天的记忆。那么对于郁达夫而言,北平的秋天对他而言意味着什么呢? 关于秋天,我们通常会想到"碧云天,黄叶地"的枯黄落叶,想到"霜叶红于二月花"的凄美红叶,想到"满地黄花堆积"的零落菊花,想到秋风萧瑟,想到"无边落木萧萧下",想到"秋水共长天一色,落霞与孤鹜齐飞",这些古诗词中的秋日胜景,都不是郁达夫钟情的审美/文化记忆。郁达夫说,"我真正思念的是那陶然亭的芦花,钓鱼台的柳影,西山的虫唱,玉泉的月夜,潭柘寺的钟声",细细一品味,这些意象无不都是清幽、洁净、优美。湖边的芦花,柔软、洁净、一片苍茫;河边的柳影,绰约、曼妙,柔柔地在风中招摇;月夜下的钟声,那么古老、悠远、宁静;西山脚下的虫唱,充满着自然的野趣,它断乎不是夏虫交响乐似的鸣叫。有机会在西山脚下的农户住上一两个晚上,静听秋虫的鸣唱,心真是格外的寂静。这些意象传递的感觉本身足以让人沉醉。这也真正合乎郁达夫本人的心性气质。

但郁达夫的笔墨没有直写这种文人赏秋的雅趣,他一笔带过,反而将视角转向了日常,转向了生活。真正的赏秋之士是不用非去名胜之地的,在俗世的日常生活中也能发现诗意,品味秋天的趣味。

在北平即便不出门去罢,就是在皇城人海之中,租人家一椽破屋来住着,早晨起来,泡一碗浓茶、向院子一坐,你也能看得到很高很高的碧绿的天色,听得到青天下驯鸽的飞声。从槐树叶底,朝东细数着一丝一丝漏下来的日光,或在破壁腰中,静对着象喇叭似的牵牛(朝荣)似的蓝朵,自然而然也能感觉到十分的秋意。说到了牵牛花,我以为以蓝色或白色者为佳,紫黑色次之,淡红者最下。最好,还要在牵牛花底,教长着几根疏疏落落的尖细且长的秋草,使作陪衬。

这段文字,读来就很美,历来是赏玩的重点,文字冲淡素雅,但在这种淡中却透着浓郁的雅士气。可是我们除了感性的描摹之外,好像很难再进一步理性分析这段文字的好。我们说过,品味写景散文,不光要看作者写了什么,还要看到他因此而放弃了什么,那些潜在的隐去的可能性，往往能帮助我们更好地看清楚作者的审美选择。这段话，在这里同样适用。我们现在开始一系列的追问。"租人家一椽破屋来住着"，为什么得是一椽破屋呢？一间现代化的公寓行吗？不是更舒适洁净吗？不行！因为感觉不对。破屋传递出的是一种历史的沧桑感，一种怀旧的审美情趣，一种世俗的烟火气息，这是现代公寓没法给予的。现在很多人拍照，会特意选择废弃的工厂，有年代的火车站，为什么？因为场景的选择很重要，现代人与废墟之间，能明显形成一种张力，一种强烈的视觉冲击感。而郁达夫要的不是张力/对抗，他要的是融入。"早晨起来"，为什么是早晨起来呀？中午不行吗？不行。因为中午让人燥热也让人倦怠。而一大早上的世界是格外清爽清净的世界，人也同样格外地清爽清闲。"泡一碗浓茶"，多悠闲讲究呀！那泡一壶龙井，或泡一壶上等铁观音行吗？不行！因为太高雅，太讲究，太刻意，它就成了一种姿态。一碗浓茶，很俗，很生活，但在俗气中显出一种真正的雅致。而且浓茶才真正够味，它有回味之甘，越体会越有味道。"向院子一坐"，在大街上赏玩秋味可以吗？当然可以，但那感觉是不一样的。街道是公共的，敞开的，而院子才是私密的空间。因为私密，心才会真正的安宁。前几天，我跟朋友去北海公园游玩，对我而言最美好的记忆是什么呢？不是划船，虽然一起荡起双桨的感觉很美妙。大家如果去过北海公园的话，会知道从北海游廊往前走几步，有一个小门，如果你从小门踏进去，你就会突然发现自己来到了一个小院子，院子是封闭的椭圆形，四围是两层楼高的红色古式建筑，这个院子特别僻静，刚走进去瞬间就与外界的喧嚣隔离了开来。你就坐在院子里，看着很高很高的碧绿的天空，跟朋友聊聊天，心里很静很静，真是十足的惬意啊。北方的天空，特别是到了秋天，会显得特别高远，特别纯净。南方不是，因为湿度大，秋高气爽的程度是不如北方的，看远方总觉着隔着一层。耳"听得到青天下驯鸽的飞声"，可惜驯鸽的传统慢慢消失了，这是老北京悠闲文化的代表，驯鸽的飞声是怎样的呢？很清脆很利落。

　　"从槐树叶底，朝东细数着一丝一丝漏下来的日光"，为什么非得是槐树啊？芭蕉树不行吗？还是不行，芭蕉叶子太疏阔。槐树的叶子又细且密，渗透下的阳光才是一丝一丝的。郁达夫在这里用了一个"漏"字，非常精准，为什么呀？因为秋天的阳光是温柔的，它没那么强烈，所以是从树叶间的缝隙漏了下来。而夏天的阳光呢，它是倾泻下来的，是强力地打在树叶上，然后再在地面上留下一个个光斑。精准是语言最大的美。"细数着一丝一丝的漏下来的日光"，"细数"二字也很妙，它告诉我们郁达夫的心是多么的静。静到能细数阳光啊。"或在破壁腰中，静对着像喇叭似的牵牛花的蓝朵，自然而然地也能感觉到十分的秋意。"牵牛花一般不起眼,不是有心人,是注意不到它的存在的。它一般长在破壁残垣之处,小小的一朵喇叭似的花,很素雅很洁净,它不是那种引人注意的牡丹或玫瑰,优雅地长在园林里,而是静静地自然开在某个角落。能欣赏牵牛花的人,自然懂得欣赏那一种野趣,那一份素雅。"说到了牵牛花,我以为以蓝色或白色者为佳,紫黑色次之,淡红者最下。"大家认同郁达夫的观点吗?散文,真是"旁逸斜出"的艺术,郁达夫在这里直接跟大家絮叨他的美学观了。个人比较赞同郁达夫,因为淡红色是少女的颜色,对于一个赏秋的人来说,太过于暖了。紫黑色则显得深沉、典雅。而蓝色的牵牛花如同蓝色的精灵,白色最为素净,这当然是有着忧郁气质的郁达夫最为钟爱的颜色了。"最好,还要在牵牛花底,教长着几根疏疏落落的尖细且长的秋草,使作陪衬。"郁达夫对秋的赏玩真是十足啊。他之前说,"秋并不是名花,也并不是美酒,那一种半开半醉的状态,在领略秋的过程上,是不合适的。"是的,这位赏秋的名士,对于秋,如同一位痴酒的人,一边品味着上等的西域葡萄美酒,一边仍不知足地想着,要是再能配上月光杯就好了,最好还要有琵琶的弹奏。要注意的是这一段文字不是写实的,而是写意的,写的是郁达夫胸中最得意之赏秋图景。"几根疏疏落落的尖细且长的秋草",这真真是古典美学家的眼光,如此秋草作为陪衬,如同兰草一般,才见雅致,才见品格。

"北国的槐树,也是一种能使人联想起秋来的点缀。"一座城市总有一种最能代表它气质的树。比如谈论巴黎的秋,我们自然想起的是梧桐。想一想,在马路两旁,并排长着高大的梧桐树,梧桐的叶子是那么大,等到秋天,一片金黄,脚底下也铺满了软软的金黄的梧桐叶,我们在这样的林荫道下散步,聊天,喝咖啡,这才是真浪漫呀。而槐树它也最能代表咱们的北平/古都,因为它大气、深沉、厚重。

扫街的在树影下一阵扫后,灰土上留下来的一条条扫帚的丝纹,看起来既觉得细腻,又觉得清闲,潜意识下并且还觉得有点儿落寞。

郁达夫盯着这扫帚的丝纹,为何潜意识里会有些落寞?

这扫帚的丝纹,让郁达夫想起了什么呢?是槐花生命悄然逝去的痕迹,而槐花的生命是怎样的?它是如此的柔弱,经不起秋风的肃杀,通常是在夜间无人察觉的时候,就悄然坠落,不是一两朵,而是一大片"铺得满地",陨落得无声无息,只能在地上给人留些柔弱的触觉,它不像玫瑰、牡丹,生的时候灿烂,死的时候同样热烈,引得无数人的怜惜。而槐花像花而又不是花,没有香味,从生到死几乎都是无声无息的,最后在扫街的一阵清扫之后,它就消失得干干净净,彻彻底底。可是既然已经消失,本可以不再触景生情,可地上却又偏偏留下了"扫帚的丝纹",这怎么不引起郁达夫凄清的忆想,引起他无端的感伤？所以郁达夫潜意识里会有些落寞——关于生命的柔弱与逝去的无声无息。而且,不光是郁达夫,那扫街的工人,似乎眼里看着,也懂得槐花生命的柔弱与坠落的凄楚,不忍心快快地一阵挥扫,而是如此的轻柔。*

"唉,天可真凉了——"（这了字要念得很重,拖得很长。）

"可不是吗？一层秋雨一层凉了！"

仿佛看到郁达夫在秋天的雨后,特意穿个青布衫,选在桥头斜影一立,咬着烟管,遇到熟人,有腔有调地来这么一段对话。首先很享受,享受这雨后的惬意,享受这雨后的悲凉；其次来这么一段对话,亦是在自我陶醉,陶醉于那说话的腔调、韵味之中；同时这一对话也代表着一种共同的文化身份的确证,一种审美的默契——我们都是懂得那雨后的惬意悲凉之人。这也是一种文化身份的相互确认。

---

*　陈日亮《如是我读》,华东师范大学出版社,2011 年.

15 中年人的一次精神逃逸
——评《荷塘月色》

"这几天心里颇不宁静",作者一开始就交代了自己写作的缘由。每个人都有心绪不宁的时候,会想要消解排遣,而朱自清则想到了自己日日走过的荷塘,在满月的月光里,也许别有一番光景。于是他披上长衫,踏上一段铺满月光的路,来到了一片曲曲折折的荷塘。自然而然,这篇文章的核心问题便是,朱自清的心绪得到排解了吗?萦绕在朱自清心头的到底是怎样的一种心绪呢?

文中并没有直接交代作者心里不宁静的原因。是政治的、经济的、精神的、心理的还是生活的?有学者认为,这个问题不重要,不必谈,我们只用关注文本所呈现出来的朱自清当下的观照即可。可是如果我们回避这个问题的话,将很难真正进入朱自清的内心世界,很难把握其笔下荷塘月色的独特的风貌气质,我们只会把它当作一次普通的排遣,而不能把握其个性化的意义。我们将无法回答,这一次的不宁静有何不同?因之而来的问题是,这样的排遣跟其他排遣有何不同?事实上,每次具体的排遣都是与彼时的心境与焦虑联系在一起的。

第三段,隐约透露了一些信息,朱自清交代了他去荷塘的所得。"我也像超出了平常的自己,到了另一个世界里。我爱热闹,也爱冷静;爱群居,也爱独处。像今晚上,一个人在这苍茫的月下,什么都可以想,什么都可以不想,便觉是个自由的人。白天里一定要做的事,一定要说的话,现在都可不理。这是独处的妙处,我且受用这无边的荷香月色好了。"朱自清找到了另一个世界,一个超出寻常的自己,一个自由的自己,享受着独处的妙处。这样的文字,很多人,特别是中年人可能会深有体会。这恰恰说明了,朱自清在现实世界里是不自由的,是身不由己的,受到种种约束和限制。白天,他要承担种种责任,种种现实的重负,他是父亲、丈夫、儿子,是现代的知识分子,唯独不是他自己。而现在,在这样一个苍茫的月夜里,他拥有了属于自己的独处空间,他可以单独面对自己,忘却现实。在月夜,白日里的自我隐退,内在的自我开始清醒。这里明显有着一种属于中年男人的现实的忧伤。不然为何他选择悄悄一个人出来,离开了自己的妻儿。"妻在屋里拍着润儿,迷迷糊糊地哼着眠歌"。可是具体萦绕在朱自清内心的是什么？我们并不知道。我们且看朱自清接下来看到了什么，想到了什么。

朱自清当时在清华大学任教，住在清华大学西园，这片荷塘他日日走过，想必白日和夜晚的景象已经见过无数遍，可是今晚的荷塘在他看来却与平日不同，原因何在？显然不是客观景物真的有何不同，而是因为他彼时的心境，境由心生，今晚的一切于他有着特殊的意义。白日荷塘和今夜荷塘的视差之别，是我们洞悉朱自清内心隐幽的关键所在。那么今夜的荷塘在朱自清的眼中，最大的特点是什么？如果你仔细玩味的话，你会发现是梦幻。我们先看今晚朱自清走上荷塘之路时，有什么别样的感受。"沿着荷塘，是一条曲折的小煤屑路。这是一条幽僻的路；白天也少人走，夜晚更加寂寞。"这个句子很重要，朱自清不自觉地选择了一条白天也少有人走的幽僻的路，而正是通过这条幽僻的路，朱自清由此通向了另一个世界，另一个别样的荷塘。这有点类似于爱丽丝梦游仙境时，意外走入的那个树洞，由此爱丽丝离开了现实，进入了另外一个梦幻的世界。

曲曲折折的荷塘上面，弥望的是田田的叶子。叶子出水很高，像亭亭的舞女的裙。层层的叶子中间，零星地点缀着些白花，有袅娜地开着的，有羞涩地打着朵儿的；正如一粒粒的明珠，又如碧天里的星星，又如刚出浴的美人。微风过处，送来缕缕清香，仿佛远处高楼上渺茫的歌声似的。这时候叶子与花也有一丝的颤动，像闪电般，霎时传过荷塘的那边去了。叶子本是肩并肩密密地挨着，这便宛然有了一道凝碧的波痕。叶子底下是脉脉的流水，遮住了，不能见一些颜色；而叶子却更见风致了。

这一段关于月下荷塘的描写很有名，是美文修辞的典范。朱自清写得很有层次感，依次写了荷叶，荷花，荷香以及叶子和花的颤动。朱自清的描写还运用了一系列叠词、比喻、通感等修辞手法，将月下的荷塘描写得极为形象动人。可是如果我们仔细去玩味，去想象朱自清笔下的荷塘，我们会发现那个作为本体的物质的荷塘消失了，那个作为喻体的荷塘逐渐显现出来。也就是说，物质的荷塘只是朱自清思绪的载体、想象的载体，而真正重要的，最终呈现在我们面前的是荷塘所承载的想象——是婷婷舞女的裙，是如少女般袅娜地开着的羞涩地打着朵儿的花，是碧天里的星星，是刚出浴的美人，是那远处高楼上渺茫的歌声，是叶子和花那一丝闪电般的颤动。整个荷塘完全人化、感官化了，它充分调动和触及了我们的各个感官，更准确来说，它呈现的是一个女性美的世界，它阴柔、纯美，没有男性化的阳刚、硬朗，是完全超脱于现实的梦幻，而朱自清满身心地沉浸在这样的荷塘姿色中，浸润于如此梦幻的世界。

梦幻总归是短暂虚幻的,会有醒来的一刻,此时的朱自清同样慢慢从这个梦幻中走出来,而他笔下的描写也就自然从月下的荷塘转移到了荷塘上的月色。用绘画理论来说,从光源聚焦的前景转移到了作为背景的荷塘周围。并不是说他一开始并没有看到荷塘的全部,而是因为他一开始沉浸在梦幻的思绪中,随着现实的侵入,他的知觉才逐渐恢复,开始看向了荷塘的四周。也就是说朱自清对荷塘的描写,并不仅仅基于写作技巧上的写作视角的转移,而同样是知觉的逐渐复苏,是从梦幻走向清醒。

月光如流水一般,静静地泻在这一片叶子和花上。薄薄的青雾浮起在荷塘里。叶子和花仿佛在牛乳中洗过一样;又像笼着轻纱的梦。虽然是满月,天上却有一层淡淡的云,所以不能朗照;但我以为这恰是到了好处——酣眠固不可少,小睡也别有风味的。月光是隔了树照过来的,高处丛生的灌木,落下参差的斑驳的黑影,峭楞楞如鬼一般;弯弯的杨柳的稀疏的倩影,却又像是画在荷叶上。塘中的月色并不均匀;但光与影有着和谐的旋律,如梵婀玲上奏着的名曲。

荷塘的四面,远远近近,高高低低都是树,而杨柳最多。这些树将一片荷塘重重围住;只在小路一旁,漏着几段空隙,像是特为月光留下的。树色一例是阴阴的,乍看像一团烟雾;但杨柳的丰姿,便在烟雾里也辨得出。树梢上隐隐约约的是一带远山,只有些大意罢了。树缝里也漏着一两点路灯光,没精打采的,是渴睡人的眼。这时候最热闹的,要数树上的蝉声与水里的蛙声;但热闹是它们的,我什么也没有。

这里关注(描写)荷塘下的月色,依旧很美,可是你会发现随着视角的转移,那些梦幻的色彩逐渐消失了,反而有一些阴暗、危险的、不确定的物象开始侵入。"虽然是满月,天上却有一层淡淡的云,所以不能朗照""月光是隔了树照过来的,高处丛生的灌木,落下参差的斑驳的黑影,峭楞楞如鬼一般。""树色一例是阴阴的,乍看像一团烟雾""树缝里也漏着一两点路灯光,没精打采的,是渴睡人的眼。"整个意象黯淡下去了。虽然朱自清在有关黯淡的描写之后,笔法依然有上扬,有亮色的描摹,可是仍旧掩盖不了周围的阴暗。直到最后,那树上的蝉声和水里的蛙声将朱自清从梦幻中惊醒。他回到了现实,并发出了这样一句感叹,"但热闹是他们的,我什么也没有",明显有一丝失望的情绪,是无法参与到欢乐热闹中的失望。正是因为他刚刚从梦幻的世界中走出,才会觉得周围世界有些太过寂寞、冷清了。于是他开始了有关热闹的联想。

他想起了江南采莲的旧俗,为什么会联想到这个旧俗呢? 一方面因为他面前的景色正好是荷塘,另一方面是因为朱自清是扬州人,是江南人,小时候可能亲眼见过。问题是,江南采莲旧俗,带给他的仅仅是有关热闹的联想和感受吗？江南采莲旧俗意味着什么？

那是一个热闹的季节,也是一个风流的季节。梁元帝《采莲赋》里说得好：

于是妖童媛女,荡舟心许;鹢首徐回,兼传羽杯;櫂将移而藻挂,船欲动而萍开。尔其纤腰束素,迁延顾步;夏始春余,叶嫩花初,恐沾裳而浅笑,畏倾船而敛裾。

这里的关键词,是"热闹",还有"风流"。梁元帝的《采莲赋》里充满了强烈的隐喻色彩,满满的荷尔蒙在躁动。一群情窦初开的少男少女,在采莲的盛会中眉目传情,把劳动的盛会变成了一场恋爱的风会。那是一个让人无限向往的季节,荡舟、采莲、嬉戏,在"接天莲叶无穷碧"的荷塘之中喝酒唱歌,"沉醉不知归路"。那里有关劳动,有关力与美,有关青春,有关欢笑,有关群体,有关自由,有关荷尔蒙,那里没有日常礼俗的约束、矜持,没有现实的规训,是属于民间的爱情与劳动的狂欢。只是这样的青春欢畅的场景朱自清现在早已失去了。如果是我,我也无限地留恋那样一个世界。

朱自清在这样一个夜晚想起了这些,说明什么？我们看,朱自清从对荷塘月色(非单纯自然美)的梦幻观照转向了采莲热闹风流场景(非单纯人文美)的联想,这是属于他的独特心路历程,一种意识的流动,称之为意识流,恰恰因为它是没有理性控制的一种意识的、思绪的自由流动。文章分析到这儿,其实我们已经可以解答开头提出的核心问题,也就是萦绕在朱自清心中的到底是一种怎样的心绪,他颇不宁静的原因究竟是什么。那就是他内心某种欲念的躁动不安。他内心的躁动通过这样一次无意识的精神漫游得到了消解。事实上,我们排遣的方式有很多种,朱自清也许可以打一场篮球,酣畅淋漓地出一场大汗,让自己压抑的力比多或情绪得到释放,可是那仅仅是一种释放,仅仅只能称作释放,而不能称作精神上的慰藉、抚慰。而朱自清躁动的欲念恰恰是无意识地通过有关对荷塘月色的梦幻观照和采莲风流热闹场景的联想找到了精神上的平息。弗洛伊德早就告诉我们,我们白天焦虑的内容,得不到解决的问题或欲念,始终会寻求一种解决,一条出路,求而不得时,它往往会在某个宁静独处的时候悄然袭来,以一种精神性的或想象性的方式得到补偿性的慰藉。

由此,因为这句"这真是有趣的事,可惜我们现在早已无福消受了",从而得出朱自清排遣不成功的结论是没有意义的。因为精神上的慰藉停留于精神便已足够,并非真的需要现实的解决方法。这本只是精神的骚动,属于一个中年人偶尔的"精神逃逸"。

朱自清也很快回到了他的现实世界。

"这样想着，猛一抬头，不觉已是自己的门前；轻轻地推门进去，什么声息也没有，妻已睡熟好久了。"

从出离日常生活到回归，从产生心理骚动到平息它，从乐于独处到返回家庭，主人公表面上波澜不惊的漫步，却蕴含了一个惊心动魄的心路历程，一个"随顺我生活里每阶段的情意的猝发的要求，求个每阶段的满足"的生命探险。因此，《荷塘月色》这篇公认的现代汉语的规范作业、修辞的典范，不仅是抒情的"白话美术文"，而且是一部具有思想寓意和心理深度、体现人性的作品。①

① 高远东《〈荷塘月色〉：一个精神分析的文本》，中国现代文学研究丛刊，2001 年 01 期.

16 苦难的意义
——评《我与地坛》

读完《我与地坛》全文，我们通常会关注一个最核心的问题，地坛之于史铁生意味着什么？地坛是史铁生的避难所，是他的精神家园，是他灵魂的徜徉地，也是生命的再生地。

那么为何地坛会成为史铁生的避难所，精神家园，灵魂的徜徉地，生命的再生地呢？

我们都知道史铁生所遭遇的苦难。一个人在最好的时光里忽地残废了双腿，这种痛苦我们永远无从想象，20 岁，一切还刚刚开始，就注定余生与轮椅为伍。史铁生无数次想要自杀，年轻气盛的他无法接受命运的残酷暴虐，事实上，他也真的尝试过多次的自我了断，幸运的是他最终活了下来，但是对于一个总是想着要不要死的人而言，活着是需要一个理由的。那么生命的意义到底是什么？到底为什么而活着？我们来看，史铁生获得了怎样的答案，地坛在他寻获活着的理由的过程中又扮演了怎样的角色。

在第一章节中，史铁生这样深情地回忆他和地坛的相遇。

我常觉得这中间有着宿命的味道：仿佛这古园就是为了等我，而历经沧桑在那儿等待了四百多年。

自从那个下午我无意中进了这院子，就再没长久地离开过它。我一下子就理解了它的意图。

可以想见，地坛给了史铁生内心需要的全部的柔软与坚韧，这份相遇，我总感觉像是与佛的相遇。当他遍历人间的痛苦之后，突然佛出现了，佛度化了他，然后他完成了顿悟与超脱。

回到最初的相遇，地坛为何会如此吸引他，并最终治愈他呢？

它等待我出生，然后又等待我活到最狂妄的年龄上忽地残废了双腿。四百多年里，它一面剥蚀了古殿檐头浮夸的琉璃，淡褪了门壁上炫耀的朱红，坍圮了一段段高墙又散落了玉砌雕栏，祭坛四周的老柏树愈见苍幽，到处的野草荒藤也都茂盛得自在坦荡。这时候想必我是该来了。

相近的人往往容易相互吸引，他们能彼此迅速感知到对方的存在。四百多年后的地坛早已失去了它往日的繁荣，如今的它荒芜衰败，而此时的史铁生，身体残缺不全，心境亦是荒凉无依。"同是天涯沦落人",正因为同为沦落,境遇相似,所以才能真正相互慰藉,地坛接纳、抚慰了此时失魂落魄的史铁生。

可是地坛之于史铁生仅仅是因为共同沦落的境遇吗?如果说是相近是吸引的前提,那么彼此相异的部分才能长久地抓住对方。地坛之于史铁生,除了"剥蚀了古殿檐头浮夸的琉璃,淡褪了门壁上炫耀的朱红,坍圮了一段段高墙又散落了玉砌雕栏",它还有什么?"祭坛四周的老柏树愈见苍幽,到处的野草荒藤也都茂盛得自在坦荡。""那时,太阳循着亘古不变的路途正越来越大,也越红。在满园弥漫的沉静光芒中,一个人更容易看到时间,并看见自己的身影。"这些又意味着什么?

我们先关注前一个句子的形式,这个句子很奇特,我们往往会注意到史铁生对于语序的刻意颠倒,他不是写"古殿檐头浮夸的琉璃剥蚀了,门壁上炫耀的朱红淡褪了,一段段高墙坍圮了,玉砌雕栏又散落了",而是将不及物动词及物化,让动词提前并接续了宾语,这就意味着,在史铁生眼中,地坛繁华褪尽不是被动地承受岁月侵蚀的结果,而是一种主动地选择,地坛主动剥蚀了琉璃,主动淡褪了朱红,又主动坍圮了高墙散落了雕栏。那么为什么地坛要主动褪尽这一切繁华?繁华热闹有什么不好吗?我们羡慕的不都是生命的繁华与热烈吗?问题的关键恰恰在于,我们忽视了史铁生用来修饰地坛繁华的形容词,古殿檐头的琉璃是浮夸的,门壁上的朱红是炫耀的,栏杆是玉砌雕栏。所谓繁华落尽见真淳,当地坛放弃了虚假的繁华,它也就回归了生命的本真,它也就拥有了"满园弥漫的沉静光芒",野草荒藤才能"茂盛得自在坦荡"。这同时也正是史铁生对苦难意义的体悟。正因为这样的认识,所以史铁生才如此表述自己的苦难,"它等待我出生,然后又等待我活到最狂妄的年龄上忽地残废了双腿。"在句式上与关于地坛的书写完全同构,不是我双腿残废,而是我残废了双腿,年龄的修饰词不是恣肆,不是花样,不是美妙,而是狂妄。

我们一直都认为史铁生一直纠缠不已的问题是生命的意义是什么,其实不是的,于史铁生而言,让他纠缠不已,痛苦不已的问题首先是苦难的意义是什么。如果没有了双腿的残废,史铁生是不会死死抓住生命的意义这个永恒的命题不放的。他必须去回应这个命题,他无从逃避,这是他追寻生命意义的起点,如果苦难——残废本身(这是史铁生的存在本身)丧失了意义,作为个体只能被动消极地承受,那么它就像生命存在本身的一个巨大黑洞,这注定是无法忍受的,生命的意义也无从谈起。有些精神病人便是因为面对精神的巨大创伤,始终不能把它"合理化",把它纳入到"合法"的秩序中来,终有一天因之承受不住，精神崩塌。

那么苦难有什么意义呢？其实苦难本身没有任何意义，但是苦难会让你在失去中看清"自己的身影"，让你回到生命的本真。

史铁生在《想念地坛》中，再次重申了地坛之于他的核心要义。

想念地坛，就是不断地回望零度。……

可你看地坛，它早已放弃昔日荣华，一天天在风雨中放弃，五百年，安静了；安静得草木葳蕤，生气盎然。土地，要你气熏烟蒸地去恭维它吗？万物，是你雕栏玉砌就可以挟持的？疯话。再看那些老柏树，历无数春秋寒暑依旧镇定自若，不为流光掠影所迷。

正如放弃是喧嚣的解剂。人一活脱便要嚣张，天生的这么一种动物。这动物适合在地坛放养些时日——我是说当年的地坛。

每当你立于生命固有的疑难，立于灵魂一向的祈盼，你就回到了零度。一次次回到那儿正如一次次走进地坛，一次次投靠安静，走回到生命的起点，重新看看，你到底要去哪儿？是否已经偏离亚当和夏娃相互寻找的方向？

人活一辈子，匆匆忙忙，为着名与利纠缠着，可是有时候回头想想，又有多少人真正活过呢？换句话说，有时候，遇到了一些人，经历了一些事，即便这段相遇可能很短暂，但却是一辈子的回忆，它已经拥有了永恒的维度。而苦难会强迫性地打断你固有的生命进程，会让你失去，会逼迫着你回到生命的起点或零度，回望内心，重新思考生命的意义是什么，到底所活为何。

史铁生在书写地坛的时候，一再用到的词是"沉静""安静""宁静""寂静""镇静"，我想史铁生在使用这类词的时候，大体都指向了一个维度，那便是"静穆的伟大"。"那些苍黑的古柏，你忧郁的时候它们镇静地站在那儿，你欣喜的时候它们镇静地站在那儿，它们没日没夜地站在那儿，从你没有出生一直站到这个世界上又没了你的时候""那时，太阳循着亘古不变的路途正越来越大，也越红"，在这种静穆永恒性的力量面前，人是不自觉地会感到谦卑的，太阳、古柏见证了无数的风风雨雨，见证了无数的苦难与欢乐，个体的小小苦难又算得了什么，皈依这种静穆与永恒，人才会获得真正的安宁与超脱。

最后，为什么史铁生对与地坛最初相遇的追忆会如此深情且神圣？一个原因在于，这篇文章写于史铁生残废后的第十五年。十五年了，史铁生早已不是当初那个痛苦不堪、寻死觅活的史铁生，他已经从苦难中解脱，一切风淡云轻，于是有了这一平静后的深情回望。

戏剧
篇

17 生存还是毁灭
——评《哈姆莱特》

　　《哈姆莱特》可以说是戏剧史上最伟大的作品，没有之一。据统计，从其 1877 年到现在，平均每 12 天就有一篇研究《哈姆莱特》的论文或专著问世，这在世界文学史上绝对是一个奇迹。如同说不尽的《红楼梦》，《哈姆莱特》同样也是说不尽。

　　《哈姆莱特》电影的中文译名又叫《王子复仇记》，这个译名是比较贴切的。故事的主线是哈姆莱特的父亲被叔父毒杀，其母亲随后改嫁叔父，哈姆莱特的王位也因此被篡夺，哈姆莱特在知道真相后，决意复仇。这样为父报仇的宫廷故事想来我们并不陌生。那么《哈姆莱特》令后世无数读者着迷的魅力到底在哪？就像蒙娜丽莎神秘的微笑一样，哈姆莱特身上究竟有什么神秘的地方一再吸引着我们？

　　课文节选的部分是得知真相后的哈姆莱特决定装疯，于是叔父克劳狄斯派哈姆莱特的情人奥菲利娅，来试探哈姆莱特疯掉的原由，是因为失恋，还是某种不可知的令人担忧的心事。哈姆莱特一上场就展开了那一段经典的独白，我们的分析也由此开始。

　　生存还是毁灭，这是一个值得考虑的问题；默然忍受命运的暴虐的毒箭，或是挺身反抗人世的无涯的苦难，通过斗争把它们扫清，这两种行为，哪一种更高贵？死了；睡着了；什么都完了；要是在这一种睡眠之中，我们心头的创痛，以及其他无数血肉之躯所不能避免的打击，都可以从此消失，那正是我们求之不得的结局。死了；睡着了；睡着了也许还会做梦；嗯，阻碍就在这儿：因为当我们摆脱了这一具朽腐的皮囊以后，在那死的睡眠里，究竟将要做些什么梦，那不能不使我们踌躇顾虑。人们甘心久困于患难之中，也就是为了这个缘故；谁愿意忍受人世的鞭挞和讥嘲、压迫者的凌辱、傲慢者的冷眼、被轻蔑的爱情的惨痛、法律的迁延、官吏的横暴和费尽辛勤所换来的小人的鄙视，要是他只要用一柄小小的刀子，就可以清算他自己的一生？谁愿意负着这样的重担，在烦劳的生命的压迫下呻吟流汗，倘不是因为惧怕不可知的死后，惧怕那从来不曾有一个旅人回来过的神秘之国，是它迷惑了我们的意志，使我们宁愿忍受目前的磨折，不敢向我们所不知道的痛苦飞去？这样，重重的顾虑使我们全变成了懦夫，决心的赤热的光彩，被审慎的思维盖上了一层灰色，伟大的事业在这一种考虑之下，也会逆流而退，失去了行动的意义。且慢！美丽的奥菲利娅！——女神，在你的祈祷之中，不要忘记替我忏悔我的罪孽。

这是哈姆莱特最著名的一段独白，哈姆莱特到底在表达什么？在这段独白中，哈姆莱特身上究竟有什么让我们困惑之处？我一直觉得，阅读文学作品，当我们读到真正让我们困惑的人或事的时候，我们是幸运的，这说明我们很有可能即将开启一段探寻新的人性认知的旅程。我们先看这段话包含几层意思。第一，"To be or not to be, that's a question"，生存还是毁灭，这是一个值得考虑的问题？哈姆莱特一上来就追问自己，我到底是要选择活着还是选择死去呢？我到底要不要自杀？我们不免要感到奇怪，你哈姆莱特为什么会想要自杀？你到底经历了什么呀？你看上去那么痛苦，你整个人好像完全被击垮了。事实上，哈姆莱特刚刚得知了父亲死亡的真相。按照常理，作为一个儿子，你会怎样？杀父之仇不共戴天，你会义愤填膺，你会怒目圆睁，你会血脉喷张，你会恨不得立马手刃仇敌。可是我们的哈姆莱特呢，他居然在纠结自己到底要不要自杀。第二，哈姆莱特又继续追问自己，"默然忍受命运的暴虐的毒箭，或是挺身反抗人世的无涯的苦难，通过斗争把它们扫清，这两种行为，哪一种更高贵？"在我们看来，这能够成为问题吗？一种是像懦夫像奴隶一样默默忍受命运暴虐的毒箭，一种是像高贵的勇士一样挺身反抗，通过斗争把苦难扫清，当然是第二种行为更高贵，可是为什么你哈姆莱特连这个都怀疑？另外的疑点在于，你的任务其实简单又明确，那就是用刀结果了你的仇敌，可是为何在你这里，它竟成为反抗人世无涯的苦难的事业？第三，哈姆莱特诉说着他多么渴望通过自杀来解脱自己，"要是在这一种睡眠之中，我们心头的创痛，以及其他无数血肉之躯所不能避免的打击，都可以从此消失，那正是我们求之不得的结局。""谁愿意忍受人世的鞭挞和讥嘲、压迫者的凌辱、傲慢者的冷眼、被轻蔑的爱情的惨痛、法律的迁延、官吏的横暴和费尽辛勤所换来的小人的鄙视，要是他只要用一柄小小的刀子，就可以清算他自己的一生？"在他眼中，人世有的只是无穷无尽的苦难。那么哈姆莱特怎样解释他没有自杀？因为他不知道在那死的睡眠里，究竟将要做些什么梦，如果死后的世界更加可怕呢？如果死后要遭受炼狱般的煎熬呢？这不能不使他踌躇顾虑。第四，哈姆莱特接着说，"伟大的事业在这一种考虑之下，也会逆流而退，失去了行动的意义。"困惑再次袭来，简单的复仇如何在你眼中成了伟大的事业，它又为何因为生存还是毁灭的考虑而丧失了行动的意义？最后，"美丽的奥菲利娅！——女神，在你的祈祷之中，不要忘记替我忏悔我的罪孽。"哈姆莱特真是让我们伤透了脑筋，明明是你背负着血海深仇,可是你偏偏觉得自己有罪,我们要问,你究竟犯了什么罪呀!

我们往下走,看看哈姆莱特与奥菲利娅的对白。课文节选的部分很短,但事实上哈姆莱特的诸多机密就藏在这一文本中。我们都知道哈姆莱特很痛苦,那么关键问题是,你究竟因为什么而痛苦? 要回答这个问题,我们进一步看到他痛苦的表征。

哈姆莱特一见到自己的情人开口就质问,"你贞洁吗?""你美丽吗?""如果你既贞洁又美丽,那么你的贞洁就应该跟美丽断绝来往""嗯,真的,因为美丽可以使贞洁变成淫荡,贞洁却未必能使美丽受它自己的感化。这句话从前像是怪诞之谈,可是现在时间已经把它证实了。"这样的质问对奥菲利娅太不公平了。从哈姆莱特对待奥菲利娅尖酸刻薄的言语中,我们可以感受到什么? 他是在质疑奥菲利娅这一个具体女人的贞洁吗? 显然不是。他是在质疑女人的贞洁本身,在哈姆莱特看来,一个女人越美丽,越有可能走向淫荡。显然此时的他已经丧失了对贞洁和美丽的信仰。

哈姆莱特一再地对奥菲利娅说,"出家去吧""出家去吧",一连重复了五次,为什么? 他先是一步步地否定了对奥菲利娅的爱,"我的确曾经爱过你""我没有爱过你",接着又让她出家,奥菲利娅到底做错了什么? 他为何对奥菲利娅如此残忍? 其实这本就跟奥菲利娅没有任何关系,因为在哈姆莱特看来,婚姻的结果不过是为人类繁衍出一群新的罪人罢了,"为什么你要生一群罪人出来呢?"哈姆莱特说他自己还不算是一个顶坏的人,"可是我可以指出我的许多过失,一个人有了那些过失,他的母亲还是不要生下他来的好。我很骄傲,有仇必报,富于野心,我的罪恶是那么多,连我的思想也容纳不下,我的想象也不能给它们以形象,甚至于我都没有充分的时间可以把它们实行出来。像我这样的家伙,匍匐于天地之间,有什么用处呢? 我们都是些十足的坏人,一个也不要相信我们。"显然哈姆莱特已经丧失了对于人性的基本信念,以至连同自己他都觉得是坏人——这个世界充满了罪恶,我们都是罪人。

哈姆莱特又进一步情绪激动地对奥菲利娅诉说着,"我也知道你们会怎样涂脂抹粉;上帝给了你们一张脸,你们又替自己另外造了一张。你们烟视媚行,淫声浪气,替上帝造下的生物乱取名字,卖弄你们不懂事的风骚。算了吧,我再也不敢领教了;它已经使我发了狂。我说,我们以后再不要结什么婚了;已经结过婚的,除了一个人以外,都可以让他们活下去;没有结婚的不准再结婚,出家去吧,去。"哈姆莱特沉浸在自己的痛苦中,我们可以看到,此时的哈姆莱特也早已丧失了对女人的信仰,他不再相信女人,一如同他此前的独白,"脆弱啊,你的名字是女人。"同时,他也动摇了对婚姻的信仰,没有结婚的不准再结婚。

分析至此,我们可以得出一个基本的结论,呈现在我们眼前的哈姆莱特是极度痛苦的,他不再相信世界的美好,世界只有无涯的苦难。同时他也丧失了对人性的基本信仰,什么贞洁、美丽、婚姻、女人,他都不再相信。"上帝啊!上帝啊!人世间的一切在我看来是多么可厌、陈腐、乏味而无聊!哼!哼!那是一个荒芜不治的花园,长满了恶毒的莠草。""世界是一所很大的牢狱,里面有许多监房、囚室、地牢;丹麦是其中最坏的一间。"这便是独特的哈姆莱特式的痛苦,"于天上看到深渊"。

那么这一切究竟是怎么发生的?哈姆莱特的内心好像经历了一场十级的地震,地震的结果我们看到了,他的世界四分五裂、残骸遍地,以至他一度想自杀。其实,我们都知道哈姆莱特经历了什么,总共三件事——父亲被杀、母亲改嫁、王位被夺,这三件事如同地震的震源中心,只是我们不明白,为什么它们在哈姆莱特身上会产生这样的后果?

与其纠结哈姆莱特表现的匪夷所思,不如让我们回溯到地震的震源中心,一一予以考察。首先,最重要的事件——父亲被杀,对他到底意味着什么?对他产生了怎样实质性的影响?当父亲的鬼魂告诉哈姆莱特真相后,哈姆莱特有这样一段独白:

记着你!是的,我可怜的亡魂,当记忆不曾从我这混乱的头脑里消失的时候,我会记着你的。记着你!是的,我要从我的记忆的碑版上,拭去一切琐碎愚蠢的记录、一切书本上的格言、一切陈言套语、一切过去的印象、我的少年的阅历所留下的痕迹,只让你的命令留在我的脑筋的书卷里,不搀杂一些下贱的废料;是的,上天为我作证!啊,最恶毒的妇人!啊,奸贼,奸贼,脸上堆着笑的万恶的奸贼!我的记事簿呢?我必须把它记下来:一个人可以尽管满面都是笑,骨子里却是杀人的奸贼;至少我相信在丹麦是这样的。(写字)好,叔父,我把你写下来了。现在我要记下我的座右铭那是,"再会,再会!记着我。"我已经发过誓了。

大家发现了什么奇异之处吗?父亲被谋杀,作为儿子的哈姆莱特居然需要一再强迫性地要求自己"记着你!是的",好像生怕自己会遗忘一样。而哈姆莱特的父亲好像具有先见之明一样,从一开始就提醒儿子,"再会,再会,记着我!"等到父亲的亡魂第二次出现,开口说的第一句话,仍是"不要忘记。我现在是来磨砺你的快要蹉跎下去的决心。"这便是学者们一再探讨的哈姆莱特在复仇上的延宕。伟大的莎士比亚同样非常清楚自己主人公身上的延宕,所以还刻意安排了两场戏,来提醒哈姆莱特完成未竟的事业。

　　第一次,是伶人的到来,在目睹伶人竟然仅仅因为剧本中虚幻的爱恨情仇就陷入到歌哭悲欢中的时候,哈姆莱特忍不住自责道:

　　(面对真实的杀父之仇)可是我,一个糊涂颟顸的家伙,垂头丧气,一天到晚像在做梦似的,忘记了杀父的大仇;虽然一个国王给人家用万恶的手段掠夺了他的权位,杀害了他的最宝贵的生命,我却始终哼不出一句话来。我是一个懦夫吗?……嗨,我真是个蠢才! 我的亲爱的父亲被人谋杀了,鬼神都在鞭策我复仇,我这做儿子的却像一个下流女人似的,只会用空言发发牢骚,学起泼妇骂街的样子来,在我已经是了不得的了!

　　第二次,是在知晓福丁布拉斯为了军人的荣誉不惜因为弹丸之地兴师动众前往讨伐敌军的时候,哈姆莱特再次感叹道:

　　我所见到、听到的一切,都好像在对我谴责,鞭策我赶快进行我的蹉跎未就的复仇大愿! 一个人要是把生活的幸福和目的,只看作吃吃睡睡,他还算是个什么东西? 简直不过一头畜生! ……现在我明明有理由、有决心、有力量、有方法,可以动手干我所要干的事,可是我还是在大言不惭地说:"这件事需要做。"可是始终不曾在行动上表现出来;我不知道这是因为像鹿豕一般的健忘呢,还是因为三分懦怯一分智慧的过于审慎的顾虑。

　　父亲被杀,作儿子的居然需要一再提醒自己,"这件事需要做",你不能忘了你神圣的责任和义务。作家残雪说,"自始至终,王子并不急于报仇;他的心思,不由自主地放在另外一件事上,那件事才是他魂牵梦萦的,至于那是什么事,他不十分清楚,只有直觉。所以我们看到的复仇是令人沮丧的,它既无事先的策划;也无必胜的信心,一切都是即兴表演。"是的,哈姆莱特的复仇是令人沮丧的。

　　莎士比亚为了突出这一点,甚至在剧中设置了与哈姆莱特的复仇形成鲜明对比的雷欧提斯的复仇,在得知父亲被杀后,雷欧提斯即刻从国外赶回,发兵攻打宫门,并向国王逼问真凶。这样的举动无疑显得鲁莽冒失,可是杀父之仇不共戴天,在熊熊怒火燃烧的背后,我们看到的是一个儿子的责任与担当。哈姆莱特却一次次错过了复仇的机会,在仇人独自祷告,迎来绝佳复仇时机的时候,哈姆莱特竟然放弃了,原因仅仅是在基督教观念中,一个罪人如果是在祷告忏悔时被杀,那么他的灵魂就会升入天堂,哈姆莱特不想成全这个罪人。可是我们的雷欧提斯却旗帜鲜明地宣言,"我要在教堂里割断他的喉咙。"无论什么所在都不能庇护一个杀人凶手,报仇雪恨不应受任何约束。

　　我们可以看到,父亲被杀,绝对不是哈姆莱特痛苦最重要的源头,否则他不会一再地延宕,以至于因为自己的延宕一再地痛骂自己像头畜生。那么导致他延宕的究竟是什么? 或者如残雪所说,他的心思究竟不由自主地放在另外哪一件事上? 这另外一件事如何让他心神不安、魂不守舍,以至于不能专注于复仇?

我们再考察另外一个震源——王位丢失。以常理度之,这个可能性微乎其微。因为一个连生的信仰都丧失了的人,又怎么可能在乎王位丢失。我们且看,在变故发生之后,哈姆莱特对于权力的认识。墓地上,他看着被掘墓人踢来踢去的头盖骨,不由自主地感慨道,"谁知道亚历山大的高贵的尸体,不就是塞在酒桶口上的泥土? 凯撒死了,他尊严的尸体也许变了泥把破墙填砌;啊! 他从前是何等的英雄,现在只好为人遮雨挡风。"在死亡面前,再伟大的人物不都是归于空无吗?"古今将相在何方? 荒冢一堆草没了。""我不过告诉你一个国王可以在一个乞丐的脏腑里出巡呢。"此时的哈姆莱特被浓重的虚无主义情绪笼罩着,已然没有了生的乐趣,又何来对权力的兴趣。

至此,我们已然接近问题的真相了。只剩下最后一个可能的源头——母亲改嫁。只是我们潜意识中不太愿意接受。我们穷追不舍地探究着,哈姆莱特为何陷入到极度的精神痛苦中? 为何迷失在忧郁的森林中,一度忘记了前行的路? 为何丧失了对人性的基本信仰以至一度想自杀? 到最后,最重要的原因竟是母亲的改嫁。说实话,这太不可思议。我们不妨先实地到震源中心走一走。

故事的开篇,面对父亲猝死母亲改嫁,哈姆莱特痛苦地独白着:

啊,但愿这一个太坚实的肉体会融解、消散,化成一堆露水! 或者那永生的真神未曾制定禁止自杀的律法! 上帝啊! 上帝啊! 人世间的一切在我看来是多么可厌、陈腐、乏味而无聊! 哼! 哼! 那是一个荒芜不治的花园,长满了恶毒的莠草。想不到居然会有这种事情! 刚死了两个月! 不,两个月还不满! 这样好的一个国王,比起当前这个来,简直是天神和丑怪;这样爱我的母亲,甚至于不愿让天风吹痛了她的脸。天地呀! 我必须记着吗? 嘿,她会偎依在他的身旁,好像吃了美味的食物,格外促进了食欲一般;可是,只有一个月的时间,我不能再想下去了! 脆弱啊,你的名字就是女人! 短短的一个月以前,她哭得像个泪人儿似的,送我那可怜的父亲下葬;她在送葬的时候所穿的那双鞋子还没有破旧,她就,她就——上帝啊! 一头没有理性的畜生也要悲伤得长久一些——她就嫁给我的叔父,我的父亲的弟弟,可是他一点不像我的父亲,正像我一点不像赫拉克里斯一样。只有一个月的时间,她那流着虚伪之泪的眼睛还没有消去红肿,她就嫁了人了。啊,罪恶的匆促,这样迫不及待地钻进了乱伦的衾被! 那不是好事,也不会有好结果;可是碎了吧,我的心,因为我必须噤住我的嘴!

也就是说,在得知父亲是被谋杀以前,哈姆莱特就一度想要自杀。只是基督教的律法禁止自杀——自杀的人有罪,要下地狱,所以哈姆莱特才选择了放弃。

"脆弱啊,你的名字是女人",哈姆莱特痛苦地呻吟着,父亲刚死一个月(事实上是两个月),尸骨未寒,母亲你居然就改嫁叔父,钻进了乱伦的衾被。难道此前你和父亲的恩爱都是虚伪的吗?你就这么迫不及待吗?你就不能再晚些贪图你的可耻情欲吗?哈姆莱特后来在当面疯狂地斥责母亲的背叛时说道,你在你这个年纪改嫁,不能说是因为爱情,因为在你这个年纪,热情已经冷淡下来,那么,只可能是因为你那可耻的情欲。

你的行为可以使贞节蒙污,使美德得到了伪善的名称;从纯洁的恋情的额上取下娇艳的蔷薇,替它盖上一个烙印;使婚姻的盟约变成赌徒的誓言一样虚伪;啊!这样一种行为,简直使盟约成为一个没有灵魂的躯壳,神圣的婚礼变成一串谵妄的狂言;苍天的脸上也为它带上羞色,大地因为痛心这样的行为,也罩上满面的愁容,好像世界末日就要到来一般。

哈姆莱特面对母亲,倾泻着他的痛苦和愤怒,你怎么可以离开父亲那样如同天神的人物,委身于霉烂的禾穗一般的叔父?难道你没有眼睛吗?你究竟是怎样的丧心病狂啊?因为你的背叛,贞洁蒙污,美德变伪善,纯洁成肮脏,所有的美好都破碎,苍天蒙羞,大地痛心,世界好像就要走到末日。

母亲的快速改嫁为什么会对哈姆莱特造成这样大的冲击?我们可以从精神分析学的角度加以解释,比如分析俄狄浦斯情结对哈姆莱特的影响,事实上,很多学者已经这样做了,但这个比较复杂,暂且不议。这里先借用清华大学徐葆耕教授的一个较为通俗的解释:男孩对母亲本能地怀着一种隐秘的感情,在母亲十月怀胎的时候,孩子和母亲有脐带联系,这种脐带联系在生下来之后,是剪断了的,但作为一种血缘关系,它一直存在于孩子的内心。孩子和母亲的这种血缘关系是和父亲的关系很不一样的。母亲和父亲同床共枕,这是天然的一件事情。但是如果换了另外一个男人,对他的心理就构成一种特殊的刺激。这个解释,我们大体能够接受,但为什么母亲的改嫁会给哈姆莱特带来如此大的创伤,我想补充一点。在这个世界上,一个男孩关于世界的纯洁美丽的想象最初是由女性保存的,更准确来说最先是由母亲保存的。而当一个母亲,屈从于可耻的情欲,这个男孩关于贞洁、纯洁、忠诚的信仰可能也就因此彻底丧失了。因为母亲的背叛,贞洁、美德、纯洁、誓言等一切美好的名词都遭到了玷辱,那么这个世界还有什么值得留恋呢？对善对纯洁对美好的信仰是我们幸福的根本，什么时候我们开始不相信善，不相信纯洁，不再信仰美好了，那这个时候我们活着可能就不幸福了。如果说叔父因为权力和贪欲杀死了父亲，哈姆莱特在此之上看到的是恶的话，那么在母亲屈服于情欲而快速改嫁仇人叔父这件事上，哈姆莱特看到的便是罪，我们所共同拥有的欲望之罪。

问题分析到最后，地震之所以能够产生天崩地裂的效果，显然跟哈姆莱特这一独特的个体是分不开的。归根到底，哈姆莱特是一个理想主义者，他善良、单纯、敏感、善思、忧郁、富有哲学气质。最初他是王子，父慈母爱，父亲是天神一样的存在，是人伦的典范，是时流的明镜，母亲同样是美丽圣洁的代名词，他还有着爱他的情人奥菲利娅，这个世界是多么美好。他不由自主地感叹道，"人类是一件多么了不得的杰作！多么高贵的理性！多么伟大的力量！……宇宙的精华！万物的灵长"，世界在他眼中是玫瑰色的存在。可是突然一夜之间，父亲被杀，母亲改嫁，王位被夺，他的整个世界坍塌了，他对整个世界单纯美好的预设也彻底崩塌了，他接受不了，人性是多么丑恶，整个世界是多么污浊不堪，他再次不由自主地感叹道，"那是一个荒芜不治的花园，长满了恶毒的莠草"。

他对复仇的延宕，代表着我们人类拥有的最初的美好在直面整个罪恶世界的沉重时的延宕。对他而言，现实中的复仇他可以完成，可是杀了他的叔父，这个世界就能恢复到当初的美好吗？他那破碎的世界还能修复到当初的完满吗？他能消除整个世界的罪恶吗？"这是一个混乱颠倒的时代，哎，倒霉的我却要负起重整乾坤的责任。"那一刻，他陷入了精神的迷惘和忧郁中，他不是一个单纯的复仇者，而是代表人类最初的美好在直面世界的丑恶。他说"倒霉的我"，一方面，他在质疑老天，为什么这一切会发生在我的身上，为什么偏偏是我，他很想逃避，另一方面，他并不相信真的能够重整乾坤，不仅仅是不相信自己可以做到，而是不相信这个世界还有可能恢复到当初的美好（其实，我们也不相信，只是我们更多地学会了与这个不完美的世界共存，如罗曼·罗兰所说，"世界上只有一种真正的英雄主义，那就是在认清生活的真相后依然热爱生活"。但哈姆莱特不是英雄，他只是一个单纯地爱着并相信着这个世界的美好的少年，然后一瞬间突然被这个世界的丑恶所击垮了，一个人当初对这世界有多爱，他才会被世界伤了之后，感觉到有多痛。这也是我一再地说哈姆莱特所呈现的忧郁或延宕恰恰代表的是我们人类可能拥有的最初的美好在突然直面世界的丑恶的原因），这也是为什么在课文节选的独白中，他在质疑着，"默然忍受命运的暴虐的毒箭，或是挺身反抗人世的无涯的苦难，通过斗争把它们扫清，这两种行为，哪一种更高贵？"倘若无论是忍受还是反抗，结果都归于空无,那么又何谈哪一种行为更高贵。

杜勃留洛勃夫说,"他的剧本有很多东西,可以叫做人类心灵方面的新发现,他的文学活动把共同的认识推进了好几个阶段,在他之前没有一个人达到过这种阶段,而且只有几个哲学家能够从老远的地方把它指出来。这就是莎士比亚所以拥有全世界的原因。"杜勃留洛勃夫评论莎士比亚把对人类心灵的共同认识推进了好几个阶段。于《哈姆莱特》而言,我想,正在于哈姆莱特所标示的或在哈姆莱特身上所探测出的人类可能拥有的人性的最初的纯洁美好到底是怎样一番模样。

18 潜在的世界
——评《雷雨》

　　小说和戏剧的区别是什么？两者都共同呈现一个故事，但两者在形式上，或讲故事借助的手段是不一样的。小说可以借助叙述性语言，借助心理、神态、动作、语言、环境等描写来刻画人物，讲述故事。作为剧本的戏剧，主要能借助的述说工具是什么？是台词，是对白。剧本虽有舞台说明，但是篇幅很少。大家想想，这意味着什么？意味着戏剧对戏剧语言的要求会非常高，它要承担起小说依靠叙述性语言，心理动作神态等描写所承担的一切。用海明威的冰山理论来解释，我们只能看到浮现在海面上的八分之一，也就是戏剧的台词，但是好的戏剧性语言，我们借助它能看到那隐藏在海面之下的八分之七，即一个完整的故事。演员对整个故事的最终呈现如何，除了自身演技之外，取决于他们对戏剧台词的理解，取决于他们能否依据台词去还原一个真实立体的人物与完整丰满的故事。

　　《雷雨》作为中国现代戏剧的经典，在戏剧语言上的造诣非常高，正如复旦大学陈思和教授评价的："曹禺的语言非常好，几乎每一句话背后都有丰富的潜台词，正是这样的语言揭示了非常复杂精妙的人性内涵。"下面我们走进《雷雨》潜在的世界。

三十年前，恋情的打开方式

　　我们来看周朴园和侍萍两人是如何开启关于三十年前恋情的对话的，事实上，两个人对三十年前的恋情的打开方式是截然不同的。

　　周　三十年前，在无锡有一件很出名的事情——

　　鲁　哦。

　　周　你知道吗？

　　鲁　也许记得，不知道老爷说的哪一件？

　　周　哦，很远的，提起来大家都忘了。

这段对话很奇怪。

首先,问的人问得很奇怪。三十年前出名的事情有很多,可是你根本没说是哪一件,就直接问对方知不知道。

其次,回答的人答得也很奇怪。对方根本没说具体是三十年前的哪一件,就直接说也许记得的,而且重复了两次。

显然,侍萍知道周朴园要问什么,她在鼓励他说。

对于周朴园而言,在他的潜意识中,三十年前的事情好像应该人人都知道,可另一方面,他问得又有些犹疑,欲言又止,像是小心翼翼地试探,有意遮掩些什么。所以,他一开始没有点名具体是什么事,等到侍萍鼓励他,他又退缩了:"哦,很远的,提起来大家都忘了。"

为什么会这样?

周　梅家的一个年轻小姐,很贤慧,也很规矩,有一天夜里,忽然地投水死了,后来,后来,——你知道么?

鲁　可是她不是小姐,她也不贤慧,并且听说是不大规矩的。

鲁　这个梅姑娘倒是有一天晚上跳的河,可是不是一个,她手里抱着一个刚生下三天的男孩。听人说她生前是不规矩的。

鲁　这是个下等人,不很守本分的。听说她跟那时周公馆的少爷有点不清白,生了两个儿子。生了第二个,才过三天,忽然周少爷不要了她,大孩子就放在周公馆,刚生的孩子抱在怀里,在年三十夜里投河死的。

鲁　她不是小姐,她是无锡周公馆梅妈的女儿,她叫侍萍。

我们看到周朴园对侍萍的描述:"梅家的一个年轻小姐,很贤慧,也很规矩"。可是我们发现侍萍本人却一连否定了四次,侍萍说,"可是她不是小姐,她也不贤慧,并且听说是不大规矩的。""听人说她生前是不规矩的。""这是个下等人,不很守本分的。""她不是小姐,她是无锡周公馆梅妈的女儿,她叫侍萍。"显然,她情绪非常激动,为何会呈现这样一个差异?

根源在于什么?周朴园和侍萍对三十年前恋情的看待方式是不一样的。或者说,对三十年前恋情的不同认知,改变了当下的陈述。

对于周而言,三十年的恋情,始终有着两个面向,第一,这是他的初恋,无限美好,也让他无限留恋。"曾经沧海难为水",他真诚地爱过。第二,这同样代表他的罪恶,他当年始乱终弃,抛弃了侍萍,导致了侍萍尝试投河自尽,这是他不堪回首的沉痛过往,他内心无比愧疚。这两个面向始终萦绕在心头。

周朴园最初的提问之所以显得突兀奇怪,因为三十年前恋情中罪恶的一面让他欲言又止,犹疑退缩,可是美好的一面又让他忍不住向眼前的这个陌生人聊起三十年前的事。他之所以重提三十年前的往事,不仅仅是因为他想打听侍萍的坟墓在哪儿,好给它修一修,寄托自己的纪念和忏悔,同样也因为三十年前的恋情一直压在心底,他太想找个人说一说了。

周朴园对侍萍的描述为何会掩饰会美化?一方面他想掩饰自己当年的罪恶,他怕一下子说出事情的底细,眼前的仆人猜到事情的真相,暴露自己当年的罪恶。另一方面,在于他无比珍惜当年的感情,那段感情是如此的美好,所以会在无意识中去美化它。我们完全可以想象当年的侍萍承受着怎样的非议和攻击,一个老妈子的女儿居然敢勾引有钱人家的少爷,当然是不规矩、不本分,于是后来的周朴园会不自觉地删改这段记忆,维护他爱的侍萍,在他心中,侍萍当然是贤惠的、规矩的。

如何看待侍萍的一再否定呢?当一个女人情绪激动地面对当年抛弃自己的情人,反复地说自己是个下等人,很不守规矩,不本分的时候,她在表达什么?为什么她要这么诋毁自己?这取决于侍萍到底如何看待当年的恋情。回首往事,侍萍更多的感情是什么?是耿耿于怀,是恨,是悔,她恨自己当初为什么会那么幼稚,那么不清醒,一个丫鬟居然爱上了一位有钱人家的少爷,还妄图跟他在一起,就是没有自知之明,就是不规矩、不守本分,结果还不是害了自己,一生都被毁了。所以,她的内心是很痛苦的。另一方面,她其实也在刺痛周朴园,你为什么要掩饰?你不就是想掩盖你当年的罪恶吗?那我要戳破你。这个话语是带着嘲讽的。如果说,在第一次否定自己时,侍萍更多的情感是恨自己的话,当她重复到第四次的时候,显然刺痛周的成分占了上风。人的内心是微妙复杂的,曹禺很敏锐地捕捉到了这一点。

我们会发现,好的戏剧性语言,除了揭示当下情境,满足当下的对话功能,更昭示着人物的历史或隐匿的心灵世界对当下的影响。也就说人物是带着历史或隐匿的心灵世界参与到当下情境中的对话中来的。在彼时的他/她的身上,或在他/她的表面之下,我们能看到无数个过去的他/她或事件重叠的影子。这便是戏剧潜台词的来源。

周朴园和鲁侍萍的相认——侍萍想干嘛?

鲁　我前几天还见着她!

鲁　老爷,您想见一见她么?

鲁　嗯,都是很下等的人,她遇人都很不如意,老爷想帮一帮她么?

　　侍萍的语言可以说处处在引导,处处在暗示,在一步步地揭示真相,侍萍到底想干嘛? 她是想宣泄? 倾诉? 是想再续前缘? 还是报复? 可就算周朴园知道了真相又能怎样呢? 他们都是年近五十的人了,都有了家室,除了搅起心中的波澜又能怎样? 显然,侍萍没有想过相认之后的事。侍萍关心在乎的只有当下,只有感情。她只想知道一个答案,周朴园心中还有没有她,是否还记得她,是否念及旧情。她多么想得到一个肯定的回答,那样她的心也就真正得到了慰藉。至于相认之后会怎样? 侍萍没有想过。所以,我们可以看到,哪怕过去了三十年,侍萍依旧单纯,幼稚,换句话说,她始终是一个缺乏现实感的女人。一如三十年前,在她心中只有感情。可周朴园不一样,得知眼前的女人是侍萍后,他立马就从怀旧中跳脱出来,进入到现实的考量中。

　　周朴园认出侍萍后,侍萍说的第一句话真的是让人无比动容。"你自然想不到,侍萍的相貌有一天也会老得连你都不认识了。"可以想见当年的侍萍一定很漂亮、很动人。一个女人在情人面前,最在乎的当然是自己的外貌,所以侍萍在周朴园终于认出她的那一刻,立马陷入到了无尽的感伤之中——我居然已经那么老了,连你都认不出我来了。要知道此时的侍萍已经变成一个老太婆了。在她的情人面前,她第一个想到的还是会自怨自艾,我已经老得连你也认不出来了。[①] 曹禺的语言真是太棒了。

周朴园和鲁侍萍的相认——周的反应

在相认的过程中,周朴园的反应始终让我们困惑。

首先,周朴园真的爱侍萍吗?

答案是肯定的。周朴园和侍萍的相爱不是偶然一夜风流,他们可是一起同居了三年,生了两个孩子。他们老是不断地回忆"三十年以前"。而且他们不是偷偷摸摸地恋爱,他们是在周家同居生育,有自己的房间,有自己的环境布置。我们在舞台上看到的客厅的布置,就是当年侍萍在周家生活的环境,连侍萍当年生孩子不敢吹风要关窗这个

----

① 　陈思和《中国现当代文学名篇十五讲》,北京大学出版社.

习惯都保存下来了。好几次繁漪说"热",要开窗,仆人就说"老爷说过不叫开",为什么?已经死掉的太太过去是怕开窗的。可以想象,侍萍在周朴园身边的时候,她受宠到了什么程度。所以,周朴园在把侍萍赶走以前,对侍萍是有很深的感情的。[1]

从繁漪的处境中也可佐证这一点。为什么繁漪始终得不到周朴园的爱?要知道繁漪长得很漂亮,又很年轻。因为对于周朴园而言,曾经沧海难为水,侍萍是他刻骨铭心的初恋,他心底里一直惦记着侍萍,所以不能无碍地融入到后来的爱情生活中去。繁漪不过被周朴园当作了花瓶、摆设,她始终是被压抑的,以至于都有些疯癫了。自己的另一半整天提及前任,屋子里的摆设是前任留下来的,前任的物件,前任的习惯,前任的照片一直都保留着,到处都是前任的气息,甚至还有前任的儿子,她会有什么感觉呢?当然是无尽的痛苦,如鲠在喉。

再看课文的开头,周朴园又嚷嚷着要他的旧雨衣。我们会发现,什么时候周朴园会迫切地想要那些旧物件呢?就是当他痛苦的时候。每次只要繁漪一发脾气,他就会愈加地想念侍萍的好,他就想看看当年侍萍的旧物。

"你们逼着我冒着大雪出门",从侍萍的表述中我们也可以得知,当年侍萍被赶走是父母之命,周朴园只是没有勇气反抗。新夫人是有钱的大官小姐,估计绝不允许在她前头还有夫人,所以周家非逼侍萍离开不可。

那么,既然周朴园如此深情,为什么在得知侍萍还活着的消息时好像并不欣喜,只是惊讶呢?

鲁　这个人现在还活着?

周　(惊愕)什么?

鲁　我前几天还见着她!

周　什么?她就在这儿?此地?

鲁　老爷,您想见一见她么?

(连忙)不,不,不用。

鲁　嗯,都是很下等的人,她遇人都很不如意,老爷想帮一帮她么?

周　好,你先下去吧。

---

[1]　陈思和《中国现当代文学名篇十五讲》,北京大学出版社.

怎么理解周朴园的冷漠？当得知侍萍还活着，周朴园冷酷自私的嘴脸立马暴露出来了？我想，此刻对于周朴园的评价，还不至于这么诛心。得知侍萍还活着，周朴园的反应首先肯定是惊愕，侍萍怎么可能还活着呢？继而应该是惶恐和害怕，他不知道该怎么去面对活着的侍萍，要知道当年可是他逼得侍萍跳河自尽，于是面对侍萍的一再追问，他一味逃避。后来，他急着赶走眼前的这个知情人，不单出于他的冷酷自私，而是因为他很想一个人静静地消化侍萍还活着的事实。

可是侍萍没法再控制自己的感情，她用一句比一句更清晰的话揭示自己的真实身份。我们看周朴园的反应。

周　哦，侍萍！（低声）是你？

周朴园不觉地望望柜上的相片，又望侍萍。半晌。

周　（忽而严厉地）你来干什么？

鲁　不是我要来的。

周　谁指使你来的？

鲁　（悲愤）命，不公平的命指使我来的！

"半晌。"这个舞台提示安排得真好。有时候，无声胜有声。半晌的时间，到底发生了什么？半晌的题中之义首先应该是幻灭。男人有时候很现实。记忆中那个可爱、聪慧、美丽的梅侍萍变成了如今的老妈子，周朴园心中肯定会有一丝幻灭感。其次，是现实。他本能地想到眼前的女人不仅是当年的情人，而且是鲁贵的妻子，鲁贵可是个不老实的人，于是侍萍的出现立马成了一个现实的威胁，威胁着他的体面和家庭的秩序。于是他认为，侍萍一定是受人指使来敲诈他的。他立马从刚才的怀旧情绪中跳脱出来，回到了现实。

怎么看待周朴园的转变呢？

要知道周这个人是冷酷自私的。某种意义上，他其实已经完全被金钱异化了。面对侍萍的到来，他本能的反应首先是金钱的考量：我这么有钱，侍萍肯定是为了我的钱来的。所以到后来，他一再想到的是用钱来打发侍萍，以保证周鲁两家人不会再发生任何联系。他已经不再相信，在这世上，有人会把某些东西看得比钱更重要。三十年尔虞我诈的社会经验已经让他彻底冷血，他对待鲁大海等工人罢工的处理方式，更是将一个资本家的虚伪冷酷、自私狡诈暴露无遗。

三十年前的周朴园,单纯善良,但是人性是会改变的,跟侍萍的高尚比起来,这个人实在太卑劣了。我们看到下面这句台词,"(冷冷地)三十年的功夫你还是找到这儿来了",再联系之前周问侍萍的这一句,"她为什么不再找到周家",会发现这句台词写得真好。曹禺在这两句台词中把真实人性中的那种丑陋暴露无遗。一方面,周朴园在情感上真的在怀念那段美好,在没认出侍萍之前,他得知侍萍过得不好,很真诚地说,"她为什么不再找到周家",找到周家,我想我一定会帮她的;可是另一方面,当侍萍真的出现在他面前他又立马起戒心,甚至感到厌恶,"三十年的功夫你还是找到这儿来了",我就知道你一定会来找我的。言下之意,我可以找你,但你绝对不能主动找我,否则你就是贪婪的,这个人的虚伪、冷酷、自私真是到了极点。更不论他当初抛弃侍萍就是非常不负责任、自私的表现。

周朴园和鲁侍萍的相认——侍萍的反应

周　谁指使你来的?

鲁　(悲愤)命,不公平的命指使我来的!

侍萍真的很善良,甚至可以说是软弱。当然,旧社会像她这样的妇女,很难不被这种宿命论思想所影响,所以后来侍萍一再地说:"这是我的报应,我的报应"。周朴园问她为什么不再找到周家。侍萍回答说大概她是不愿意吧。为什么侍萍不愿意?因为面对当年周朴园的抛弃,她认命了,既然过去了,她也不愿意再找周朴园。

当周朴园一再地想用钱打发她,到后来良心发现,想要钱来补偿她,侍萍都直接拒绝了。她为什么不接受这笔钱?

(苦笑)哼,你还以为我是故意来敲诈你的,才来的么?

你?(笑)三十年我一个人都过了,现在我反而要你的钱?

后面更是当着周朴园的面,把五千块的支票撕掉。如果说前面侍萍是因为人格受到侮辱而愤怒地拒绝的话,那么后面面对周朴园提出的补偿,侍萍又为何拒绝呢?因为在侍萍看来,如果她要钱,她就是在侮辱自己,也在侮辱那段感情,三十年前,她不是为了钱和他在一起,同样的,三十年后,她同样不是为了钱而找他。这是一个真正高贵的女人,刚烈,自尊,有骨气。

同样,侍萍也有她的幻灭——侍萍完全没有想到周朴园会说出这样的话。想象中多情的少年，一下子变为现实中面目狰狞的资本家。

　　周朴园和鲁侍萍，曾经义无反顾地相爱着，可是爱情终究败给了现实。三十年的时间，一切仿佛一场梦。侍萍历经生活的磨难，不曾变心，可是她承受着女人最大的痛苦——她真的苍老了，现实一地鸡毛。而周朴园拥有了成功的事业，体面的家庭，他得到了他想要的一切，可是他的内里已经死掉了。这是两败俱伤的爱情悲剧。

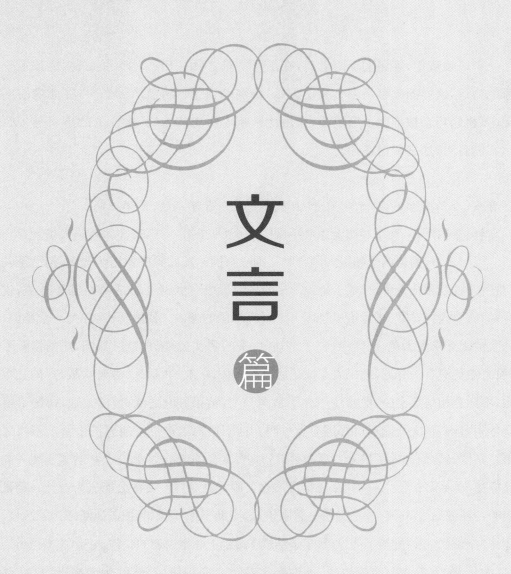

文言
篇

19 雄辩的本质
——评《烛之武退秦师》

一个风烛残年、年届七十的老头，在国家危难之际凭借三寸不烂之舌，拯救了一个国家的命运，这样的故事是多么激动人心，特别是当这行将就木的老头，在此之前本籍籍无名，机缘巧合被推向了历史前台，由此影响了历史的走向，这样的故事又是多么传奇。我们且看《烛之武退秦师》。

晋侯、秦伯围郑，以其无礼于晋，且贰于楚也。晋军函陵，秦军氾南。

晋侯、秦伯围郑，两个超级大国联手围殴一个"小弟"，一开场，郑国就陷入生死存亡的关口。疑问之一，为何两个超级大国会联手围殴郑国？郑国到底做错了什么，招惹了两位"大哥"？"以其无礼于晋，且贰于楚也。"这个理由说成立也成立，说不成立也不成立，说白了，落后就要挨打，郑国毕竟给了晋国一个殴打郑国的理由。回顾历史，作为一个小国，郑国的政治眼光未免太差，想当年，公子重耳（后来的晋文公）流亡经过郑国，郑国错看了人家，没有给他应有的礼遇，结果人家成了后来的晋国国君。再后来，晋楚大战，郑国又看走了眼，不愿意相信晋文公，把赌注压在了楚国身上，结果城濮之战，楚国大败，郑国不得不再次依附晋国，晋文公能不对郑国有意见吗？他不揍郑国揍谁？他想扩张领土不找郑国找谁？秦国又为何加入了进来？因为秦穆公是晋文公的老岳丈，晋文公拉着老岳丈一起来分这杯羹，顺便找个帮手。为什么还得说秦穆公眼光独到呢？秦穆公能成为春秋一霸是有原因的，当年公子重耳流亡，是秦穆公慧眼识珠，资助了他，派军队护送他回国接管政权，并且还将自己的女儿许配给了他，秦晋于是结成了政治上非常密切的联盟，史称"秦晋之好"。

《左传》的叙事是非常简洁的，可谓字字珠玑。开头第一句话，表面来看，只是在交代战争的起因，可是除此之外，《左传》还有意识地在告诉我们一些信息。联系全文的主题——烛之武退秦师，《左传》其实在暗示我们，战争起因于晋郑两国的恩怨，跟秦本无关，那么战争的消弭，或者说对郑国而言，其唯一生机在于能否劝退秦师，秦师一退，晋师自然也会撤退。它在为下文危机的化解做铺垫。晋军函陵，秦军氾南。《左传》为什么要交代两军的驻扎位置？它同样在暗示我们，烛之武为何能退秦师，因为秦军和晋军并没有兵合一处,这才给了烛之武劝退秦师以可乘之机。

佚之狐言于郑伯曰:"国危矣,若使烛之武见秦君,师必退。"公从之。

这里开始讲述烛之武的出场,交代了哪些信息?第一,劝退秦师是郑国的既定战略,面对围攻,劝退与郑国没有恩怨的秦国,是郑国唯一的出路。第二,王必无人。国家危难,满朝的王公贵族,一个个要么贪生怕死,要么昏庸无能。不然何以要靠一个年届七十,风烛残年的老头,一个籍籍无名的老马夫走上历史前台,拯救国家?第三,郑文公此时很无助,他只能孤注一掷,死马当作活马医,选择相信这个老马夫一回。

辞曰:"臣之壮也,犹不如人;今老矣,无能为也已。"公曰:"吾不能早用子,今急而求子,是寡人之过也。然郑亡,子亦有不利焉。"许之。

当郑文公见到烛之武,看见走来的是一个年已七十,须发尽白,齿牙动摇,走路都颤巍巍的老头时,他心里肯定会犯嘀咕,这老头真的能行吗?靠谱吗?可是他不曾想到的是,烛之武竟当面推辞了,"臣之壮也,犹不如人;今老矣,无能为也已。"我壮年的时候,尚且比不上别人,如今我老了,再也难有什么作为了。烛之武到底在干什么?真的是在拒绝吗?我想内心敏感的人,显然已经读出了烛之武话中那股浓浓的酸味。烛之武说的到底是什么?想当初,我年轻力壮,风华正茂,头发还那么乌黑浓密的时候,你郑文公在哪儿?你有任用我吗?现在我老了,国家危难了,你就想到了我,你早干嘛去了?你怎么不找你满朝的文武大臣?你找我这个糟老头子干嘛?烛之武在干嘛呀?他在发泄,他在抱怨,他在发牢骚,他有着太多的委屈,他心里不痛快。自己那么有才华,却始终得不到重用,如今年已七十,半截身子都埋入土里,一辈子眼看就要这么荒废,怎么会没有怨言呢?可是另一方面,他心情又很复杂,他终于得到了一次正名的机会,他终于可以扬眉吐气了,内心无限感慨。

当郑文公听到老头的回答时,我想他肯定当即做了一个判断。在此之前,他心里一直嘀咕,这老头能行吗?在此之后,他已经有了答案——这老头能行。为什么?因为这老头有脾气,有个性。通常(非绝对)而言,本事越大脾气越大。我们看到郑文公其实很聪慧,对老头子的牢骚他立马心领神会,老头在等待一个迟来的道歉,在等待一声肯定,一份尊重,于是他说了第一句话,"吾不能早用子,今急而求子,是寡人之过也。"立马诚恳地道歉,我不能早早地用您,如今事情危急才来找您,是我错了。紧接着第二句话,"然郑亡,子亦有不利焉。"则显出了一个政治家的智慧,郑国灭亡了,对您又有什么好处呢？郑国也是您的国家呀，皮之不存毛将焉附。于是烛之武许之。

一个"许之"告诉了我们什么？其实，对于一个七十岁的老头，郑亡，对他又有多少不利呢？满朝的文武都不关心郑国的生死，凭什么要他一个老头子来承担？"许之"的背后，是一个衰朽的老头，在国家面临生死存亡的时候，毅然只身赴国难。虽没有"风萧萧兮易水寒"的悲壮，但同样是出自对国家深沉的爱。《左传》为什么要细致地描写烛之武与郑文公的对话？直接书写烛之武如何退秦师不可以吗？不可以，因为《左传》的野心不仅是要叙事，而且还要写人。它要给我们一个鲜活的、立体的、真实的、有个性、有感情的烛之武。

夜缒而出，见秦伯，曰："秦、晋围郑，郑既知亡矣。若亡郑而有益于君，敢以烦执事。越国以鄙远，君知其难也。焉用亡郑以陪邻？邻之厚，君之薄也。若舍郑以为东道主，行李之往来，共其乏困，君亦无所害。且君尝为晋君赐矣，许君焦、瑕，朝济而夕设版焉，君之所知也。夫晋，何厌之有？既东封郑，又欲肆其西封，若不阙秦，将焉取之？阙秦以利晋，唯君图之。"秦伯说，与郑人盟。使杞子、逢孙、杨孙戍之，乃还。

我们进入文本的重点，看烛之武到底如何退秦师。

本来两个"大哥"，联手起来瓜分"小弟"，两国各分一杯羹，实实在在的好处摆在眼前，但在烛之武进言之后，两个"大哥"关系直接破裂，秦国非但不瓜分"小弟"，而且还派人保护"小弟"，不让晋国插手。多么戏剧性的转变！那么烛之武到底是如何做到的？他的进言有何讲究？

首先要明确的是，对秦国而言，这绝对是一个重大决策，或者可以说是基本国策的改变，秦国不再选择与晋国结盟，反而针锋相对，将晋国视为了头号对手，做出这样一个决策显然是需要巨大决心的，绝非简单的小利所能打动。

那么我们如何进一步分析这个问题呢？直接分析烛之武的言说层次当然是解决问题的最重要途径，但是我们不妨换个思路，也许可以另辟蹊径。烛之武此行的目标非常清晰，那就是离间或攻破秦晋的联盟，说服秦国退兵，这样晋军自然不攻自退。我们不妨直接从这个目标本身倒推回去，大家想，如果一个联盟能够轻易被攻破、被瓦解的话，这意味着什么？意味着这个联盟本身就存在着固有的裂缝，存在着根本性的不可解决的矛盾，换句话说，烛之武所做的工作，或者说烛之武真正厉害之处在于，他能一针见血地直戳秦晋关系的根本裂缝。我们常常这样夸奖一个人口舌的厉害，"一言可以兴邦，一言可以丧邦"，好像一个人仅凭三寸不烂之舌，就可以改天换地，其实口舌如何能动天下呢？不过是天下本身要动，言语恰逢其时地推动它罢了。那么，这个根本裂缝是什么？

从地缘政治上看，秦晋两国毗邻，但是晋国牢牢地扼住了秦军东进的咽喉之地，那就是历史上赫赫有名的崤函通道。这是一条非常狭窄的小道，却是秦军东出的必经之地，如果秦国想将自己的势力范围渗透到中原，就必须仰仗晋国的帮助，因此，在历史上，秦穆公三平晋乱，三定晋君，为晋国操碎了心。可是所有努力的结果呢？不过是为他人做嫁衣，他眼看着晋国的实力越来越强，如日中天，成为新一代霸主，而秦国却不得不仰人鼻息，始终活在晋国的光芒之下。所以摆在秦穆公面前，只有两个选择，要么继续与晋国结盟，一直活在晋国的阴影之下，在晋国划定的框架内发展，要么冒险背盟，与晋一争长短。当然，秦穆公的选择，或历史的走向，我们已经很明晰了，三年之后，爆发了历史上著名的崤之战，秦晋两国正面开战。

所以，烛之武所做的工作，就是用犀利的言辞一把将秦晋友好关系的虚伪外皮彻底撕下来，将秦晋关系的本质血淋淋地呈现在秦国的面前。他要清楚地告诉秦穆公，别看你们现在多么友好恩爱，作为毗邻的两个超级大国，秦晋的固有矛盾决定了你们将来必有一战，这便是历史的走向：老大只有一个，天下霸主只有一位。秦穆公，你看清楚了吗？"夫晋，何厌之有？既东封郑，又欲肆其西封，若不阙秦，将焉取之？"我想这是烛之武言说中，最震撼也最具冲击力的一句话，正是这句话，一句惊醒梦中人，冲垮了秦穆公最后的心理防线，让他最后下定了决心。

"若亡郑而有益于君，敢以烦执事。越国以鄙远，君知其难也。焉用亡郑以陪邻？邻之厚，君之薄也。若舍郑以为东道主，行李之往来，共其乏困，君亦无所害。"烛之武站在秦国立场，分析亡郑如何对晋国有利，而对秦国有害，存郑又如何对秦国有利，以及其言说层次具有怎样的先后逻辑关系，这里且不展开。我们重点看两句话。第一句是"秦晋围郑，郑既知亡矣"。这句开场白有何讲究？可说可不说吗？秦晋围郑，郑国知道自己必死无疑。为什么要说这个？是示弱？是博得同情？讲个小故事。《东周列国志》是这样演绎烛之武见秦师的。烛之武来秦军营门外求见秦穆公，但是一个七十多岁的老头，没人相信他是郑国的使者，他见不着秦穆公的面，怎么办？于是他在营门外号啕痛哭，哭得非常惨，终于引起了秦穆公的注意。秦穆公召见了他，然后问："你为什么在我营门外痛哭呢？"烛之武回答："我是郑国大夫烛之武，我哭是因为郑国就要灭亡了。"秦穆公就好奇了："郑国要亡了，你应该在郑国哭啊，你跑到我秦军营门外哭，算哪门子事!"烛之武说:"老臣哭郑,兼亦哭秦,郑亡不可惜,独可惜者秦耳。"秦穆公一听,勃然大怒:"老头子胡说八道什么,我秦国有什么可惜的,说得不合理,我将你脑袋砍了。"于是有了烛之武的一番进言。大家看,这两个开场白,其实有着异曲同工之妙。共同之处是什么? 我此番前来不是为了郑国,而是为了秦国的。烛之武作为郑国的使者,在通常的理解中,自然是为郑国的利益游说,那么秦穆公必然怀有戒心,可烛之武一上来,说的却是,"秦晋围郑,郑既知亡矣"。我们郑国知道自己肯定要灭亡了,摆明了的意思即是,我接下来要说的与郑国的生死存亡无关,而是为你秦国而来。

第二句重点要关注的话是"君尝为晋君赐矣,许君焦、瑕,朝济而夕设版焉,君之所知也。"你还记得吗? 当年你救了晋惠王,他答应给你两座城池,结果他怎么报答您的?"朝济而夕设版焉"。典型的背信弃义。言外之意是什么? 晋国背叛过你一次,就可以背叛你第二次。秦穆公,你想想你的盟友真的靠谱,真的值得信任吗? 这次他答应分给你郑国的土地,可到时候你确定你能拿到手吗? 这是典型的离间计。有意思的是,烛之武说了一句,"君之所知也",我们要问,这句话可以删掉吗? 有什么作用? 其实我们需要追问的是,秦穆公真的意识到晋国的背信弃义吗? 可以说知道也可以说不知道。说他知道,是因为他的知道乃是停留在无意识层面,而烛之武所做的工作恰恰是把秦穆公的无意识唤醒,将无意识变成显性意识层面的知道。进一步,烛之武对秦穆公所说的一切,秦穆公想过吗? 他应该是想过的,作为一代霸主,他对秦晋的关系不可能不做全盘的考量,而烛之武的到来,不过是把这原本朦胧混沌,秦穆公不愿意正视的一切,变得无比清晰,醒目刺眼。在此之前,他在无意识中逃避着秦晋关系的本质,而烛之武的到来彻底唤醒了他,让他看清了混沌的真相,也帮助他最后下定了决心。要知道,正是因为裂缝本身存在,才给了烛之武可乘之机。就像我们通常认为婚姻破裂,是因为第三者的存在,但事实上,这里的因果关系恰好弄反了,不是因为第三者的存在导致了婚姻的破裂,而是因为婚姻破裂,所以有了第三者的存在,裂缝本身在召唤第三者的出现。在这个意义上,烛之武恰恰是那个"第三者"。

最后,我们看到烛之武最核心的言说策略。他本为存郑而来,可是他至始至终没有为郑国说过一句话,为什么? 因为他知道说了也没用,他能说什么呢? 秦晋两个超级大国围攻郑国不讲武德,不正义吗? 或者郑国本无罪,郑亡太可怜? 这些能打动秦穆公吗? 不能。因为真正打动对方的不是自己的利益,而是对方的利益。所以烛之武的言说指向非常清晰,他知道秦国真正想听的是什么,真正想要的是什么,他站在秦国的立场,为郑国言说。

20 英雄的美学
——评《鸿门宴》

　　《鸿门宴》，史记中最为精彩的篇章之一。史公的文笔是真好，全篇读来酣畅淋漓。宴会上，项羽放过了一生中最重要的敌人刘邦，引得无数后人唏嘘感慨。那么核心问题即是，项羽究竟为何放过刘邦？

范增进言

　　首先，《鸿门宴》故事的最初推动因素是什么？刘邦为何陷入险境？第一，无伤告密。"沛公欲王关中，使子婴为相，珍宝尽有之。"刘邦集团内部出了一个奸细、叛徒，一个吃里扒外卖主求荣的东西。第二，范增进言。"沛公居山东时，贪于财货，好美姬。今入关，财物无所取，妇女无所幸，此其志不在小。吾令人望其气，皆为龙虎，成五采，此天子气也。急击勿失！"范增添油加醋形容一番，刘邦这个人不简单，他有野心，欲跟大王争夺天下。证据有二：入关无近财物美女；有天子气，即刘邦头上有着五彩祥云，有着神秘的主角光环。

　　那么第一个问题来了，凭什么曹无伤说刘邦想独霸关中，项羽就相信了呢？这是事实判断还是主观推断？文本依据是什么？进一步，刘邦到底做错了什么，予人口实呢？两个字：拒关。刘邦派兵把守函谷关，想把其他诸侯军挡在关外。当时有谋臣跟刘邦说："距关，毋内诸侯，秦地可尽王也。"关中是块宝地，刘邦真动心了，也真的这么做了。项羽带着几十万大军，浩浩荡荡开到关外，结果进不去，瞬间大怒，立马派当阳君击溃守军。

　　第二个问题是，范增对刘邦的判断，是真有先见之明，预见了刘邦是项羽日后争夺天下的真正对手，还是只有隐约的察觉，但先下手为强，除掉一个可能的潜在对手？要知道，此时的刘邦不过是诸侯军中的一位，并没有崭露头角，而且刘邦还是地痞流氓的出身。

　　如何解答这个问题？关键在于范增作出判断的理由。刘邦有天子气的说法，有点扯，显然是范增为了刺激项羽瞎编的，关键是另外的理由——刘邦在未入关时，贪恋财物美色，可是入关之后，财物无所取，妇女无所幸，整个人戒财戒色，因此范增作出判断，此其志不在小。那么这个逻辑推论是怎么完成的？一个人突然变得不近财货美色，怎么就证明他志向不在小了呢？

第一，一般情况下，封建社会的人为什么要打天下？大的理由当然是反抗暴政，守护正义。个人的理由呢？不外乎，为钱，为权，为女人。我们可以推想，当他，一个曾经的地痞流氓，进入秦帝国的核心咸阳，见到秦王宫遍地的金银珠宝，看到后宫的佳丽三千，估计眼神都要放光了，他当然是想占有这一切的，而且这一切是如此唾手可及。从私欲来说，打仗为了啥？脑袋别在裤腰上，不图享乐图个啥？可是在樊哙张良劝说之后，他真的放弃了，克制欲望，还军霸上，你就想这个人对自己有多狠。这样的人很可怕。他为什么能克制自己，或"延迟满足"？因为他有更大的欲望，这叫志不在小。

第二，更关键在于，刘邦入关之后，不近财货美色的理由。当初樊哙、张良一再进言："你如果贪婪地享用这些珠宝美人跟暴秦有什么区别？如果你心中还有大志向的话，就应该秋毫无所近。"一语惊醒梦中人，刘邦一听，立刻还军霸上，尽管他很不开心。这里的可怕之处在于什么，是刘邦身上所体现出的政治诉求或政治信念。也就是说，刘邦有着自己清醒的政治诉求/信念，那就是建立一个彻底区别于暴秦的新政权，而这正是起义军队的根本合法性所在。进一步反观项羽，入关之后他做了什么？四个字，烧杀抢掠，烧阿房宫，杀子婴，抢掠屠戮关中百姓，这样的做法跟暴秦又有什么区别？他怎么可能获得关中百姓，乃至天下百姓的拥护呢？政治不仅仅是打打杀杀，更高级的政治是信念之争。

所谓"英雄识英雄，政治家识政治家"，老辣的范增凭借他作为政治家的敏感，一眼瞧出了刘邦的野心。

刘邦请罪

沛公旦日从百余骑来见项王，至鸿门，谢曰："臣与将军戮力而攻秦，将军战河北，臣战河南，然不自意能先入关破秦，得复见将军于此。今者有小人之言，令将军与臣有郤。"项王曰："此沛公左司马曹无伤言之，不然，籍何以至此？"

刘邦第二天早上面见项羽后，我们看到项羽的态度发生了一个非常戏剧性的转变。本来项羽盛气以待，气鼓鼓地准备兴师问罪：刘邦居然胆敢在函谷关阻挠我，太猖狂了！可是在刘邦解释之后，项羽不仅不准备杀他，反而还觉得内心愧疚，立马把曹无伤这个潜伏在刘邦内部的人给出卖了。"还不是你家那个小子曹无伤说你坏话,不然,我怎么会这么做呢?这完全是一场误会,你刘邦是个好人,是我误解了你,让你受委屈了。"我们看到,项羽的内心是毫不设防的,他相信了刘邦,所以立马要给刘邦一个解释。那么刘邦这番话有何讲究,如何打动了项羽?

第一,刘邦首先摆出一个极为谦卑的姿态,自称为臣。第二,他在提醒项羽,我们可是兄弟部队,还不仅仅是一般的盟军,我们一起合力攻秦。第三,"然不自意能先入关破秦,得复见将军于此",我不曾料想到我能够率先攻入咸阳,言外之意是什么?我刘邦能够进入咸阳,完全是个意外,是侥幸,我没那么大本事,要不是您击破了秦军的主力,我怎么可能进来呢?刘邦为何一定要这么说,因为他知道项羽耿耿于怀的是什么,当初怀王约定,谁先破秦入咸阳者王之,明明是项羽击溃了秦军的主力,结果却被刘邦捡了个便宜,率先入关,项羽心里能不气,能不堵得慌吗?所以他必须得让项羽心里舒坦。第四,项羽不是在函谷关打败了刘邦吗?所以刘邦得进一步解释,您打我,其实您完全没有错,我一点都不怪您,还不是因为有小人挑拨离间,不然您怎么会打我呢?第五,联系刘邦托项伯转达的话,"吾入关,秋毫不敢有所近,籍吏民,封府库,而待将军。所以排遣将守关者,备他盗之出入于非常也。日夜望将军至,岂敢反乎!愿伯具言臣之不敢倍德也。"刘邦在表达什么,那就是明白告诉项羽,我是一个多么无辜且毫无野心的人,您看我入关之后,财物美色丝毫没有沾染,我封存了一切,只为等待将军您的到来。为何遣将守关,还不是因为处在这个乱世,我不得防着点。最后一句结语,"日夜望将军至,岂敢反乎",这话多肉麻啊,我日日夜夜盼望着将军您的到来,望眼欲穿,我怎么会反叛将军您呢?我对您只有无限的景仰,有如滔滔江水,绵延不绝。总结来看,刘邦面对项羽,至始至终做的一件事是什么,那就是摆出一个绝对的低姿态,无限地臣服于项羽脚下。

另外,我们判断一个人的言论,不要光看他说了什么,还要看他刻意没有说什么。那隐而未发的东西往往能透露另一部分真相。其实刘邦委屈吗?他当然委屈,且不管他是不是捡了个大便宜,他毕竟是那个先入关者,约定便是约定,项羽不能抵赖的,可是刘邦却只字未提,丝毫没有为自己辩解,为什么?因为刘邦知道,在巨大的实力差距面前,所谓道义是没有力量的,提了只会激怒项羽。

那么,来看问题的另一面,即在于刘邦这样一种绝对的低姿态,为何会对项羽有用呢?项羽到底是一个怎样的人?我们设想一下,如果把项羽换成曹操,刘邦的话还管用吗?欲加之罪何患无辞,彪悍的人生不需要解释。如果我认定了刘邦你是真正的敌人,那么鸿门宴上,任你花言巧语,任你说破了天,换成曹操会怎样,刀斧手藏于门帘之后,一声令下,刘邦立马被剁为肉泥。

是因为项羽为人不忍,有妇人之仁吗?刘邦一解释,心软了,下不去手了。可是我们能举出很多反证,说项羽有妇人之仁,那么那些被他在新安坑杀的二十万降卒能答应吗?二十万人,说杀就杀,这个人是有多残暴呀。当初怀王为何派他北上救赵,而不是直入咸阳,还不是因为项羽残暴的名声在外,怕他祸害百姓。

闫红在《鸿门宴上,项羽输在了哪一步》中写到,"很多年后,再看这句话(此沛公左司马曹无伤言之,不然,籍何以至此?),发现项羽不厚道还在其次,当他说出这句话,他和刘邦之间的格局已然改变,原本占足上风的他,已经落了下风……他被带入刘邦的语境,不由自主地想要扮演刘邦替他塑造的那个光明磊落,只是偶尔失察的角色,刘邦将他的境界抬上去了,他没法也舍不得下来",闫红的分析很犀利,在项羽主动向刘邦解释的时候,项羽就已经失去了心理优势,可是真如闫红所说,具体原因是项羽虚荣心作祟,沽名钓誉吗?这听上去好像很有道理。

我们且换个角度来思考,项羽此时没有杀刘邦,说明了什么,说明项羽此时杀刘邦的动机消失了。为何会消失呢?联系刘邦至始至终的绝对低姿态的有效性,那么答案已经明晰了,是刘邦的低姿态,是刘邦绝对的屈服。反过来,项羽会在什么情况下大开杀戒,而且不管不顾,压根不在乎所谓的伦理道德、虚荣面子呢?那就是当他的自由意志遭遇阻碍的时候。"顺我者昌,逆我者亡",对于项羽这样的人而言,一旦你臣服了我,那么所有的国仇家恨,可以瞬间烟消云散,可是一旦你敢忤逆我,那么你就准备好承受我滔天的怒火。归根结底,项羽是一个绝对自负,刚愎自用的人。我们可以在项羽的一生中一再地印证这一点。

当初章邯等人率领的秦军主力在巨鹿与项羽血战,结果被项羽击败,章邯选择投降。接着,他在项羽面前痛哭流涕,诉说自己当初被赵高等人冤枉排挤的委屈,项羽一听,立马心软了,不仅不杀他,反而封他为王,项羽性情之软简直让人大跌眼镜。但要注意的是,项羽是心软,可让他心软有一个前提,那就是对手的臣服,可能没有比昔日的对手臣服于他的膝下更让他受用的了。可项羽为何又杀了那二十万降卒?背后的原因很简单,也很荒谬,他听说二十万降卒在得知要带他们攻打家乡咸阳后,军心不稳,于是项羽就轻而易举地放弃了这二十万条生命,压根不去想是否可能还有其他的解决办法。对项羽而言,既然这些人成为了我前进的阻碍,那么杀了他们也就成了他顺理成章的选择。这就是项羽,看上去既仁慈又残暴。但是我们不能简单停留在这个结论,因为一个人不可能既残暴又不忍,人不是分裂的存在,我们只是需要一个更深层次的解释。残暴或不忍的背后,取决于他的自由意志是否畅通无阻。某种意义上,项羽的选择很接近于尼采所说的超人,藐视一切伦理现实规范,任凭自己的意志纵横驰骋,同时相信凭借强力意志可以实现一切。

　　由此,我们也就能更好地明了项羽为什么不杀刘邦,因为当一个他原本认定的对手,在他面前认怂了,屈服了,那么对项羽而言,他便已经失去了杀他的动机,放过他不是更能彰显自己的大度吗?就像他当初放过章邯等秦将一样。项羽是虚荣的,但这个虚荣的前提同样是基于对方的臣服。对于项羽这样自负的人而言,可能他打心底就没有瞧得起过这个混混出身的刘邦,只不过是因为曹无伤的告密和范增的推动,他才稍稍正视了刘邦。更何况在此时的项羽看来,刘邦是一个值得同情的、受了委屈的人。项羽的意志畅通无阻,且高高在上,那么刘邦所有的一切都可以被原谅了。

樊哙闯帐

　　我们看刘邦如何上演逃脱大戏。"范增数目项王,举所佩玉玦以示之者三",范增在宴会上干嘛?明目张胆地给项羽递眼色,可是项羽呢竟无任何反应,对范增的"秋波"丝毫无感,两人并不来电呀。君王为人不忍,但范增这样的政治老手是绝不会坐失良机的,他还留有后手。他紧急召见项庄,授意项庄舞剑,因击沛公于坐,杀之。随着项庄起舞,那寒冷的剑锋一次次地游走在刘邦的四周,此时所有人都感受到了空气中弥漫的浓浓的杀机。显然项羽默认了这一出剑舞,他只是在静观事情的变化。就在刘邦的小命随时可能因为任何一次偏离的剑锋而一命呜呼的时候,这时候,我们亲爱的项伯又一次登场了,又一次扮演了一个不自知的内奸角色,他显然并不想昨晚刚结的'亲家',一眨眼的工夫就没了。(当然,他跟项羽一样,有着项家相同的优良传统——"为人不忍")"项伯亦拔剑起舞,常以身翼蔽沛公","翼蔽"这个词用得真好,项伯像鸟张开翅膀一样遮蔽沛公,想象一下这个画面,会非常有意思,像极了老鹰抓小鸡对不对?"老母鸡"项伯在前边张开翅膀保护着"小鸡"沛公。于是,庄不得击。

　　"项庄舞剑意在沛公",事情很危急了,张良同样不会坐以待毙,他也留有后手,这个后手就是樊哙。于是张良至军门见樊哙。樊哙的表现怎样?"此迫矣!臣请入,与之同命。"事情危急,请允许我进入,我要与我家主公同生共死。樊哙本是屠狗辈出身,但生死关头,却如此奋不顾身,真是让人感动,这是真正的义士、壮士。所谓"仗义每多屠狗辈,负心多是读书人",大概说的便是樊哙此类人。樊哙带剑拥盾入军门,带着武器就气汹汹地闯了进去,"交戟之卫士欲止不内",怎么办?樊哙侧其盾以撞,"卫士扑地",我们可以想见樊哙的勇猛。进去后,披帷西向立,立马直面项王,接着嗔目视项王,瞪大了眼睛死盯着项羽,头发上指,像刺猬一样;目眦尽裂,眼眶睁着都要裂开了。整个人杀气腾腾。他真的准备要为主公拼命了。

面对一个携带武器,非法闯入营帐,且杀气腾腾的武士,如果换作是各位,你会怎么做?五个字,"拖出去,砍了。"居然胆敢闯我营帐,意欲何为?你是想谋害寡人吗?可项羽的反应却又是如此的戏剧化,项王按剑而跽,问明身份后,并没有让兵士把樊哙叉出去,反而忍不住地赞叹道,"壮士!赐之卮酒!"项羽潜在的心理反应是什么?一个小小的参乘,为了主公,竟然胆敢闯我营帐,与我四目交锋,这是一位真正的勇士,一位真正的豪杰之士。想他项羽,巨鹿一战,威名赫赫,天下莫能与之争锋,诸侯见他"无不膝行而前,莫敢仰视",如今他居然遇到了一位胆敢挑战,直视他的人,内心按捺不住地欣赏,所谓"英雄识英雄,政治家识政治家",大概如此。对于勇士,项羽要给他应有的礼遇,他不能掉份。于是,在宴会上,出现了如下名场面,此前的刀光剑影、剑拔弩张瞬间荡然无存,两位豪杰开始了相认的表演,项王曰:"壮士!赐之卮酒!"则与斗卮酒。哙拜谢,起,立而饮之。项王曰:"赐之彘肩!"则与一生彘肩。樊哙覆其盾于地,加彘肩上,拔剑切而啖之。项王曰:"壮士!能复饮乎?"壮士的标配是痛饮酒,狂吃肉,于是樊哙不在话下地,立饮斗酒,生吃彘肩,项羽则一再忘情地赞叹。直到樊哙终于说出了那番话,豪杰相识的表演才被迫中断。

樊哙曰:"臣死且不避,卮酒安足辞!夫秦王有虎狼之心,杀人如不能举,刑人如恐不胜,天下皆叛之。怀王与诸将约曰:'先破秦入咸阳者王之。'今沛公先破秦入咸阳,毫毛不敢有所近,封闭宫室,还军霸上,以待大王来。故遣将守关者,备他盗出入与非常也。劳苦而功高如此,未有封侯之赏,而听细说,欲诛有功之人。此亡秦之续耳,窃为大王不取也!"项王未有以应,曰:"坐!"

一番话说得项羽竟无言以对,半天只说出一个"坐"字。此番话的第一个疑点在于,樊哙作为一个粗鄙之人,如何能说出这番精妙的言论。显然这背后有高人指点,而且它与刘邦说项伯的言论高度重合,应该是出自同一人的手笔,那么这个人最大可能就是刘邦鸿门请罪背后最重要的谋划者——张良。鲍鹏山先生关于张良,写过一篇非常精彩的文章，叫《绵软的剃刀》，有兴趣可参读。

此番话的第二个疑点在于，樊哙质问项羽："夫秦王有虎狼之心，杀人如不能举，刑人如恐不胜。"当初我们为什么要推翻秦朝，还不是因为秦君倒行逆施，不行仁义！所以天下都反叛他。而你项羽现在呢？我家主公"劳苦而功高如此，未有封侯之赏，而听细说，欲诛有功之人。此亡秦之续耳"，你这样做跟暴秦又有何区别呢？这番话说得大义凛然，可问题是，如此当面训斥项羽，你就不怕项羽暴跳如雷，大开杀戒吗？从结果来看，我们知道这一番义正言辞的质问直击项羽痛处，让项羽哑口无言。我们第一个反应，这是因为樊哙说得在理，樊哙以德服人，项羽心虚内疚了。

可问题在于，如果仅凭讲道理有用的话，这番话为何刘邦不说，张良不说，要安排樊哙来说？是因为樊哙不怕死，不怕触怒项王吗？恐怕这难以令人信服。樊哙在这里到底做了什么？打一个不恰当的比方，比如昔日的同学找你借钱，毕竟同桌了这么多年，借还是不借呢？你很为难，你既怕钱借出去后有去无还，也怕因为钱最终伤了兄弟感情，可是你又抹不开脸面无情拒绝，怎么办？这时候你老婆举着锅铲，怒气冲冲地闯了进来，对着你就是一顿臭骂，你个没用的，还坐着干吗？还不到隔壁借米去，你不知道家里已经穷得揭不开锅了吗？我们可以猜想，不用等你再开口，你那位兄弟立马知趣地走了。樊哙扮演的角色其实与那闯入的凶老婆有些类似，唱的是红黑脸中的扮黑脸一出，但又不尽相同。樊哙的言论对项羽的有效性还在于，第一，他是项羽心中的勇士。每个人在世上，都会有他所在意的眼睛。有些人，在意所有人看他的目光，任何人对他的非议都可能让他惶惶不安；有些人，只在意一双特定的眼睛，只要能得到他/她的认可，哪怕与全世界为敌，又有何惧；而有些人，只在意一类人的眼睛。显然，项羽有他最在意者，那就是英雄勇士的评价，因此樊哙的话会渗透进他心里。不然，此前樊哙闯帐英雄相认的场景岂不白发生了？第二，樊哙在某种意义上，不是当事人，是一个"客观"的第三者，他的声音代表了公道。"公道自在人心"，即便是他项羽也怕这个公道。

刘邦尿遁

鸿门宴上，刘邦最终是如何逃脱的呢？坐须臾，沛公起如厕，因招樊哙出。这就是历史上非常有名的刘邦"尿遁"。那么问题来了，刘邦跑了，项羽为何不追。沛公已出，项王使都尉陈平召沛公。可是刘邦久久没有出现。等到过了很久，张良留谢。项王曰："沛公安在？"良曰："闻大王有意督过之，脱身独去，已至军矣。"项王则受璧，置之坐上。

等到刘邦已经跑回自己的军营了,项羽依旧没有半点反应,内心波澜不惊。刘邦不辞而别,借如厕的机会公然逃跑了。按照常人的逻辑,我们会想,你刘邦内心没鬼,心不虚,你跑什么跑?你这一跑不正不打自招,证明了你有问题吗?而且你刘邦就不怕项羽顿时醒悟过来,派兵追杀你吗?那么刘邦为何敢跑,项羽为何不追?

我们设想下,当项羽得知刘邦尿遁后,他的心理反应大概会是怎样?刘邦这小子真怂,这是怕我怕成啥样了,堂堂一个将军居然以如厕为借口逃跑了,没出息。然后心里藐视地一笑,心满意足,不再深究。而刘邦,可谓艺高人胆大,他为何敢冒险这么做?那是因为他真正了解项羽,他就是要让项羽看出我是怕你的,我是懦弱的,我不但是懦弱的,我跟你们贵族不同,我还是个小无赖。项羽出身高贵,楚国名将之后,尿遁这种事情他肯定做不出来。

纵观整个鸿门宴,刘邦之所以能够死里逃生,创造奇迹,就是因为他始终将自己装扮成一个无比低微的角色,让自己低微到尘埃里去,这样衬托得项羽高高在上,那么项羽又怎么会将他放在眼里,当成自己真正的对手呢?要知道,一旦项羽意识到刘邦是自己真正的对手,他绝无可能让刘邦活着离开。事实上,楚汉相争五年,刘邦为何能够在项羽眼皮子底下一步步壮大,并最终夺得天下?一个非常关键的原因是,刘邦一直在给项羽传递这样的信息,我就是个小流氓,一个捣乱者,用各种不要脸的手段弄点地盘而已,你千万别把我当回事。项羽一直都不曾明白这个他眼中的小流氓从一开始就拥有巨大的野心,"大丈夫当如是",等到他幡然醒悟过来,发现跟他争夺天下者,就只剩刘邦的时候,一切为时已晚。早在鸿门宴上,项羽就已经败下阵来。性格决定命运,鸿门宴早已预示了最终的结局。

刘邦性格豁然大度,有着伟大的志向,为了实现这一目标,能屈能伸,且心性机敏,刚毅果敢,尽管身上有着摆脱不掉的流氓习气,比如慢而侮人,但是是真正成大事之人。而项羽,虽是盖世英雄,可是刚愎自用,唯我独尊,沽名钓誉,寡谋轻信,胸无城府,纯凭自己的自由意志行事,盲目信奉自己的绝对力量。纵然有巨鹿之战英雄史诗般的光辉战绩,又怎能不最终落败?

从美学的角度来说,刘邦和项羽,你更爱哪一个呢?刘邦是绝对的理性至上/现实至上主义者,为了达成目标,可以不择手段,哪怕小儿女都可以踢下被追杀的马车;项羽是绝对感性至上/浪漫至上主义者,他信奉的是英雄的美学,他自由率真,他不管不顾,他血脉偾张,狂飙突进,生命的激情在他身上体现得淋漓尽致。他生命中最壮美的时刻,是巨鹿之战,置之死地而后生,带着全军跟他一起"疯",他把所有人置入绝境,然后在绝境中激发/逼迫出生命中最纯粹最壮丽的能量。是的,他享受这样一种紧张刺激,他享受生命能量最无所顾忌的释放。我们再看到,项羽的死亡。很难想象项羽这样一位英雄最终会安然老死于床榻之上。是的,现实太平庸,容不下一个英雄的老死。项羽不会过江东的,过了江东,为了某个具体目标忍辱负重,那他就不是项羽了,他将成为那个他讨厌的,肯与现实妥协的刘邦。在他临要登船的时候,他生命中的英雄意识瞬间苏醒,于是他退了回来。死去,作为英雄永远活着。这是项羽的选择,他死得其所。于是,在中国历史上,终于出现了一位极致壮美的英雄形象。在此之前,我们没见过生命能量如此毫无顾忌的恣意张扬,项羽之后,终于有了,然后我们发现,它真的很美,很美! 以至于,沉沦、妥协、和解于现实的我们,有时候一想到项羽,心中隐隐会有些痛。

项羽在死之前,恣意地冲杀。"吾起兵至今八岁矣,身七十余战,所当者破,所击者服,未尝败北,遂霸有天下。然今卒困于此,此天之亡我,非战之罪也。今日固决死,愿为诸君快战,必三胜之,为诸君溃围,斩将,刈旗,令诸君知天亡我,非战之罪也。"他要向将士们证明,"此天亡我,非战之罪",在项羽看来,英雄的死亡,只能来自于那无法抗拒的命运/天意,现实又怎能将他打败。在死之前,他泣下数行,慷慨悲歌:"力拔山兮气盖世,时不利兮骓不逝。骓不逝兮可奈何,虞兮虞兮奈若何!"英雄最后的悲剧性死亡,又怎能缺少美人的唱和与眼泪。传奇和壮美俱备,然后项羽坦然死去,天下再无西楚霸王。

文学即人学。史学亦人学。《鸿门宴》,不仅是一个有关刀光剑影,明枪暗箭的权谋故事,我们同样亦可以借此窥见两种截然不同的极致人格。我想,这大概是我们读史的另一重要意义。

㉑ 我们如何读《史记》
——评《廉颇蔺相如列传》

今天我们如何读史记,如何读历史呢?我想很重要的一个维度是,通过文字穿越千年去还原真实的历史现场,透过文字去感受那些伟大不朽的灵魂。

完璧归赵——论"多此一举"的必要性

"赵惠文王时,得楚和氏璧。秦昭王闻之,使人遗赵王书,愿以十五城请易璧。"秦王这不是傻么?用十五座城池来换一块玉璧。和氏璧,说它重要也重要,它有巨大的象征价值,象征着王者荣耀,象征着至高权力,所谓"得和氏璧者得天下",一如金庸武侠世界中倚天剑、屠龙刀的存在;说它不重要当然也不重要,它终究不过是一块玉璧。显然这其中有诈。那么诈在何处?秦国公然毁约,拿到和氏璧,却不给城池,这未免太小儿科了,堂堂大国颜面何在?解决这个问题的关键在于,我们不妨去思考,为何秦国偏偏以十五城易璧,而不是十五万石粮食,或者其他东西易璧。第一,秦国以十五城易璧,诚意满满,赵国不能轻易拒绝。第二,以十五城易璧,不是简单地以物易物,一手交钱,一手交货,银货两讫,再无纠葛。十五座城池的移交是一项复杂的工程,涉及到十五座城池的百姓、边防、官吏,这里边有很大的操作空间,秦国完全可以口头上答应给你,可你就是拿不走。(关于以城易璧的欺诈性,见李煜晖《驳王世贞〈完璧归赵论〉》。)

赵王与大将军廉颇诸大臣谋:欲予秦,秦城恐不可得,徒见欺;欲勿予,即患秦兵之来。想答应,怕白白地被欺骗,不光丢了和氏璧,而且面子上挂不住,影响不好。老百姓会怎么看,这不明摆着任人宰割,任人欺辱吗?想拒绝,却怕给秦国以出兵的借口。为什么?难道不能拒绝吗?李煜晖老师分析得很好,"就好比你要买东西,人家不卖,这是人家的权力嘛,不存在谁是谁非。如果抛开政治因素,孤立地看待交易本身,买卖双方要你情我愿,这种观点是有道理的。但是从实际情况来看,搞政治讲的是实力,不是道理,或者说实力就是道理。秦强而赵弱,交易双方地位不对等,就决定了对双方的要求不同:对赵国来讲,直接拒绝强国的合理请求——以十五城易璧的交易条件本身并不低——就等于触怒秦国;对于秦国来讲,欲加之罪,何患无辞,一旦赵国生硬拒绝,立刻就有了出兵的借口。"这里必须进一步厘清的是,赵国之所以不能生硬拒绝,是因为,第一,在形势上,或在实力上,秦国占有巨大的优势,赵国不能轻易得罪秦国,倘若与大国撕破脸面,日后又如何相处;第二,在道义上,秦国以十五城易璧,诚意满满,非强取豪夺,你更没理由拒绝。此时秦国在实力和道义上均占据优势。赵国答应或不答应,这都是一个问题。赵王进退两难,陷入纠结之中。"计未定,求人可使报秦者,未得。"想找人出使回复秦国,却无人愿往。很简单,因为谁也不背这口锅,丢了和氏璧,没法向赵王交代,若不给,秦王可能当即就把他办了。真没有其他办法了吗?

南京大学文学院徐江教授为此指出了第三条路,为什么一定要在许与不许之间做出选择? 我们难道不可以跳出既定的选项,跳出原有的思维框架,创造第三条路吗? 比如,我们是否可以说服秦王放弃交易? 以城易璧不是弃民如草芥吗? 不是让百姓心寒吗? 徐江教授为此特意在《〈廉颇蔺相如列传〉解读——教学生认识蔺相如是冒险主义者》中准备一段说辞,"璧乃一物件尔,而十五城则非十五城,乃十五城民之居所也。以十五城易璧,则陷大王重物轻民之不义也。秦,强国也,珍宝尽有之,岂能为一璧之故而弃十五城之民于不顾也? 且臣素知大王诚信也,得璧而不予城,因一璧而见笑于天下必不为也。故为大王计,当罢以城易璧之议也。"秦王若还不答应,那么我们可以改变交易筹码,既然以城易璧有风险,有操作的空间,那么我们完全可以提出以物易物,如以十五万石粮食易璧,既拿出诚意,降低交易条件,又规避可能的风险。"大王诚爱璧,赵国缺谷,赵王恤民之饥也,愿以璧易谷。大王可予赵谷十五万石,秦之民无怨,赵之民有食,双利也。若大王愿以谷易璧,臣愿质于秦,且秦强赵弱,岂敢逆大王之欢也。谷至赵,赵必奉璧。唯大王于群臣孰计议之。"话已至此,秦王恐怕不好意思拒绝了吧。

这样做最大好处就是,赵国使者根本不必奉璧入秦,秦国既以空言求璧,那么我们即可以空言罢此议,"假如蔺相如空手单车西入秦,那么就不存在'完璧'归赵与不归赵的风险,不但可以避免秦国以城诈璧,而且也避免了原事实中两次伤害秦王尊严的问题。"[1]可是我们进一步想想以城易璧最根本的问题是什么? 真的有第三条路吗? 假使赵国使者不带和氏璧,他能见到秦王吗? 见不到,一切又从何说起。退一步,即便真见

---

[1]　徐江《培养学生珍贵的另类辨别力——〈廉颇蔺相如列传〉反思性教学实录》,《语文建设》,2013 - 08 - 01.

了秦王,秦王会听他的话吗?实力即硬道理,秦国强大秦王就任性,秦王说:"我秦国以十五城易璧,诚意十足,天下人所共知,你赵国要是看得起我秦国,咱们即按此来交易,其他的,不必多说。"几句话便可以打发了赵国。时势造英雄,蔺相如能够登上历史舞台,显然有其过人之处。他必须在许与不许之间,硬生生地闯出一条路来。

缪贤的举荐,首先让我们感受到蔺相如作为一个杰出政治家的核心素养。

宦者令缪贤曰:"臣舍人蔺相如可使。"王问:"何以知之?"对曰:"臣尝有罪,窃计欲亡走燕,臣舍人相如止臣,曰:'君何以知燕王?'臣语曰:'臣尝从大王与燕王会境上,燕王私握臣手,曰:"愿结友。"以此知之,故欲往。'相如谓臣曰:'夫赵强而燕弱,而君幸于赵王,故燕王欲结于君。今君乃亡赵走燕,燕畏赵,其势必不敢留君,而束君归赵矣。君不如肉袒伏斧质请罪,则幸得脱矣。'臣从其计,大王亦幸赦臣。臣窃以为其人勇士,有智谋,宜可使。"

作为政治家,首先得学会透过现象看本质。政治的本质是什么,是利益,政治交往的背后永远是利益的考量,你以为燕王当初真的看重的是你这个人吗?你也太天真了,不,他看重的是你当时的权势,你是赵王身边的红人,等到你得罪了赵王,燕王此时怎么可能还会收留你?恐怕不仅不会收留你,反而会亲自把你五花大绑送回赵国。政治上没有永恒的朋友,也没有永恒的敌人,永恒的是利益。时移世易,你得看得懂形势。同时,蔺相如的厉害还在何处呢,那就是一针见血,直抵问题核心的能力,你得看出解决问题的关键在哪儿。你得罪了赵王,逃跑是出路吗?天下虽大,可你又能逃到哪去呢?解铃还须系铃人,你必须直面问题本质,设法求得主君的宽宥。

蔺相如奉璧西入秦之前,与赵王的会面,其实不经意间点出了此次能否完成使命的关键所在。赵王开门见山,问蔺相如曰:"秦王以十五城请易寡人之璧,可予不?"我们看蔺相如的回答,"秦强而赵弱,不可不许"。秦强而赵弱,这是当下最大的形势,人不可逆形势而动。秦王既然已经迈出了第一步,那么"许之",答应秦王,同样迈出一步,是我们赵国的必然选择。看得清楚形势,这是一个优秀政治家的基本素养。接着,赵王继续发问:"取吾璧,不予我城,奈何?"相如曰:"秦以城求璧而赵不许,曲在赵。赵予璧而秦不予赵城,曲在秦。均之二策,宁许以负秦曲(曲,是道义上的考虑)。"蔺相如并没有直接回答怎么办,但是却点出了此番出使能否成功的关键所在,那就是一个"曲"字,必须让/是秦王理亏,赵国才能全身而退,实力咱既然比不了,那就必须在道义上取胜。相如最后说:"城入赵而璧留秦;城不入,臣请完璧归赵。"璧(或城)在,人在,璧(以及城)亡,人亡。这是蔺相如立下的军令状,也是他此番前往所做的心理准备,既然答应接下这差事,生死便早已置之度外。理解了这一层,读这一段,虽没有"风萧萧兮易水寒"的悲凉悲壮,可还是能感受到那种壮士慷慨赴国危的豪情。

蔺相如第一次与秦王正面交锋。当他看出秦王无意偿赵城后,利用秦王的好奇心,以一个完美的理由,"璧有瑕,请指示王"拿回和氏璧,又吃准秦王投鼠忌器的心理,以撞碎和氏璧相威胁,迫使秦王放弃强夺。蔺相如面对强权,正面硬刚秦王,真可谓威武不能屈,这些都显出蔺相如过人的勇气与谋略。相关论者皆已有精彩分析,这里不再赘述,关键的论争在于,蔺相如暗度陈仓,将和氏璧偷偷送回赵国,此举真的合适吗?我们从这里开始分析。

秦王按照蔺相如的要求,沐浴更衣,斋戒五日,安排外交上隆重的九傧之礼来接见,可是蔺相如却单方面毁约,将和氏璧偷偷送回赵国,空手来见秦王,还说什么:"臣恐见欺于王而负赵,故令人持璧归,间至赵矣……臣知欺大王之罪当诛,臣请就汤镬。"和氏璧我已送回赵国,您就甭打它的主意了,我知道我欺骗了您,要杀要剐悉听尊便,这不是摆明了要无赖吗?这不是公然在朝堂上调戏秦王吗?"秦王与群臣相视而嘻。"整个朝廷一片哗然,面面相觑,这蔺相如是疯了吗?"左右或欲引相如去",有几个侍臣反应过来,要将蔺相如拉出去砍了或烹了。蔺相如失信于秦王,此举未免太过莽撞,太过凶险。王世贞在《蔺相如完璧归赵论》中分析说,"令秦王怒而戮相如于市,武安君十万众压邯郸,而责璧与信,一胜而相如族,再胜而璧终入秦矣。"说得很有道理,蔺相如这一莽夫之举岂不是差点彻底地坑了赵国?可奇怪的是,秦王并没有勃然大怒,反而很克制,"卒廷见相如,毕礼而归之。"不仅宽恕了蔺相如,而且客客气气地送走了他。"今杀相如,终不能得璧也,而绝秦赵之欢,不如因而厚遇之,使归赵,赵王岂以一璧之故欺秦邪!"历史难道没有可能向另一个方向发展吗?余党绪老师分析说,这是因为,此时的秦昭王在位已23年,已经是一个成熟理智的君王,对于一个成熟理智的君王而言,重要的是权衡利弊,考虑大局,而不是任性使气。"是时秦意未欲与赵绝耳"(王世贞),秦国并没有做好与赵国开战的准备,和氏璧既已得不到,不如做个顺水人情。这话道出了蔺相如能够完璧归赵,全身而退的一个重要原因。但,不是全部。

我们进一步想想,难道仅仅因为形势不允许开战,秦国在占理的情况下,就会这么轻易善罢甘休?难道因为蔺相如看透了秦王的底牌,吃准了秦王的心理,就可以如此任性妄为,可以随意触怒秦王吗?换一个问题,"完璧归赵"和直接拒绝秦王,两种选择,从结果来看,都是一样的,和氏璧并没有给秦王,那为什么要多此一举,既奉和氏璧前往,又偷偷送回赵国,"复挑其怒"呢?两种选择的真正区别是什么?可以肯定的是,秦王如若占理,一定会让蔺相如吃不了兜着走。秦王之所以没有这样做,那是因为他真的没理由这么做。先前秦王提出以城易璧,气势汹汹,因为无论在实力还是在道义上,秦王都占据优势,可是在蔺相如来到秦廷,面见秦王之后,一切都改变了,秦王的心理优势已经坍塌。

第一次蔺相如和秦王正面交锋,秦王得到和氏璧后,闭口不提以城易璧之事,"传之以示美人及左右",态度极为轻浮。蔺相如用计取回和氏璧,当庭怒斥秦王无礼,"大王欲得璧,使人发书至赵王,赵王悉召群臣议,皆曰'秦贪,负其强,以空言求璧,偿城恐不可得'。议不欲予秦璧。臣以为布衣之交尚不相欺,况大国乎!且以一璧之故逆强秦之欢,不可。于是赵王乃斋戒五日,使臣奉璧,拜送书于庭。何者?严大国之威以修敬也。"所有人都不相信您秦王,都知道您不过是"负其强,以空言求璧"而已,这一层窗户纸我就给您捅破了吧。可是纵然如此,我蔺相如仍然傻傻地选择信任您,我想布衣之交尚且不相欺骗,何况是大国之间呢?我们赵国敬重您、爱戴您,不想因为一块玉璧而让秦国不高兴,所以恭恭敬敬地把和氏璧送了过来。可是你秦国却自己这么失了身份,不尊重自己,"今臣至,大王见臣列观,礼节甚倨;得璧,传之美人,以戏弄臣。"真是让我们赵国大大地错看了你。"臣观大王无意偿赵王城邑,故臣复取璧。大王必欲急臣,臣头今与璧俱碎于柱矣!"你这是逼我蔺相如铤而走险呀!话说得相当漂亮。此番慷慨陈词(道义上的轰炸),其意义不仅在于暂时保住了和氏璧,而且彻底指斥了秦王的失礼。秦王突然发现,赵王的使者竟如此强硬,没那么好欺负,这让他措手不及。而他秦王在此形势下,只能选择乖乖地妥协。"秦王恐其破璧,乃辞谢固请,召有司案图,指从此以往十五都予赵。"秦王的心理优势坍塌了一半。这也为后来蔺相如送回和氏璧,第二次面见秦王做好了铺垫。

蔺相如第二次面见秦王,他已自知欺骗了秦王,为什么蔺相如还能如此理直气壮地自陈。那是因为他有更大的道义在。你秦国强大,迈出了第一步,我赵国弱小,不能拒绝,我同样迈出一步,奉璧来到你秦国准备交易,可是在第一次见面时,我突然发现你秦国并没有诚意,不过是想强取豪夺,而且"秦自缪公以来二十馀君,未尝有坚明约束者也",你秦国不守信用是有前科的,那么我作为弱国为了保护自己,后退一步,将和氏璧撤回,如果你秦王真的有诚意的话,那么你作为强国应该首先将城池奉上,主动踏出一步,那时我们赵国立马奉璧前来,天下人都知道我们赵国是不敢欺骗您的。"且秦强而赵弱,大王遣一介之使至赵,赵立奉璧来。今以秦之强而先割十五都予赵,赵岂敢留璧而得罪于大王乎?"简单来说,我蔺相如的选择实在情非得已,"臣诚恐见欺于王而负赵",迫不得已才出此下策,我相信您必能谅解,尽管我们后退一步,可是我们并没有破坏交易的可能性,若想交易成行,接下来,该您秦王主动了。"唯大王与群臣孰计议之。"关于秦王是否会再次主动,想必大家已然能猜到结局。

秦王有没有可能装无辜,摆出一副很受伤的样子,斥责蔺相如失信在先呢?我秦王明明诚意十足呀,你要求的我都做了。有这种可能,只是这种可能太有损秦王的形象了,于秦王本人而言,也太没意思了。你自己本来就心虚,天下所有人都知道你不过是想空言求璧,在蔺相如当场揭穿之后,难道你还能继续装下去,揣着明白装糊涂吗?你秦王的脸面要还是不要?秦王确实是诚意十足地准备来白白地接受蔺相如的献礼,可惜扑了个空,秦王感到恼羞吗?必然的,而且被蔺相如当场再戳穿一次,要是再贼喊捉贼,那就真是恼羞成怒,被天下人所笑话了。秦王很大度地放了蔺相如。在这种情势下,没有恼羞成怒、情绪失控,反而客客气气地送走了蔺相如,秦王表现出了一个优秀政治家的成熟与理性。"今杀相如,终不能得璧也,而绝秦赵之欢,不如因而厚遇之,使归赵,赵王岂以一璧之故欺秦邪!"至此,蔺相如完成使命,"完璧归赵"。

渑池之会——小题大做的外交意义

"秦王使使者告赵王,欲与王为好,会于西河外渑池。"秦王无时不刻不在惦记赵国这块肥肉。没过几年,秦王又再次给赵王出难题——在渑池摆下鸿门宴,你赵王到底是来还是不来?不来,赵王也未免太胆怯了,秦王势必小瞧了你,这也可能给秦国可乘之机,可真若赴约,"人为刀俎,我为鱼肉",赵王岂不是自投罗网吗?事实上,秦国的君王在约会上是有案底的,早在很久以前就用过类似的伎俩。

时秦昭王与楚婚,欲与怀王会。怀王欲行,屈平曰:"秦,虎狼之国,不可信,不如毋行。"怀王稚子子兰劝王行:"奈何绝秦欢!"怀王卒行。入武关,秦伏兵绝其后,因留怀王,以求割地。怀王怒,不听。亡走赵,赵不内。复之秦,竟死于秦而归葬。

——司马迁《屈原列传》

可是赵王为了一个国家的尊严不得不去。看来,王不是那么好当的。临走之前,后事已安排妥当,"王行,度道里会遇之礼毕,还,不过三十日。三十日不还,则请立太子为王,以绝秦望。"廉颇是真正的国之重臣。这样一番言论早已犯了君王最大的忌讳,为什么? 你想干吗? 我还没死呢,你就想着巴结储君,我要是真回不来,你是不是特别高兴? 可廉颇还是照直说了。在他心中,国家大于一切。从另一个角度看,我们同样发现赵王是真的信任这样一个老臣,知道他绝对是为国家社稷着想,而不是出于个人私心,君臣同心。

滗池之会。秦王请赵王鼓瑟,赵王毫无心机地从了。秦御史于是记载,"某年月日,秦王与赵王会饮,令赵王鼓瑟。"光明正大地把"请"改成了"令"。这可不是偷偷摸摸地记载,而是特意走向前,边记载边向世人宣告。一字之易,君臣名分也就定下了。眼看赵王要吃哑巴亏。蔺相如说:"赵王窃闻秦王善为秦声,请奏盆缻秦王,以相娱乐。"蔺相如反唇相讥,以其人之道还治彼身,要为自己的大王找回面子。"秦王怒,不许。"你蔺相如算何许人也? 相如步步相逼,向前进缻,跪请秦王,秦王还是不肯击缻。秦王要是击缻了,面子往哪搁呀? 事情闹大了,相如曰:"五步之内,相如请得以颈血溅大王矣!"相如最后这是要以死相逼,那具体是不惜牺牲自己以命相搏威胁刺杀秦王呢,还是说要自尽于大王面前? 这里的理解很关键。

清朝有一位叫武亿的学者一本正经地分析了蔺相如此举的可行性。他认为,如果秦王不为所动,抵死不从,难道相如真的要血溅秦王吗? 这场戏如何收场? 蔺相如若铤而走险,场面势必一发不可收拾,后果不堪设想。

夫秦之与会,左右环而相向,当伺相如发,自必以防变防之,则相如虽起,焉能不出意而图之。图之未就,左右必群加兵于赵王之颈,而相如又安能左右支屈,以其身蔽赵王也哉?

——武亿《蔺相如滗池之会》

武亿认为,结论显而易见,相如若以命相搏,几无可能成功,反倒会坑死赵王,引起两国全面开战。说到这,蔺相如说的以颈血溅大王,绝不是说要刺杀秦王,蔺相如为了赵国的面子也没理由这样做,在道义上说不通(因为一个"口角"上的纷争,蔺相如竟要刺杀对方,这未免也太说不过去了),而且这是根本不可能成功的,后果极其严重。如果蔺相如真是要以命相搏,那他就不过是一介莽夫,逞匹夫之勇,彻底陷赵国于不义之中。武亿在推说蔺相如为匹夫之勇时所引用的根据有一个根本性的错误。蔺相如说的意思很简单,我要用我脖颈上的血溅在大王您的身上。

蔺相如犯得着这样做吗? 动不动以死相逼? 是的,根本犯不着,根本没必要。那为什么还要这么做？简单来说，蔺相如在斗狠。这在民间自古有之。毕飞宇小说《推拿》中有这样一个情节：作为盲人的老大在外面靠做推拿维生，可家中老二却是一个败家子，终日赌博，欠下巨额债务，此时黑帮索债追上门来，懦弱无能的父母只能再次找老大来偿还。老大回家后，先是逼着父母将老二赶出家门，接着来到厨房，拿起一把菜刀，扯开自己的衣服，情绪激愤，眼看避免不了一场血斗，可刀口对准的不是黑老大，而是自己的胸口。老大说："你知道瞎子最爱什么吗？是钱。你见过在大街上乞讨的瞎子吗？可是我没有去乞讨。因为我们瞎子也有一张脸，我们爱这张脸，我们要这张脸。我们得拿自己当人。"老大一边说，一边拿着刀，切割自己的胸口，整个场面鲜血淋漓。老大接着说："这钱，我不能给你了。可是欠下的债我必须还。我用这血来还，（此时，胸口的血在一点点地往下滴）这是我最后的资本了，你看够吗？够不够？"所有的人惊骇愕然，可黑老大还是没松口。老大做出了最后的举动，把刀架在自己的脖子上："我把自己的命给你，总可以了吧？"黑老大终于动容，骂了句："你个该死的瞎子。"然后走了，这笔债从此勾销。

穷困之人在无钱偿还的情况下，往往剩下的唯一偿还资本就是自己的身体和性命，要么残害自己的身体，要么豁出自己的性命，这是以最诚恳谦卑也是最凶狠的姿态来偿还债务，到了这一步，债方没理由再继续纠缠不放，再蛮横的债方也不会进一步以死相逼。这是最后的也是最直接的解决问题的方式。也就是说，蔺相如作为"穷困"之人拿出了他最后的资本——性命，来迫使秦王让步。我拿我的命，来换你秦王的一个低头。事实上，为了一个口头上的便宜，蔺相如真的犯不着。秦王心里也觉得完全没必要，他被架在那里，下不了台。可是蔺相如就这么以死相逼，秦王知道事情到了这个份上，纵然他心里有一万个不愿意，纵然他心里再苦，他也必须做出让步，难道秦王真的打算逼死一个愿为自己国家尊严付出性命的臣子？难道秦赵之间要因为这么件小事而彼此产生芥蒂，甚至全面开战吗？秦王作为一个精明的政治家，他知道完全犯不着。对的，也许蔺相如同样作为一个精明的政治家，吃准了秦王犯不着。蔺相如是一个玩命赌徒，是一个高明的政治赌徒，他赌赢了。但是，有一点是肯定的，那就是蔺相如真的做好了殉国的准备，在这种时刻，他，一个忠于国君、忠于赵国的人，想到的就是毅然决然地以死相逼。"左右欲刃相如，相如张目叱之，左右皆靡。"秦王身边的侍卫也为蔺相如的气势所压倒。"于是秦王不怿，为一击缶。"相如顾召赵御史书曰"某年月日，秦王为赵王击缶"。秦之群臣曰："请以赵十五城为秦王寿。"蔺相如亦曰："请以秦之咸阳为赵王寿。"

秦之群臣想替秦王找补回面子，还是被蔺相如硬怼了回去。秦王竟酒，终不能加胜于赵。赵亦盛设兵以待秦，秦不敢动。外交成功的背后必然是国家实力的支撑。

"太史公曰：知死必勇，非死者难也，处死者难。方蔺相如引璧睨柱，及叱秦王左右，势不过诛，然士或怯懦而不敢发。相如一奋其气，威信敌国，退而让颇，名重太山，其处智勇，可谓兼之矣！"

蔺相如的智与勇，想必大家自有判断。

22 一种朴素的师道信仰
——评《师说》

    韩愈的《师说》历来被认为是谈论师道尊严的经典之作，"师者，所以传道受业解惑也"，这句关于何者为师的经典定义，我们早已耳熟能详。如同众多经典在历经时代淘洗后所呈现的光泽属性，韩愈的《师说》读来公允深切，看上去完美，无懈可击。也正因为此，韩愈《师说》本身的激进和理想色彩也被这种看上去的完美公允所遮蔽、所取消了，而激进和理想色彩恰恰是此篇文章真正的魅力所在，韩愈的人格魅力所在。此种激进不仅仅来源于历史语境，哪怕放到今天，韩愈的《师说》依然闪耀着激进的锋芒。

    古之学者必有师。师者，所以传道受业解惑也。人非生而知之者，孰能无惑？惑而不从师，其为惑也，终不解矣。生乎吾前，其闻道也固先乎吾，吾从而师之；生乎吾后，其闻道也亦先乎吾，吾从而师之。吾师道也，夫庸知其年之先后生于吾乎？是故无贵无贱，无长无少，道之所存，师之所存也。

    韩愈第一段关于从师之道的议论，简明扼要，干脆利落，层次分明，完美地契合了议论文经典三段论，解决了何者为师，为何从师，如何从师这三个问题。文章到此，不失为精彩，古今关于从师之道的阐释，大概未有超过此的。

    何者为师。师者，传道受业解惑也。通俗地说，老师就是教我们怎么做人，给我们传授知识，给我们答疑解惑的。

    为何从师。因为从我们一出生来到这个世界上，学习就开始了，有学习就缺不了老师。

    如何从师。选择什么样的人当老师呢？韩愈说得非常好，"生乎吾前，其闻道也固先乎吾，吾从而师之；生乎吾后，其闻道也亦先乎吾，吾从而师之。吾师道也，夫庸知其年之先后生于吾乎？是故无贵无贱，无长无少，道之所存，师之所存也。"比我年纪大的，比我有钱的，比我地位高的，不一定就有资格当我的老师。比我年龄小的，比我社会地位低的，比我钱少的，未必不能当我的老师。选择老师只有一个标准、一个条件、一个资格：闻道。谁拥有道，谁就能成为我的老师。韩愈在这个基础上进一步说明："弟子不必不如师，师不必贤于弟子。闻道有先后，术业有专攻，如是而已"，这是非常重要的一个道理。老师不一定就比学生懂得多,学生也不一定比老师就知道的少,老师和学生的地位永远都是相对的。闻道有先后,术业有专攻,老师只不过是比学生早几天懂得了这些道理,老师只不过是在专业的领域里懂得多一点,在别的专业领域那就未必能当老师。知识面前人人平等,不以血统、地位、财富来论定一个人的高下,道理朴素也很深刻。

问题来了,韩愈讲的这些道理在我们现在看来都是常识啊,凭什么韩愈的《师说》讲这么普通而简单的道理,却能成为千古名篇?我们做第一个判断,韩愈《师说》的重要意义更多来自于其历史意义。韩愈并非空谈为师之道,而有着迫切的现实针对性。

嗟乎!师道之不传也久矣!欲人之无惑也难矣!古之圣人,其出人也远矣,犹且从师而问焉;今之众人,其下圣人也亦远矣,而耻学于师。是故圣益圣,愚益愚。圣人之所以为圣,愚人之所以为愚,其皆出于此乎?爱其子,择师而教之;于其身也,则耻师焉,惑矣。彼童子之师,授之书而习其句读者,非吾所谓传其道解其惑者也。句读之不知,惑之不解,或师焉,或不焉,小学而大遗,吾未见其明也。巫医乐师百工之人,不耻相师。士大夫之族,曰师曰弟子云者,则群聚而笑之。问之,则曰:"彼与彼年相若也,道相似也。位卑则足羞,官盛则近谀。"呜呼!师道之不复,可知矣。巫医乐师百工之人,君子不齿,今其智乃反不能及,其可怪也欤!

"嗟乎!师道之不传也久矣!"一上来,韩愈就无比痛心地感叹道,在我所生活的年代,人们不再从师学习好多年。通过古之圣人、今之众人的纵向对比,于其子择师、于其身耻师的自身对比,巫医乐师百工之人、士大夫之族的横向对比,韩愈以触目惊心的事实告诉我们,他身处的时代多么荒谬,人们竟然不再从师学习,甚至以从师为耻。一个小问题,韩愈所批判的荒唐现象,于我们今天而言,真的完全过时了吗?比如圣人犹且从师而问,今之众人却耻学于师。我们发现一个社会往往越优秀的人,越是谦虚,越是知道从师学习的重要性。成绩越不好的人,越是自以为是。就像一个圆圈,圆圈内部代表你所知道的,代表已知的世界,圆圈外部代表未知的领域,那么当圆圈越大,你知道的越多,你与未知世界的接触也就越大,你越会发现自己的无知。反过来,圆圈越小,你所知道的越少,你反而会觉得自己很了不起,因为恰恰你与未知的触碰也更少。比如"爱其子,择师而教之;于其身也,则耻师焉",现在的我们不也如此吗?我们的父母,恨不得自己的孩子琴棋书画样样精通,还得加上足球、篮球、外语、机器人等等。可是父母自己呢?在成年之后,又多少人愿意继续从师学习?"巫医乐师百工之人,不耻相师。士大夫之族,曰师曰弟子云者,则群聚而笑之。问之,则曰:"彼与彼年相若也,道相似也。位卑则足羞,官盛则近谀。"巫医乐师百工之人,这些身处社会底层的人,为何会不耻相师?原因很简单,作为巫医乐师百工,如果不拜师学习,不努力精进技艺,就不可能改变自己的命运,就会彻底沉沦。可是对于士大夫而言,如果有谁说,谁是我的老师,我是谁的弟子,人们就会聚在一起笑话他们。我跟你年龄相仿,道德学问相似,你不觉得以地位低的人为师,你应该感到害臊吗?可是如果你以官位比你高的人为师,你这不是明显阿谀奉承,攀高枝吗?"呜呼!师道之不复可知矣。"韩愈发出了他的痛切呼吁,当一个社会以从师为耻,不愿意学习的时候,这是一个很可怕的社会。

事实上,韩愈说的不是危言耸听,韩愈同时代的人,他的好友柳宗元以及吕温都对此有过强烈的批判。

由魏晋氏以下,人益不事师。今之世不闻有师,有,辄哗笑之,以为狂人。独韩愈奋不顾流俗,犯笑侮,收召后学,做《师说》,因抗颜而为师。世果群怪聚骂,指目牵引,而增与为言辞。愈以是得狂名。

——柳宗元《答韦中立论师道书》

其先进者,亦以教授为鄙,公卿大夫,耻为人师,至使乡校之老人,呼以先生,则勃然动色。痛乎风俗之移人也如是!

——吕温《与族兄皋请学春秋书》

柳宗元这样描述当时以从师为耻的现象,如果有人公然好为人师,敢自称为先生,招收后学,人们往往会聚在一起,对他指指点点,议论纷纷:居然敢自称为老师,真是咄咄怪事!接着开始纷纷造谣诋毁。吕温的描述则补充了一个很有意思的细节,比如一所学校的老教师走在大街上,突然听见后面有人叫他先生,这时他肯定会勃然动怒,也许接下来,他会回过头骂道:"叫谁先生呢,你才先生呢,你全家都是先生。"这在我们今天,是完全不可以理解的。

但对于这篇文章而言,韩愈好像有一个致命的问题没有解释,他似乎遗忘了。那就是为什么在韩愈的时代,人们会以从师为耻?如果这个问题不解决,作为一篇针砭时弊的议论文,它的价值,它的批判锋芒将大打折扣。尊师重道,是我们这个民族的传统美德,为什么偏偏在韩愈的时代,人们不愿从师学习,甚至于以从师为耻?难道那个时代的人真的病了吗?

那么,韩愈真的把这个问题遗忘了吗?我们再细读文本,第二段,韩愈好像批判了三类人,展开了三个维度,纵向对比今之众人,自身对比其身耻师之人,横向对比士大夫之族,我们发现,其实韩愈自始至终聚焦的只有一类人,那就是士大夫之族。今之众人,显然不包括巫医乐师百工之人,显然不包括童子,它指向的是成年人,那么它只能是士大夫之族。至此,整个文章,出现了重要的一句话,"彼与彼年相若也,道相似也。位卑则足羞,官盛则近谀。"这是士大夫以相师为耻的理由。如何理解?是因为士大夫有着可怜的自尊心,做不到从容相师,他们对名声、虚荣的重视远胜过学习?如果以这样一个理由,轻易地把这个问题打发过去,那么,我们注定会错失理解韩愈《师说》的关键点。

士大夫相师为耻的理由,如果我们以平常心去审视,去思辨,你会发现这好像是人之常情。以地位低的人为师,大多数人都会感到羞耻,像信陵君那样的王公贵族能真正不顾自己的身份地位对看门人侯嬴礼敬有加的毕竟是极少数,不然也不会被司马迁如此盛赞,而以地位高于自己的人为师,则不免有阿谀奉承,攀高枝的嫌疑。我们不能简单地说这是因为士大夫们特别在意他们那点可怜的自尊心。因为师,毕竟是一种社会身份,一种伦理关系,无论是高级官员以低级官员为师,还是低级官员拜高级官员为师,都不得不顾及社会影响。哪怕在民间,从师也不是临时性、流动性的道之所存、师之所存,而是一种固定的社会伦理关系。拜师在古代是一件极为重要的事情,需要举行隆重的仪式,如行束脩之礼,跪拜业师,而一旦师生关系成立,那么师父对弟子有特定的义务,而弟子对师父同样需要终生执弟子之礼。"一日为师,终身为父"说的就是这个意思(就像我爷爷当年收的徒弟,每年过年时节,都会亲自来拜访我爷爷,一辈子坚守,不曾改变)。放在历史语境下思考,如果你正好生活在韩愈的时代,如果你正好是士大夫,可能你也有如此的文化心态。我们不能简单地说它是畸形的,它代表着当时的一种主流心态。

那么问题出在哪儿?理解这个问题的关键其实在于,我们需要追问在后来的宋朝或明朝,士大夫从师会有这种心态吗?如果没有的话,为何他们不介意?区别在哪里?无论是宋朝还是明朝,都是文官制度最为兴盛的朝代,也是儒学思想影响最为深远的时代,儒学是官方的意识形态。官员们都有着一个共同的身份,那就是文人,是儒家的门徒。通过科举制度的层层选拔,他们都成了深谙儒学/文学的精英人物,在学问上有很深的造诣。高级官员几乎都是高级知识分子,高级官员本身便能够成为众人的老师。学问低的人首先就通不过科举考试。最典型的例子是欧阳修,欧阳修既是文坛宗师,同样也是文官集团的领袖。他的出现代表着文学/儒学和文官制度最深层次的融合。而制度本身也倾向于将官员身份与师生关系结合起来。比如说，你们是同一年科举及第，那么你们彼此之间称为同年（类似于今天的同学），同年是新的身份认同，约定俗成，以后你们彼此在官场上应相互照应、相互提携，而那一年主持科举的主考官，就是你们共同的老师，你们也就共同成为主考官的门生；而能够成为主考官的，当然既是高级官员，也同样是高级知识分子。很多高官，因为主持过科考，门生遍布天下。更进一步说，考生如果通过皇帝主持的殿试，成为进士，那么这一批进士就共同成为天子的门生。天子是所有这些人的老师。这也许是一种特殊的文官人才培养机制，这种师生关系的象征意义/政治意义远大于它的实际内容。

也就是说，在后世，政统和道统/文统之间，是并行不悖的关系，政统和道统/文统有效地结合在一起。但在韩愈生活的中唐时期，佛道思想盛行，儒家既不是主流思想，也不是所有官员共同的文化身份认同，因此政统和道统/文统之间是分离的，官员地位高并不意味着儒学/文学造诣高。就当时的文官系统而言，儒学/文学不是进入官僚系统的最重要的途径，最重要的反而是身份门第。在唐代，魏晋以来的门阀制度仍有沿袭。贵族子弟都入弘文馆、崇文馆和国子学。他们无论学业如何，凭高贵的门第都可以做官。当这些高门望族的子弟无论学业如何都不会影响他们的前途时，他们又怎么会重视从师学习呢？他们自己不仅不学习、不拜师，而且他们还要嘲笑这些贫寒子弟学习和拜师。重视身份门第的官僚系统，自然也不愿意在门第之外再重建另外一种来自师生的权威关系，因此，"位卑则足羞，官盛则近谀"，就成为一种很现实的心态。

而天真且急切的韩愈，为了摆脱或摒弃在师生关系上所附加的社会（官僚）身份带来的伤害，为了恢复师道，提出了一个看上去很朴素但其实很激进的观念，"无贵无贱，无长无少，道之所存，师之所存。"韩愈企图将师生关系拉回到最朴素的状态，道之所在，即师之所在，哪里要管什么身份的高低贵贱，年龄的长幼之别。谁拥有道，谁就能成为老师。在质朴单纯的求学阶段，这是可以做到的。能者为师，"转益多师是汝师"。可是在拥有官僚身份的士大夫阶层，这就未免有些强人所难。在宋朝或明朝，这不成其为问题，高级官员在文化身份上真的能够成为你的老师。

韩愈在此基础上进一步推论，"是故弟子不必不如师，师不必贤于弟子，闻道有先后，术业有专攻，如是而已。"他将传统的师生关系也彻底解构了，师生关系不再是固定的，而是流动的，谁先拥有道，谁就是老师。他打破了传统的"师道尊严"观念。韩愈对师生关系的重新界定，既大胆，又非常理想化。哪怕孔子所在的学术自由、百家争鸣的时代,也做不到完全如此。但在韩愈乌托邦的设想中,我们可以看到韩愈对于道、对于"真理"的孜孜以求,西语云"吾爱吾师,吾爱真理",真理大于身份的师,在韩愈这里体现得尤为真切。

韩愈为什么会如此激进地推崇师道,提倡学习?因为出生寒门的韩愈清醒地认识到,在唐朝仕进艰难,作为寒门子弟,如果你再不从师学习,努力通过科举考试,那么你根本不可能改变自己的命运,成为国家栋梁。当时的韩愈,作为国子监四门博士,负责的恰恰是低级官员子弟和寒门子弟的学业,他深切地体会到耻于相师的官场氛围对学风的伤害,对年轻人的毒害是有多么大。因此有着强烈道义心的韩愈,不顾流俗,犯笑侮,收召后学,做《师说》,因抗颜而为师。哪怕被世人视为狂人,若有益于世道人心,又有何惧?

韩愈提倡师道,本质上是要尊重知识(儒学)、尊重人才。在唐朝的时候高门望族的势力依然很大,他们不从师、不学习,却垄断了大部分的仕进之道。因此,《师说》是韩愈呼吁勇于为师、敢于为师的一个号角,是呼吁尊重知识、尊重人才的一个号角,也是呼吁要改革政治体制、改革人才选拔制度的一个号角。康震在《百家讲坛:康震评说唐宋八大家》中曾写道:"我们现在读《师说》不仅仅从里面能够感受到师道尊严、作为一个老师的光荣,更重要的是感受到在一千多年以前,韩愈对人才、对知识、对教师这个职业的独特理解。可是你要知道,韩愈写这篇文章的时候也才不过三十五岁啊,在写《师说》的时候。这个时候,这篇文章就已经体现出了韩愈作为一个思想家的那样一种深邃和远大的眼光。"

关于韩愈写作《师说》的缘由,还有一个他本人的因素。韩愈从青年时代起,就以一个传道的古文家自居,他所倡导的古文运动,逐渐走出了少数爱好者的范围,形成了一个广泛性的运动,他也自然而然地成为了这个运动的年轻领袖。这时候,很多青年热情洋溢地给韩愈写信,表达他们对韩愈的钦慕,请教他如何学习古文,而韩愈也同样非常热情地给予指导,这样长此以往,一切向韩愈投书请益的青年便自然地被视为韩门弟子。这在魏晋以后是从来没有过的现象。无论是韩愈本人,还是那些青年自然而然地都被视为另类、狂人。

因此,韩愈写《师说》其实也是在为自己辩护,是对加在自己和跟随他的青年身上的污言秽语做一个公开的反击。

23 用实体画出来的赋文
——评《阿房宫赋》

《阿房宫赋》作为赋体文的名篇,关于其艺术成就论者多矣。

赋体文讲究文采韵律,字句整齐,声调和谐,"铺采摛文、体物写志",描写事物浓墨重彩,极尽铺陈夸张之能事,往往于结尾处发些议论,以寄讽喻之意。

《阿房宫赋》自是可以纳入到这一概述中。但杜牧的特殊在于,他的赋体文写作体现了一种具象化的书写历史的方式。我们重点读几个句子。

六王毕,四海一;蜀山兀,阿房出。

一兀,一出。有一种"眼看着楼塌了,眼看着起高楼"的既视感,不仅是一因一果,同时还有一种共时性。这便是语言的诡计,它将浩大、艰辛的建造过程抽取具象为共时性的一山之兀与一阿房之出,让人误以为阿房宫的建造是如此之轻盈迅捷。

值得追问的是,为何要把"蜀山兀,阿房出"置于"六王毕,四海一"的背景中?阿房宫的出世降临,以秦扫六国为背景,这是历史事实,关键在于,杜牧为何一定要追溯到这一历史背景?简单介绍一下是因为秦始皇想给自己打造一座独一无二的宫殿不可以吗?或者说,将一个微小事物的出现归置在一个宏阔的背景下,会取得怎样的效果呢?作者其实在告诉我们,阿房宫的出世,是如此的不同凡响,如此的威武雄壮,它不是一座在太平年代兴建的平淡无奇的宫殿,而是秦携扫荡天下之余威修建的一座与大秦帝国之不朽伟业相匹配的传奇宫殿。简单的一笔,阿房宫的出世就有了史诗般的效果。

反过来,将一个辉煌无比的事物的灭亡归置在一个微小事情出现的背景中,又会带给我们怎样的感受?比如"戍卒叫,函谷举;楚人一炬,可怜焦土。"将函谷关被攻占这一象征着秦帝国覆灭的宏大事件,归在一个小小戍卒怒吼的背景下,杜牧想表达什么?不可一世的秦帝国,是如此的不堪一击,一个小小戍卒的怒吼便可以让它顷刻间轰然倒塌。秦帝国的陨落是多么迅速啊!更进一步,杜牧想表达的是,戍卒能够推翻庞大的帝国,蝼蚁能够掀翻大象,原因只有一个,秦帝国是有多么的不得人心。它早已脆弱不堪,所谓"天下之人,不敢言而敢怒",天下人的怒火蓄积着,只待一个契机,所有积压的怒火便瞬间喷薄而出,将秦帝国烧个灰飞烟灭。

长桥卧波,未云何龙;复道行空,不霁何虹。

杜牧说,你看,长桥卧在水面上,没有云,怎么就出现了龙?复道架在空中,没有雨过天晴,怎么就出现了彩虹呢?杜牧想表达的意思不过是,长桥如龙,复道如虹,那么杜牧为何把它延展成"长桥卧波,未云何龙;复道行空,不霁何虹"?是为了凑字数赚稿费吗?大家想想,如果杜牧住在阿房宫,长桥复道景象为他日日所见,他会有这种感觉吗?不会的。杜牧所要传递的恰恰是一种初见乍逢的惊奇感、惊喜感。我们说,文学往往追求一种陌生化的效果,它要尝试用语言刷新我们对世界的感知。长桥如龙,这个比喻其实很俗套,可是在杜牧的笔下,"长桥卧波,未云何龙",却多了一种惊奇的感觉。就像窗外的泡桐树,这样的景象为大家日日所见,那么你能用你的笔触传递一种新鲜的感觉吗?

歌台暖响,春光融融;舞殿冷袖,风雨凄凄。

杜牧说,当我行走在这座宫殿中,我听到了远远传来的美人的歌声,声音是那么温暖,好像让我置身在融融的春光之中,接着我又看到了翩翩起舞的舞女们,舞袖轻拂,好像带来了阵阵寒意,让我感觉一下子又置身于凄风冷雨中。杜牧在此运用了什么手法?换个问法,如果你是一个电影大师,你会如何把这句话具象出来?大家有没有看过《中华小当家》,影片是如何把一碗五块钱的蛋炒饭,拍出价值五万的极品蛋炒饭的效果来呢?味觉其实没法正面呈现,怎么办?那就借助场景画面好了,吃着这碗蛋炒饭,脑海中立马浮现出跟初恋在一起的画面,或者说仿佛即刻置身于夏威夷的沙滩中,感受海风的浪漫,这里借助的文学秘诀其实是相通的,那就是通感。

一日之内,一宫之间,而气候不齐。

同样的问题,如果你是一个电影大师,你如何处理这句话?一天之内,同一座宫殿,竟然气候不齐。文学的写作,需要作者非凡的想象力,文学的阅读,同样需要读者个性化的创造力。比如,我们可以这么处理,在画面中直接呈现不同宫殿不同的气候景象,春的明媚,夏的热烈,秋的绚烂,冬的冰清,依次出现,好像让人置身于仙境一样。可是我们想想,如果杜牧真的把"春的明媚,夏的热烈,秋的绚烂,冬的冰清"具象化出来,我们会有什么感觉,美则美矣,但是余味几无。所以有时候,好的文学语言,在于言与不言之间,言与不言之间恰恰是想象存在的空间,想象的才是最美的。

妃嫔媵嫱,王子皇孙,辞楼下殿,辇来于秦。

这里写妃嫔的来历,点出那些供秦始皇享乐的歌舞者,乃是六国的"妃嫔"。有意思的是,杜牧将这一历史事实抽取具象成一个历时性或进行时态的历史画面,妃子们辞楼下殿,辇来于秦,眼前仿佛真的有一群群亡国的妃子美人,告别自己的宫宇椒房,乘坐辇车,一路风尘仆仆,来到其新主人的秦国。这比单纯的历史事实陈述更摇荡人心。

明星荧荧,开妆镜也;绿云扰扰,梳晓鬟也;渭流涨腻,弃脂水也;烟斜雾横,焚椒兰也。

在我看来,这是全文最华美的笔墨,也是全文最绚丽的画面。这真正体现了杜牧非凡的才华,他天才的想象力和文学的具象化能力。它让我想起了宫崎骏先生的动画《千与千寻》中那座让我们仰望的,与山融为一体的梦幻城市。在某种意义上,这段文字对接了通常只有在动画中才可能拥有的纯粹美感和动感(动画画面的美正在于它净化了现实芜杂的纯粹之美,拥有超越现实的动态呈现)。这是杜牧对秦朝阿房宫艳丽奢靡生活的写照,但他的描绘本身却让阿房宫超越了现实的宫殿,成为一座只能存在于想象中的空中之城。

忽然间,天际群星闪耀;不是群星,而是美人开了妆镜!忽然间,空中绿云飘动,不是绿云,而是美人梳理头发!渭河暴涨,泛起红腻,原来是美人泼了脂水!烟雾乍起,散出浓香,原来是美人点燃椒兰。

这段文字首先是作者通过一连串"也"字带给我们的惊奇感,忽然间,天际群星闪耀,却不是天空破晓,仔细一瞧,这才意识到是美人们晨起开了妆镜,感官体验先于理性判断,传递的是无与伦比的震惊感;其次是作者带给我们的由仰视而来的观感,我们仿佛置身渭水河畔,仰望高插青霄的楼阁,看那蜂房似的窗户布满天际,一时间,所有美人在香烟缭绕中当窗晓妆,眼前的渭水竟因美人泼下的脂水而涨起红腻,这是怎样一幅宏大且颜色艳丽的画面,怎样一个让人目不暇接的盛况。在我看来,它是对于宫廷生活最香艳、最具美感的写照。这种奇特的描写或想象方式不是简单的"描写事物浓墨重彩,极尽铺陈夸张之能事"这句话所能概括的。

这种奇特的描写或想象方式让我们同时想到了杜牧的另外一首名作《过华清宫》:

长安回望绣成堆,山顶千门次第开。一骑红尘妃子笑,无人知是荔枝来。

在长安回头远望骊山,锦绣成堆,伴随山顶上华清宫千重门依次打开,一骑红尘滚滚而来。这个画面显然不现实,在我们的想象中只可能在动画片中实现,一骑红尘(一个"红"字,可以想象成这飞奔的一骑犹如一抹灵动的红)滚滚而来,山顶千门依次为之打开("千"和"次第",有一种上帝视角所看到的千门次第开的及时性),画面充满了令人惊艳的美感,这不是使用了夸张手法所能概括的,这种美感的秘诀同样在于犹如动画片中色彩的纯净艳丽以及超越现实的动态呈现。

秦爱纷奢,人亦念其家;奈何取之尽锱铢,用之如泥沙?使负栋之柱,多于南亩之农夫;架梁之椽,多于机上之工女;钉头磷磷,多于在庾之粟粒;瓦缝参差,多于周身之帛缕;直栏横槛,多于九土之城郭;管弦呕哑,多于市人之言语。

这个句子,我们首先感受到的是,由铺陈、排比、夸张而来的滔滔气势,"一句句喷薄而出,层层推进"。在内容层面上,作者把阿房宫里奢侈豪华的建筑与普通劳动者的生活做鲜明的对比,一边是统治阶级荒淫无度的享受,另一方面是普通老百姓的辛勤劳动和艰辛生活,两相对照,把统治阶级的荒淫与骄纵表现得格外令人发指。

这个句子分明让我们真实感受到了远超排比、夸张所带来的语言修辞的力量。杜牧想表达的意思不过是,无论老百姓如何辛勤付出,也比不上统治者们的无情挥霍。杜牧提供给我们一系列切身相关的实物,让我们清楚地具象地感知这其中的荒谬性,"使负栋之柱,多于南亩之农夫;架梁之椽,多于机上之工女",那无数多的负栋之柱、架梁之椽背后是无数多的农夫、工女。所谓切身之痛之怒大概就是这样。

唐诺在谈到果戈里小说的独特性时,这样写道:"果戈里对着我们的眼睛画出故事,可我们得到的并非一幅静态的图画,而是博尔赫斯所说的那样,是经验,确确实实的经验,像过街邂逅一名女士谈了一场恋爱那样如假包换的经验。这种全由实体构成的世界提供的不是幻觉,不是二维的拟真图画,你像是可以一整个人进入其中,一整个人带着身体、带着全部感官包括嗅觉、触觉进去,而不是理智、情感和想象而已。"果戈里哪怕讲述某些概念、情感、况味和氛围风景之时,依然用实体来表述,唐诺用"用实物画出来的小说"来评价果戈里的小说,同样,我们可以说,杜牧的《阿房宫赋》是"用实体画出来的赋文"。

最后我们关切到《阿房宫赋》的主旨。杜牧为什么要写这篇赋文?表面上看,杜牧谈论的是六国和秦相继灭亡的看法,"灭六国者,六国也,非秦也。族秦者,秦也,非天下也。"六国和秦相继灭亡的原因,不在于秦和天下人,而在于自身,在于不爱其民,"使六国各爱其人,则足以拒秦;使秦复爱六国之人,则递三世可至万世而为君,谁得而族灭也。"那么杜牧凭什么认为六国和秦不爱百姓,证据在哪?最大的罪证/物证便是前文一再渲染的阿房宫。阿房宫,早已成为骄奢淫逸的代名词。它如此富丽堂皇,如此雄伟瑰丽，可是这一切都是建立老百姓的痛苦之上的。作为统治者，耗费天下人的血汗，仅仅为满足一己之私欲，这种行为简直让人发指，因此失去天下人的心，不是理所当然吗？从传统儒家的观点来看，统治者失天下，首要的原因，当然是统治者的穷奢极欲，农耕文明生产力有限，经不起统治阶层的无度挥霍。杜牧紧接着说，"秦人不暇自哀，而使后人哀之；后人哀之而不鉴之，亦使后人而复哀后人也"，杜牧不断地重复着"后人"，显然他的喻指对象已经无比清晰了，作为秦后人的唐王朝，你清晰地看到了前人倒下的身影了吗？你真的要重蹈覆辙吗？"宝历大起宫室，广声色，故作《阿房宫赋》。"杜牧写此文，不是为了夸耀其文采，而是为了针砭时弊，借古讽今。

可这篇文章吊诡的地方在于，真正让这篇赋文流传千古的可能不在于其讽谏之义，反而在于他留下的那座无与伦比的空中之城——阿房宫，在于他以无比奢华的笔墨所渲染的宫殿。面对如此绝美的阿房宫，流连观之尚且不足，哪还顾得上所谓讽谏之义的思考。这恐怕也是杜牧始料未及的。这也是赋体文的一个悖论所在，从司马相如的《上林赋》《子虚赋》开始，赋体文便以"铺采摛文、体物写志"作为其存在的艺术标识，它描写事物浓墨重彩，极尽铺陈夸张之能事，它的行文如此流光溢彩，它的语言如此华美奢侈，可是它要劝诫的往往是统治者生活上的奢靡享受，于是形式和内容完美地相互否定。而美，有时候以她的绝对力量压过了理性或思想。

我们说，杜牧笔下的阿房宫是一座只存在于想象的空中之城，从史实上看，也真正验证了这一点。《史记·秦始皇本纪》记载："先作前殿阿房，东西五百步，南北五十丈，上可以坐万人，下可以建五丈旗。周驰为阁道，自殿下直抵南山……阿房宫未成；成，欲更择令名名之。"也就是说：其一，阿房宫并没有最终建成，其二，即便建成，它的规模不过是"东西五百步，南北五十丈"，根本不存在杜牧所说的三百余里之广。这也一再地印证了一个基本的美学观点——想象的才是最美的。正因为这座阿房宫只存在于想象中，它反而成为了一座绝美的宫殿。在现实中，又有哪一座真实的宫殿能与之媲美呢？

24 如何进入古代议论文
——评《六国论》

　　《六国论》历来被当作古代议论文的典范之作,它层次清晰,逻辑严密,行文流畅,且借古鉴今,有为而发,非空洞之论。站在今天的视角,我们如何具体进入这篇古代议论文呢?

　　六国破灭,非兵不利,战不善,弊在赂秦。赂秦而力亏,破灭之道也。或曰:六国互丧,率赂秦耶?曰:不赂者以赂者丧,盖失强援,不能独完。故曰:弊在赂秦也。

　　六国何以破灭,秦何以能统一天下,对于古代的文人士大夫而言,这几乎是一个永恒的有魅力的话题。具体来说,以一服六,这一几乎不可能完成的伟大事业,到底是如何完成的?秦帝国的陨落又为何如此迅速?探究历史兴亡的规律教训,恐怕没有比回到这个历史原点更吸引人的。

　　我们课上学过的不少名篇,都与这个话题紧密相关,比如贾谊《过秦论》、杜牧《阿房宫赋》、苏辙《六国论》等,每一篇文章都从各自的切入点揭示了一部分的真相。

　　苏洵给出了他的答案,"六国破灭,非兵不利,战不善,弊在赂秦。"六国灭亡,一切的根源在于,贿赂秦国。具体而言,选择贿赂秦国,国力必然亏损,此消彼长,"邻之厚君之薄",长此以往,怎么不会灭亡?那么不贿赂秦国的国家呢?不赂者因为赂者灭亡,失去了强援,也不能独自保全。整个论证,在逻辑上形成了完美的闭合。

　　我们再来看苏洵具体的论证。关于"赂秦而力亏"。苏洵首先摆出了一个触目惊心的事实,秦国通过战争获得的土地,与通过接受贿赂获得的土地,实际数目相差近百倍;诸侯所亡失的土地,相比于战败而丢失的土地,实际数目亦相差百倍。因此,苏洵得出结论,秦国最大的欲望,和诸侯最大的隐患,其实不在战争,而在贿赂。

　　苏洵在痛骂了败家的不肖子孙后,"思厥先祖父,暴霜露,斩荆棘,以有尺寸之地。子孙视之不甚惜,举以予人,如弃草芥。"接着从道理上分析,从长远来看,贿赂秦国并不可能换来长久的和平,秦国是虎狼之国,它的欲望是不会被满足的,今天送了,明天送,你还能有多少家当啊。"诸侯之地有限,暴秦之欲无厌,奉之弥繁,侵之愈急。故不战而强弱胜负已判矣。至于颠覆,理固宜然。"这么浅显的道理,难道还看不明白?最后以一句引言结束,"古人云:'以地事秦,犹抱薪救火,薪不尽,火不灭。'此言得之。"干脆利落,发人深省。

关于"不赂者以赂者丧,盖失强援,不能独完"。因为贿赂者的背叛,不贿赂的人失去了强大的援助,势单力薄,不能独自保全。从道理上讲,这句话无需展开。苏洵便将笔力集中在了未曾赂秦的三个国家——齐、赵、燕身上,展现他们孤立无援,而最终落败的境遇。"齐人未尝赂秦,终继五国迁灭,何哉?与嬴而不助五国也。五国既丧,齐亦不免矣。燕赵之君,始有远略,能守其土,义不赂秦……且燕赵处秦革灭殆尽之际,可谓智力孤危,战败而亡,诚不得已。"

整个正面论证至此结束。看上去,同样无懈可击。

对于议论文,我们该如何去分析呢?我们首先要关注的是什么?当然是观点本身。即作为读者,你是否认同作者的观点。六国破灭,弊在赂秦。这个观点你赞同吗?如果不赞同,你会怎样反驳?

我们不妨在苏洵的基础上进一步思辨。

首先,贿赂秦国就一定导致灭亡吗?不一定。

"秦之所大欲,诸侯之所大患,固不在战矣。"可是我们要问,诸侯为何好端端地要贿赂秦国?谁愿意卑躬屈膝而生?因为打不过人家,落后就要挨打,只能通过赔偿土地来换得一夕安寝。就像清朝末年一样,一次次签订不平等条约,丧权辱国,来换取一朝一夕的安宁。为何打不过?原因当然是自身国力不强。但这显然是苏洵要回避的,所以苏洵从文章一开头就直接粗暴地否定了这一点,"六国破灭,非兵不利,战不善"。六国灭亡不是因为六国打仗打得不够好,不是因为六国实力不够,而是策略上的错误,即选择贿赂求生存。

再进一步,苏洵的论证还有一个隐蔽的前提,那就是,六国凭借各国自身的实力无法阻挡秦国,只有六国采取合纵策略,团结一致,战斗到底,才能最终战胜秦国。否则,即便六国中有个别国家为了保全自己贿赂秦国,又有什么好忌惮害怕的呢?所谓前提即是论证的根基,前提一倒,整个论证的大厦便轰然倒塌。苏洵论证的前提根基稳不稳,想必大家自有判断。我们不妨沿着苏洵的思考往前走一步,六国为何没有像苏洵假设的那样团结一致合力灭掉秦国?以六服一,不是一件很容易的事吗?历史的最终结局,为何反过来是以一服六呢?

举一个真实例子。"二战"时,少数纳粹在战俘营控制了上万个战俘,我们会想,如果这几万个战俘群起而攻之,不怕流血牺牲,不是能够保全集体的大多数吗?尽管可能会牺牲数千人,可这牺牲难道不是很值得么?如果坐以待毙,任由宰割的话,这几万战俘最终都会被纳粹一一消灭殆尽。没有谁能独自求生。

可在历史上,这样的情况几乎没有发生过,为什么?因为作为个体,每个人都抱着侥幸的心理,万一存活下来了呢?为什么一定要牺牲自己?不到临死的时刻,每个人都不会希望自己成为被牺牲的那一个。所谓所有人必死的结局,是我们后来者回溯的视角,不是历史当下个体的视角。

而这事实上给了纳粹可操作的余地,通过允诺给一部分战俘活命的机会,让他们帮助自己来奴役控制其他战俘,慢慢地在战俘内部就出现了分离,每个人都想着通过贿赂掌权者来夺得一线的生机。

正是幸存的希望把所有的战俘带上了绝望之路。

六国为什么不能团结一致对付秦国?因为六国内部利益盘根错节,每个国家都有自己的小算盘。具体而言,每个国家都不愿独自成为与秦对抗时的牺牲品,每个国家都觉得自己有称霸称王的希望,正是这希望把六国带上了绝望之路。

所以,六国的灭亡原因,赂秦只是表象,更深层次的原因是自身实力,以及六国最终未选取合纵的策略。

考察六国灭亡的具体情况,也许能够帮助我们发现更多历史的真相。苏洵具体讨论了齐赵燕三国的灭亡,我们不妨接着讨论。

齐国。"齐人未尝赂秦,终继五国迁灭,何哉?与嬴而不助五国也。五国既丧,齐亦不免矣。"齐国的灭亡确实跟其亲附秦国,不帮助五国有关,而且齐国也是最后一个灭亡的国家,自然得不到其他国的援助。但这一切跟赂秦与否不相关。齐人未尝赂秦,不是齐国多么有骨气,而是因为它的国土并没有直接跟秦国接壤,不用直接面对强秦的压力。

纵观齐国的灭亡,可能最引起我们无限感慨的是齐国君王的不思进取。在六国覆灭史上,齐应该是最滑稽、最窝囊的,在秦国最终大举进攻齐国之前,齐国已经有将近五十年没打过仗了,这在战国时代绝对是不可思议的,所谓"忧劳可以兴国,逸豫可以亡身""生于忧患,死于安乐",齐国是典型的亡于不思进取。齐国本来地理位置优越,西边有堪比"马其顿防线"的山脉,将中原的威胁隔开,东部临海,土地肥沃,曾经一度是东方的霸主,于是自以为可以高枕无忧。在秦国远交近攻的策略下,以为可以安享和平,对周围几国的危机坐视不管,坐山观虎斗,也即采取我们后来说的"绥靖政策",当秦国扫清东进的障碍后,齐国也就在灭亡的边缘了。当秦国的骑兵绕开西部山脉(齐国的兵力主要囤积在西部),从北部直插齐国首都临淄的时候,齐国几乎是一夜惊醒,天啊,怎么一夜之间,秦国的骑兵就把首都包围了,个个吓傻了。紧接着,齐王出城投降,秦兵几乎没遇到多少抵抗就把齐国灭掉了。曾经称霸东方的齐国就这么窝囊地亡国。

燕国。"燕赵之君,始有远略,能守其土,义不赂秦。是故燕虽小国而后亡,斯用兵之效也。至丹以荆卿为计,始速祸焉。"自古燕赵多慷慨悲歌之士,燕赵两国确实很有骨气,与秦自始至终死战到底。太子丹派荆轲刺秦王,激怒了秦王,这也在客观上加速了燕国的覆灭。但燕灭亡更重要的原因是燕国的短视。在赵国被秦国打得溃不成军时,燕国有两个选择,一是出兵帮助赵国共同对付秦国,二是趁机从背后插赵国一刀,占点小便宜。很不幸,燕国选择了第二种,与秦一道大大地削弱了赵国的实力,而事实上,赵国是燕国抵挡秦国的天然屏障,唇亡齿寒,赵国覆灭,燕国也就落到了任人宰割的地步。

赵国。"赵尝五战于秦,二败而三胜。后秦击赵者再,李牧连却之。洎牧以谗诛,邯郸为郡,惜其用武而不终也。"赵国曾是秦国最大的对手,在赵武灵王胡服骑射改革后,军事实力更是空前强大,战国四大名将,有两位便出自赵国——廉颇和李牧。历史上,赵国曾经多次击败秦国。但可惜,如同苏洵所说,赵国国内政治生态不好,君臣不和,相互猜忌,给了秦国可乘之机,名将李牧因为谗言被诛杀,廉颇空留"廉颇老矣,尚能饭否"的感叹。长平之战惨败后,赵国从此一蹶不振。

"且燕赵处秦革灭殆尽之际,可谓智力孤危,战败而亡,诚不得已。"要注意的是,苏洵在此犯了一个错误,赵国不是最后灭亡的那几个国家,并非处于处秦革灭殆尽之际,而恰恰是第二个灭亡的。

写古通常是为了鉴今,苏洵如此关切六国故事中赂秦的部分,显然这跟他当时的焦虑是紧密相关的。"夫六国与秦皆诸侯,其势弱于秦,而犹有可以不赂而胜之之势。苟以天下之大,下而从六国破亡之故事,是又在六国下矣。"苏洵迫切提醒的"天下之大",指的是谁?当然是当时的大宋王朝。一个偌大的大宋王朝,倘若不能汲取六国灭亡的教训,一味割地求和,重蹈六国的覆辙,那就真的成了历史的笑柄了。

重复我们对六国的追问,宋为何对西夏、契丹纳贡求和?因为打不过,那为什么打不过？宋的经济实力不是很强吗？是的，但宋的军事实力与其经济地位无法匹配。为何军事不行？这跟农耕民族面对游牧民族在军事上的天然弱势有关，但直接的原因来自于宋的政治制度的设计，宋重文轻武，有意识地在压制军队的力量。一个国家为何会有意识地压制军队力量？原因只能有一个，那就是涉及到统治者的切身利益。宋的开国者赵匡胤，本人便是凭借军权造反上位，属下"黄袍加身"，这皇帝不想做也得做。那么赵匡胤自然会想，既然我可以通过军权上位，那么我下面那些手握兵权的将军们，不也同样可以效仿吗？五代十国，打了这么久，在位者有几个能长命的？"军权里出政权"，你方反罢，他来反，我又能活多久呢？于是"杯酒释兵权"，索性直接用文官彻底压制武官，一劳永逸。但这恐怕是作为文官的苏洵在潜意识中不敢直面的，所以苏洵只敢也只愿抓住一个"赂秦"的因素。

25 历史的文学化书写以及文本内部的奇特逻辑
——评《过秦论》

秦始皇兼并六国,统一天下,建立了不朽之功业,秦帝国的兴起如同恒星一样照临四方,可是它的陨落又如流星一样快速。这两者反差之强烈引发了后世无数文人的感慨反思,到底是什么原因造成了如此戏剧性的结局。《过秦论》是其中不朽的名篇。

《过秦论》议论秦的过失,可是它一点儿都不像正儿八经的议论文。通常而言,议论文,先亮明观点,然后经过严密的推理分析、事实举例来完成论证,可是《过秦论》中的叙事部分占了百分之九十,议论部分微乎其微,只有最后的一个结语。为什么这篇论说文会呈现这样一个形态?我们先把问题放在这儿。

文章第一部分,极力书写秦崛起的辉煌历史。

秦孝公据崤函之固,拥雍州之地,君臣固守以窥周室,有席卷天下,包举宇内,囊括四海之意,并吞八荒之心。

"四句只一意,而必当叠写,极言秦虎狼之心,非一辞而足也"(《古文观止》)。这是同义反复,铺陈渲染的手法。"席卷""包举""囊括""并吞"等词,基本上都同义;"天下""宇内""四海"和"八荒",也都是同一个意思。同一个意思而一连写上好几句,既有排比又有对仗,这是典型的赋文的夸张手法,即"穷形尽相,铺张扬厉"。在文章的二、四、五等段落中,都有类似的句子。这样,文章气势自然就充沛了,让读者感受到作者的笔锋锐不可当,咄咄逼人,读起来有劲头,有说服力,而且有欲罢不能之感。"一般地说,作文时要惜墨如金,一词能达意则不用两词,一句可尽意则不赘两句,可是这里贾谊却一意连用多句,可谓泼墨如云。这是因为这些地方'非一辞而足',一辞虽能达意,却不能'极言',达不到强化、极化的目的。以整齐句式叠写一意,使得文字气足神完,一气呵成,读之犹如骏马走坂,流水下坡。"①

---

① 《峻拔锋利 语警词工——读贾谊的〈过秦论〉》(徐应佩、周溶泉、吴功正),《高中语文课文分析集》(第二册),广东教育出版社,1990 年.

当是时也,商君佐之,内立法度,务耕织,修守战之具,外连衡而斗诸侯。

商鞅变法之后,秦国开始迅速崛起。"于是秦人拱手而取西河之外。"拱手,即垂手,秦人真的不费吹灰之力就取得西河外的土地吗?这符合史实吗?我们要知道,内政的改革,从来都是悲壮的过程,主持变法的商鞅,最后落了个被车裂的凄惨结局,因为他动了很多利益集团的奶酪。而外交上的纵横捭阖,就更是勾心斗角,秦国事实上经过若干年的血腥战争才得以扩张土地。贾谊说秦人似乎没有动手,没有流血就扩张了,这是一种夸张,是文学修辞策略,它不是严密的史实论证,它要极力再现秦的强大。

孝公既没,惠文、武、昭襄蒙故业,因遗策,南取汉中,西举巴、蜀,东割膏腴之地,北收要害之郡。诸侯恐惧,会盟而谋弱秦,不爱珍器重宝肥饶之地,以致天下之士,合从缔交,相与为一。当此之时,齐有孟尝,赵有平原,楚有春申,魏有信陵。此四君者,皆明智而忠信,宽厚而爱人,尊贤而重士,约从离衡,兼韩、魏、燕、楚、齐、赵、宋、卫、中山之众。于是六国之士,有宁越、徐尚、苏秦、杜赫之属为之谋,齐明、周最、陈轸、召滑、楼缓、翟景、苏厉、乐毅之徒通其意,吴起、孙膑、带佗、倪良、王廖、田忌、廉颇、赵奢之伦制其兵。尝以十倍之地,百万之众,叩关而攻秦。秦人开关延敌,九国之师,逡巡而不敢进。秦无亡矢遗镞之费,而天下诸侯已困矣。于是从散约败,争割地而赂秦。秦有余力而制其弊,追亡逐北,伏尸百万,流血漂橹;因利乘便,宰割天下,分裂山河。强国请服,弱国入朝。

"秦人开关延敌,九国之师,逡巡而不敢进。"我们读来真是痛快淋漓,秦师是何等的威风凛凛,六国之师在秦面前又是何等的懦弱恐惧,秦人开关延敌,可是六国却逡巡犹豫不敢前进。这里概写秦人与六国的战争史。但这并不完全符合史实。六国之师既没那么窝囊,秦人之师也并非那么不可一世,我们不能完全以结果论为导向。把握史传作品修辞策略的最佳方式,便是建立真实历史的参照面。这样,哪怕他把历史这位姑娘装扮得再花枝招展,你也能一眼透视她的本质。翻看历史,六国合纵,与秦作战五次,秦两败两胜,其中一次还是秦在外交上做出重大退让,才使六国撤军。(秦主动撤销帝号,归还前所占据的各国土地,这一点都不光彩,事实上很屈辱)显然,这是一种文学化的概括,它把一部战争史浓缩成了一个生动的画面,它过滤了诸多历史细节,强化了一种戏剧化的夸张效果。在某种意义上,历史的文学化书写,与历史记载的不同之处在于,它并不强调历史细节的真实,而是能否把握住历史的本质。在这第一点上,贾谊无疑是优秀的。贾谊的文学化书写符合秦统一六国的历史本质。

我们再看贾谊对六国合纵实力的描写,他不惜笔墨,如数家珍般罗列了其在军事上(百万之众)、国土上(十倍之地)、人才上(人才济济)的强大。给我们一种感觉,六国合纵实力如此强大,灭掉秦国岂不易如反掌?可我们同样要追问的是,六国真的有这么强大吗?揆诸历史真相,六国的强大仅仅停留在纸面上,要不也不会五次联合抗秦却没有灭掉秦国,事实上六国各怀鬼胎,内部存在很大矛盾,不能统一进攻,不敢真正与秦国为敌,稍有利害,便作鸟兽散。而秦国正是利用六国之间的裂缝,纵横捭阖,在外交上实行连横政策,将联盟瓦解,各个击破。

那么,六国强大的错觉来自哪里?同样来自贾谊对于历史的文学化书写——赋文的铺陈策略。是它给我们造成了错觉,一种丰富性,一种同时性,让我们迷失在事实的丰富性中,好像六国真的能在同一时间内集合所有这些资源,团结一心给秦国致命打击。贾谊所塑造的这种错觉,有点像我们的商业景观社会,我们来到一个超市,看到那么多的商品,琳琅满目,眼都花了,这也想买,那也想买,它激起你极大的购买欲,你会有一种错觉,好像你在购买的瞬间同时拥抱了如此多的丰富性。可是当你回到家,看着脱离了超市或礼品店的丰富性衬托的几件零星物品,你会失落,你会发现其实拥有的少得可怜。而贾谊也给我们开了一个这样的历史超市,超市里摆放了历来六国的各种丰富的人力、物力资源,可是当你真正在某一时段与秦国开战的时候,结果发现能拿出手的没几样。

文段要叙写秦国的强势发展,正面描写秦国开疆拓土的笔墨很少,贾谊反而将写作重心放在了铺陈六国的厉害,这种选择的意图是什么?这是一种典型的极化对比。比如我们要说自己多强大,一般而言,我们会正面铺陈自己多厉害,修炼过何种高深的武功秘籍,曾经打败过多少对手,可是就算把自己夸上天,对方也不一定能具体感受到你有多厉害,这种做法往往吃力不讨好。最巧妙的方法是什么呢,与其正面夸自己,不如卖力夸对手,把他捧上天,结果呢,你一出场,啪,就一招,不费吹灰之力把对手制服了,这时候观众目瞪口呆,对你佩服得五体投地,一个个用仰慕的小眼神痴痴看着你。我们的古典文学名著最擅长这种技巧,比如《三国演义》中对于关羽温酒斩华雄的书写。最后贾谊以"追亡逐北,伏尸百万,流血千里,因利乘便,宰割天下,分裂山河,强国请伏,弱国入朝"作结,八个四字句并列,动宾、主谓短语交错,极写秦夺取天下摧枯拉朽之势。

接下来叙写秦的强大与陈涉的卑微,在行文策略上,与书写六国的强大,却被秦国所制服相一致,都是用了衬托的手法。史家对此多有论述。如金圣叹在《才子古文(历朝部分)》中写道：

　　《过秦论》者，论秦之过也。秦过只是末句"仁义不施"一语便断尽。此通篇文字，只看得中间"然而"二字一转。未转以前，重叠只是论秦如此之强；既转以后，后叠只是论陈涉如此之微。通篇只得二句文字，一句只是以秦如此之强，一句只是以陈涉如此之微。至于前半有说六国时，此只是反衬秦；后半有说六国时，此只是反衬陈涉，最是疏奇之笔。

　　这个论述非常经典，精练地概述了《过秦论》整篇文章的行文逻辑。《过秦论》中贾谊几乎通篇在做一件事情，那就是通过叙述秦朝崛起到灭亡的过程，将史实文学化，渲染秦的强大与陈涉的卑微。而面对如此卑微的陈涉的发难，强大的秦国却如此不堪一击，顷刻间一败涂地，"一夫作难，而七庙隳，身死人手，为天下笑"，最后得出"仁义不施而攻守之势异也"的结论。

　　吴慈仁也有过类似的表述。"上篇只是一个引人注目的漂亮的凤头，作者用秦兴盛时之一往无前，势如破竹与覆亡时的一败涂地、顷刻瓦解构成巨大的反差，制造悬念，以引起读者的惊骇和疑问：为什么秦在统一前能打败力量大于自己的六国，却在统一天下后亡于远弱于六国的陈涉，在发问后遂即提出论点。文章前部分大量铺陈夸张的叙述都是为结尾处的几句做准备，从而揭示中心论点。"

　　但核心问题在于，从事实层面到结论之间存在着非常大的距离。秦之强与陈涉之微，并不能不证自明地说明，秦的灭亡是因为不施仁义。

　　孙绍振认为，把秦灭亡的原因仅仅归结于"仁义不施"有失公允，"秦亡是内外多种原因造成的，不能简单认定为违反儒家的仁政原则"。同时他认为文章在论述逻辑上存在明显的漏洞：文章题旨是总结秦从崛起到灭亡的原因，结论是秦亡于"仁义不施"，亡在为政之暴，那么从逻辑上讲，秦之兴起乃至统一全国，亦应归于秦之实施仁政。但是，整篇文章论述秦之兴，连仁政的边都不沾。即便如此，《过秦论》这篇文章仍然是经典，读者很少感觉到疏漏，无不享受着作者气势如虹的雄辩艺术。也就是说，文学上的气势，具象化的表述，让我们遗忘了其历史陈述的疏漏，孙绍振否定了这篇论说文的逻辑，但积极肯定了这篇文章的文学造诣。

　　也有学者从"攻守之势异也"的角度分析，夺天下和守天下的策略是不一样的，夺天下需要采取"高诈力"的手段，守天下需要施行仁政。秦国正是因为不知道"攻守之势异也"，在守天下没有实行仁政，才"始速祸焉"，因此秦在攻天下时，是否实行仁政并不影响最后的结论。

作者不惜工本,用墨如泼极写秦之强盛,乃是为了说明这一切是秦在统一六国的攻势中采取"高诈力"的结果,而秦在统一中原后的守势中没有认识到"安定者贵顺权"的道理,没有按照实际情况来制定一套新的政治方案,施行仁义,而把"守"和"取"混为一谈,用对待敌人的办法来对待人民,必然招致速亡之祸。这种先含于内,后托于外,先扬后过,"扬"秦是为了张扬仁义,"过"秦是为了指斥"仁义不施",手法可谓别致工巧。(吴慈仁《〈过秦论〉赏析》)

可是这种辩解,毕竟牵强。倘若如此,贾谊大可不必书写秦的辉煌,直接论述秦帝国后期是如何苛政暴虐,荒淫无度,不施仁政即可。我们回到原点,议论文论证方式的背后,往往是文化思维的问题。我们与其站在现代思维的框架下或批判或试图弥补其文本内在的裂缝,不如回到历史文化语境,追问一个最简单的问题,为什么贾谊本人要这么书写?为什么当时的人不觉得这篇文章行文有漏洞呢?

换个角度,也许答案就自然揭晓,如果贾谊根本不需要去论证"仁义不施"结论是否正确呢?如果结论是共识,是天然正确,是无须论证的绝对真理,(因为对于儒家学者而言,秦国亡于不施仁义,是毋庸置疑的正确)那么对于贾谊而言,他真正要做的只有一件事,那就是通过放大事实的戏剧性,来放大结论的重要性。就像杠杆原理,贾谊要做的就是找夸张性的材料来印证杠杆的重要性,材料越夸张,杠杆的作用越凸显,一如阿基米德的夸张陈述:给我一个支点,我能撬起整个地球。支点的两极,一是秦的强大,一是反抗者的渺小,仁义是默认的起决定作用的杠杆,秦越强大,反抗者越渺小,越能证明仁义的重要性——因为秦不施仁义,所以如此渺小的反抗者才能撬动一个庞大的帝国。

26 最初的爱情,最后的仪式
——评《孔雀东南飞并序》

少年夫妻最为恩爱,本应日日厮守在一起,可偏偏生别离,又怎能不生哀怨呢? 李清照和赵明诚,新婚别离,留下了多少凄美幽怨的诗歌。

仲卿在外为官意味着在婆媳关系中起到重要调和作用的男子长期缺位,在中国古代互为天敌的婆媳两人不得不终日直接面对,这就为矛盾的滋生和增长提供了相当肥沃的土壤和充足的空间。

长期在外的丈夫,怎么也没想到婆婆和媳妇的关系已经闹到如此不可开交的地步。男人可能很难理解女人之间的矛盾。

"儿子我这一辈子已经没有做高官、享厚禄的命,好在有了兰芝,余生足矣,这一辈子夫复何求呢?"(你不要指望我将来做高官,然后另娶一个富贵女子。)一个封建时代的男子说出这样的话,可以想见他是何等深情。焦仲卿在这里以陈述自己前途的无望来换得母亲对兰芝的宽容。

兰芝自诉道:"在你家我是真的待不下去了,你把我休了遣送回家吧。"兰芝是真的想主动回去吗? 不,她是在宣泄,她心里有太多的委屈要向刚回来的丈夫倾诉。兰芝是要强的人,与其被婆婆所谴,不如自谴。这是对丈夫的一种发泄,也是对丈夫的信任和依赖,她寄希望于自己的丈夫能出来保住他们的婚姻。

"小蹄子竟然唆使儿子来责备我。反了她了。好好的一个儿子都被这个小蹄子带坏了。"

哪怕不偏不倚,敏感的婆媳关系也会无风掀起三尺浪。更何况有偏帮明显之语。"我辛辛苦苦一个人把你拉扯大,你却娶了媳妇忘了娘。居然帮着你媳妇说话,跟我顶嘴,你想气死你妈是不是? 这个媳妇断不能留。"

焦仲卿此时求情的话无异于火上浇油。以一个旁观者的眼光来看,焦仲卿的情商无疑是堪忧的,有时候,女人相争,特别是婆媳间的相争,对错没那么重要,她们更需要的是情感的抚慰。焦仲卿你赶紧出来调和呀。真替你着急。

兰芝自信、有主见,心气高,或者说极有个性,但在封建社会中,个性不是褒义词,婆婆也很强势,而一家断无二主,更年轻、有能力的儿媳无形中侵犯了婆婆的权威。兰芝一直说自己很恭顺,"进止敢自专",但我们想,这种恭顺可能只是停留在表面的言行上,生活中有着种种繁琐的小事,不经意间,兰芝的神情或小细节会泄露她对婆婆的不满。

事已至此,阿母的态度无法回转,焦仲卿选择了妥协。焦仲卿懦弱吗?这个问题仁者见仁吧。在焦仲卿所生活的孝道至上的时代,难道真的要让焦仲卿决然反抗母亲吗?不,不管母亲你怎么想,我就是要跟兰芝生活在一起,没有她,我活不下去。然后,义无反顾地跟兰芝私奔。这样的后果,我们能够想象吗?

被休谴回家,一般的女子羞愤满怀或充满了哀怨,整个人精神憔悴,可是兰芝却要郑重其事地装扮自己。我并没有做错什么,当初我美美地嫁进来,如今我也要美美地离去,平时做儿媳时灰头土脸,如今我作为一个女子,恢复自由身,我也要恢复我的美,我要让你后悔。这是兰芝对婆婆最后的示威,展示出她的无辜与坚强。

什么也不用再说了,不要再提接我回来的话,你我都知道这是不可能的。想当初,你信誓旦旦地说要对我好,要一辈子不分开,可是这又有什么用呢?还不是被驱遣,还提什么再来接我的话,罢了罢了。兰芝是真的伤心了。

真的要离开的时候,心里最难割舍的是自己的丈夫,还有那个苦心经营两三年的家。兰芝如数家珍地列举她屋里的东西,那种语气是依恋,是痛苦,她把所有这些东西留给丈夫,希望丈夫不要忘了她。这些旧物,也是留给丈夫的一点念想吧,她的内心是肝肠寸断的。

从今以后,恐怕我们再也没有见面的机会。人生中有的时候,一声再见就是一辈子。希望你在我离开后,好好照顾自己,安慰自己,特别是记住一定不要忘了我。是的,莫相忘是我们对有过的感情的最后期许。哪怕分开了,不曾忘记便是对这段感情最好的纪念。

"事事四五通",每穿戴一件衣服都要更换四五次,总是不满意。此时的兰芝是心烦意乱的,到了要离开的时候,内心思绪翻涌,一再地收拾,其实收拾的也是自己的心情,尝试着让自己的心平静下来。

"阿母怒不止",看到如此漂亮,特别是被休之后仍如此理直气壮地在她面前打扮得漂漂亮亮的兰芝,阿母真的是气不打一处来。

送别的路上，两人都沉浸在自己的心事中，默然无声，只听得那车声，一会儿隐隐，一会儿甸甸，这时而隐隐，时而甸甸的车声不正如他们此时沉重无比的内心吗？

终于来到分开的路口。焦仲卿再次发誓，我这一辈子都不会与你分离，我绝对不会对不起你。对于他们两人而言，前路漫漫，彼此都需要坚定心意，彼此都需要对方给予坚定的信心。因为谁也没法保证将来会发生什么。就像后来的陆游和唐婉，两人青梅竹马，伉俪情深，被迫分离的时候，我想他们肯定有过誓言。可是生活从来不是一件容易的事，很多时候我们做不了自己的主。生活的洪流裹挟着我们往前走，渐渐地彼此相去越来越远。后来的故事我们都知道，若干年之后，一个为他人妇，一个为他人夫，彼此相爱却不得不跟另外的人生活在一起。

听到焦仲卿的表白誓言，兰芝很动情，你既然真的如此在乎我，那么不久望君来，我愿意等你，希望你真的不要辜负我。有一件事，我得提前交代给你。"我有亲父兄，性情暴如雷，恐不任我意"。言下之意是：仲卿，你得上点心，早点来接我啊。

做母亲的怎么也想不到自己的女儿会被遣送回来。她可是我的兰芝呀。被休回娘家的生活注定是屈辱的。如果仅仅是屈辱的话，就好了。

平静的生活，突然风云突变。

有位县令的儿子，窈窕俊美举世无双，不光长得好看，而且很会说话，多才多艺。他看上了兰芝。

"阿女含泪答"，兰芝为何会含泪而答？因为她又要再一次让母亲失望，又要再一次对不起母亲了。她知道母亲是为她好，知道这是一门绝佳的婚事，可是她不能答应，因为她答应过那位休她回家的丈夫，要等他的，她要为一个虚无缥缈的誓言而拿她的幸福来作筹码。做此决定，她心中又何尝不酸楚呢？

可是架不住又有太守的儿子来迎娶。兰芝拒绝了第一次，她还能拒绝第二次吗？

兄长说得对，"理实如兄言"。

兰芝做不了主，母亲也做不了主，能做主的只有她哥哥。"中道还兄门"，回的不是所谓的娘家，而是哥哥的家。贫贱之家百事哀，在焦仲卿家一切全凭母亲大人做主，就像《红楼梦》中的贾府，贾母是整个家族的权力核心，是家族的最高权威，可贫贱之家不是，在嫁从夫，夫死从子，因为母亲要靠儿子养活，她失去了话语权。

"兰芝仰头答"，兰芝抬头直视着她哥哥，目光一点都不回避，兰芝是不会低头的，

"登即相许和,便可作婚姻",兰芝一口应婚,答应得是如此坚决痛快,赶紧答应了这门亲事吧,我立马就可以和他结婚。兰芝不是说好要等焦仲卿的吗?不是结誓不别离的吗?为何会突然改口应婚了呢?因为这坚决痛快的背后是决绝,是绝望。如果第一次县令公子求婚,还可以有理由拒绝的话,到了这一次,兰芝恐怕真的没有理由拒绝了。"虽与府吏要,渠会永无缘。"我等的那个人儿,你怎么到现在还没有来接我呢?你当初听了你母亲的话,狠心把我休了遣送回家。你难道不知道这么做到底意味着什么吗?我真的能够等到你吗?我真的还能够相信你吗?我还回得去吗?我们心中的理想爱情是,因为真心相爱,所以海枯石烂,所以天长地久,所以会永远等待对方,而现实的爱情是,当两人被迫分离等待对方,等久了,等着等着就心灰意冷了,等着等着就看不到希望了,等着等着就放弃了。

兰芝的决定,不仅要考虑自己,还得考虑她的家人。特别是她的母亲。之前的回绝已经让母亲承受了很大压力,这次她不想让母亲为难了。她如果不嫁,哥哥必然会怪罪母亲,你看你养了个好女儿,这么不知好歹,还真以为自己是金凤凰呀!被别人休了回来,还这么挑三拣四,要知道现在可是太守的儿子来求亲呀,跟之前那个焦仲卿相比,那是一个在天上,一个在地下,还有别人都不要你了,你有什么好等待的,如果他真的珍惜你的话,当初就不会把你休了。我们可以想象,被逼急了的哥哥会说出怎样难听的话来。我们说过,母亲是要靠哥哥养活的,休回了家的兰芝同样也是。"不嫁义郎体,其往欲何云。"你到底想怎样?你今后怎么办呢?这是赤裸裸地威胁呀。

兰芝答应了。所有人都满意。唯独她自己。

"媒人下床去,诺诺复尔尔。"好,好,就这样,就这样。"府君得闻之,心中大欢喜。"兰芝这么爽快地答应了,真是让人喜出望外呀。"良吉三十日,今已二十七,卿可去成婚。"三天后便是良辰吉日,赶紧结婚吧。干嘛要这么快成婚呀?因为兰芝要是反悔了可不好。然后整个家庭开始热闹了起来。"交语速装束,络绎如浮云。"接下来,开始铺陈太守婚礼的排场与讲究,真是奢华呀。

但婚礼越热闹,兰芝的内心也就越凄苦、孤单。热闹都是他们的,跟我有什么关系?满腹心事谁人懂!

母亲说:"明天太守家就要来迎娶你了,你怎么一点都不上心,衣裳都没做呢?"看到女儿愁思的样子,母亲着急了。

是啊,都已经答应要嫁了的。明天就要嫁给另一个男人了,这是摆在眼前无可逃避的事实。"兰芝默无声,手巾掩口啼,泪落便如泻。"这时候的兰芝,泪落如泻,心里止不住的悲伤。所谓的悲伤逆流成河,大概就是这个样子吧。哭过之后的兰芝还得故作坚强,答应要嫁了,不能衣服都没准备好,于是"左手持刀尺,右手执绫罗。朝成绣夹裙,晚成单罗衫。"

"听闻此变故",焦仲卿风尘仆仆地请假归来。他怎么也没有想到他心爱的妻子,那个答应等他的女人会背弃他,转身嫁入豪门。满腔的爱恋化作满腔的怨恨,他情绪失控了,厉声指责兰芝的背叛,说出了无比狠毒的话,"贺君得高迁",你过你的好日子,享你的荣华富贵去吧,只剩我独自一人奔赴黄泉(说好的黄泉共为友呢)。我们知道这话对兰芝是不公平的,可是我们同样理解,焦仲卿如果不是如此看重这段感情,恐怕也不会说出如此偏激的话。眼睁睁看着自己的妻子投入另外一个男人的怀抱,想着他将永远失去自己心爱的妻子,此时的他肯定心如刀绞。

而对于兰芝而言,这些风凉无情的话,却句句如刀子般戳在她心口。她的心在滴血。如果不是因为无路可走,如果不是因为等了他这么久他都不曾给过她哪怕一丝丝希望,一点点光明,她又怎么会选择改嫁? 对于刚烈忠贞的兰芝而言,这些话无疑是把兰芝往绝路上逼。

"何意出此言",你怎么可以这样说我呢? "同是被逼迫,君尔妾亦然"。你当初不同样是在母亲的威逼下,把我休了吗? "我有亲父母,逼迫兼弟兄",我改嫁,难道是我愿意的吗? 你怎么可以怀疑我对我们爱情的忠贞? 既然如此,那我们黄泉下相见,谁也不要违背了今天说的话。怎么看待兰芝和仲卿的相约殉情呢? 是深思熟虑的抉择? 以死来维护爱情的忠贞?

在我看来,对于兰芝而言,与其说是以死来维护爱情的忠贞,不如说是以生命来证明她对爱情的忠贞。

可能在此之前,两人都不曾想过自杀。可是在一番对话之后,"生人作死别,恨恨那可论?"两人都被迫走向了不归路。

"今日大风寒",寒风摧残了树木,院子里的兰花上都结满了浓霜。"梧桐半死清霜后",万物都要凋零了,风霜雪剑严相逼,正如焦仲卿的生命,也行将走向终点。

"儿今日冥冥,令母在后单。"母亲啊,让你白发人送黑发人,后半辈子孤单地活着,儿子知道这很残忍,可是纵然残忍,儿子也不得不这样做。"故作不良计",我是有意做此不良的打算,请您不要怨念鬼神。

母亲怎么也没有想到,也想不明白,好好的一个儿子,怎么会为了一个妇人去死呢?"阿母为汝求,便复在旦夕"母亲在做最后的挣扎。

"其日牛马嘶",兰芝结婚的那一天,牛马嘶鸣乱叫,好像牛马也感受到了天地间的那一种悲伤怨念,躁动不已(要知道环境描写与故事氛围、人物心境是紧密结合在一起的)。"新妇入青庐。奄奄黄昏后,寂寂人定初。"天色暗沉沉的,逐渐黑了下来。不久,人们都安歇了,整个世界静悄悄的,没有任何声息。《孔雀东南飞》为何要写这一时序的推移呢?它跟兰芝有什么关系?它告诉我们,兰芝在平静地等待最后殉情时刻的到来,她完全没有临死前的内心的痛苦与挣扎,这是一个内心多么强大勇敢的女人。"我命绝今日,魂去尸长留!"多么决绝又坦然的口吻,这是一个为爱而死的女人,确切地说一个为爱而自杀殉情的女人,我想在最后的时刻,她心目中,爱情的甜蜜肯定远大于赴死的悲伤怨念。"揽裙脱丝履,举身赴清池。"轻轻地揽起裙裾,脱掉脚上的丝履(一个很小的细节,告诉家人我是在此投河自尽的),一切都那么从容镇定,举身走入清池之中。

府吏闻此事,心知长别离,徘徊庭树下,自挂东南枝。

我们心中会有疑问,有个疙瘩,为何府吏殉情前,会徘徊庭树下,你看兰芝多决绝勇敢啊,举身赴清池,当初不是你提出携手赴黄泉吗?怎么现在,你反而犹疑了?我们要说,焦仲卿懦弱,有前科为证,当初他不就是在母亲的威逼下休了兰芝吗?他惧怕痛苦,惧怕死亡,他最后选择自挂东南枝,是因为受了"执手之约"的约束,不得不然。

可我觉得,他不是惧怕死亡,惧怕那个死后的世界,他只是惧怕死后那个他留下的世界。焦仲卿不能只拥抱爱情,他背后还站着整个家族。作为一个男子,他上有老母,下有年幼的妹妹,养生送死的重担责无旁贷地落在他身上,他就这么走了,他的母亲怎么办?他那年幼的妹妹怎么办?他身上背负的家族希望怎么办?这样做未免太残忍太自私了吧。爱情与责任,多么两难的抉择。这一"徘徊",走出了焦仲卿的忧郁,它的伦理意义远大于单纯的殉情。我们知道,最终他选择了爱情,背弃了责任。在爱情面前,整个世界都要为之让路。在爱情面前,整个世界都无足轻重。可临死前的他,一定是很痛苦的吧。对不起,母亲!对不起,妹妹!亲爱的兰芝,我追随你而来了。

作为一个女子,兰芝可以没有太多的牵挂,所以她可以去得如此决绝,可是作为一个男子,他身上有着太重的伦理负担,作为一个孝顺的儿子,他在殉情前的犹豫也就可以理解了。

在失去挚爱的儿子和亲爱的女儿后,两家也释然了,还有什么好结怨的呢?悔恨、伤心、自责,种种痛苦的心绪我们都可以设想,如果母亲当初没有棒打鸳鸯,如果哥哥当初没有逼婚妹妹,也许,也许,只是我们都知道没有也许。最终两家求合葬,合葬华山旁,实现两人最后的心愿。两人的墓前,"枝枝相覆盖,叶叶相交通。"枝枝叶叶交错相通,永生永世拥抱在一起不分离。"在天愿为比翼鸟,在地愿为连理枝。"这是我们对于爱情最朴素也最诚挚的愿望。

27 所谓"不写之写"
——评《登泰山记》

好的写景散文,一定不会停留在单纯的客观写景,而是从字里行间,让我们可以读出那一个独特的"我",读出作者的情感,读出作者独特的审美感受或心性气质,写景叠合抒情,景中见情是我们源远流长的文学传统。《故都的秋》《荷塘月色》无不如此。

可是读《登泰山记》,我们有一个感觉,文章真的好像单纯在写景,有时候甚至有种读地理书的错觉。姚鼐如实地介绍了泰山的地理方位,登泰山的路径,登顶后的泰山夕照以及壮观的泰山日出,泰山的人文名胜和地理状貌等,面面俱到,但全文并没有作者情感意绪的直接流露,那么为何它能够成为千古名篇呢?

核心问题只有一个,《登泰山记》有抒发情感吗?

换个问法,《登泰山记》真的没有抒发情感吗?

我们如何去解答这个问题? 或者说通向这个问题的途径有哪几条?

第一自然是文章写作背景,所谓知人论世,对于古人的诗文更是如此。

第二是文章所呈现之景,所谓一切景语皆情语,境由心生,"以我观物,物皆着我色",彼时你所见之景,往往是你心灵世界的映照。

余以乾隆三十九年十二月,自京师乘风雪,历齐河、长清,穿泰山西北谷,越长城之限,至于泰安。是月丁未,与知府朱孝纯子颖由南麓登。

姚鼐登山的日期,是乾隆三十九年农历十二月丁未,二十八。等到姚鼐登顶泰山第二天看日出,正是这一年的除夕,除夕这个日子,对每一个中国人而言,意义不言而喻。那么问题来了,姚鼐为何非要在寒冬腊月,自京师乘风雪,千里迢迢来到泰安,并且选择在除夕这一天雪中登山呢? 换一个问题,一个人在什么样的心境下会选择在除夕攀登泰山,并且还是在大雪满山,冰天雪地的日子? 我想我们大概可以推测,这个人肯定在经历人生某个非常重要的关口,他遇到了人生中非常重大的事情,他的内心肯定风云激荡,所以他特别想爬山,他想宣泄,他想改换自己的心境。但是奇怪的是,在这篇文章中,姚鼐却并没有嘶喊,没有宣泄,也没有任何心绪的直接流露,反而让一切归于平淡,为什么会这样? 精神分析学告诉我们,一切被压抑的东西肯定会寻找出口,会试图回归,它(所感)会通过你记录的所见所闻间接地流露出来。那么就让我们像一个侦探,或者一名精神分析师一样。从蛛丝马迹中寻找真相吧,这便是文本细读的真正乐趣所在。

其实,在一篇游记中,我们通常会写所见所闻所感。但姚鼐作为文学大师,却恰恰没有写所感,那么原因只有一个,这是姚鼐刻意压抑的结果。

我们先看文章的最后一段。这段文字的奇特之处在于,句式极短,语气极为简淡,甚至到了枯淡的地步。

山多石,少土;石苍黑色,多平方,少圆。少杂树,多松,生石罅,皆平顶。冰雪,无瀑水,无鸟兽音迹。至日观数里内无树,而雪与人膝齐。

这段文字表面记录的是泰山的地理风貌,可以概括为,"三多三少三无"。可是大家要知道这并不是一个纯然客观的世界,"至日观数里内无树",这个句子省略的主语中有一个"我",也就是说,在这个世界里还有一个正在经历这一切的"我"。那么这个世界中的我是怎样的存在?

我们首先来看,这是怎样的一个世界:泰山顶上,放眼望去,在这个大雪皑皑的冬天,山上多是裸露苍黑的石头,少有土壤,石头多是平的、方的,少有圆形的(平的、方的和圆形造成的视觉效果是有差别的);很少有其他树木,目之所及,大多数是生于石缝中的平顶松树;整个世界冰天雪地,一切都被冰封了,没有流动的活水,没有任何鸟兽的音迹,可以说了无生机,万籁俱寂。而在作者到达日观峰数里的路上,不但没有人和鸟兽,而且连树这样的生命都没有,只有无尽的与人膝盖齐平的雪。大家想,这是怎样一个了无生机、冰清寒冷的世界呀!问题在于,在这样一个天地待久了,作为一个普通人,大概只想迅速逃离。那么此时的姚鼐是怎样的?

我们不妨做一个对比,柳宗元在《小石潭记》记录了这样一段经历:"坐潭上,四面竹树环合,寂寥无人,凄神寒骨,悄怆幽邃。以其境过清,不可久居,乃记之而去。"当一个人心境忧郁悲伤的时候,哪怕处在这样一个绿树环绕的清澈石潭边,他也都觉得承受不了,"以其境过清,不可久居",要快快逃离了。那么处在了无生机冰清寒冷世界中的姚鼐呢?他想逃离吗?不是,他反而意兴浓郁,兴味十足。这说明了什么?

说明了此刻的他内心有一团火,他的内心很温暖,我们甚至能感受到一种精神的豪迈,一种高扬于天地间的豪迈,所以他对环境根本不以为意,环境越凄苦,越无所畏惧,他甚至能在这种环境欣赏出美来;说明了此时的他精神很自足,有一种坚定决心,找到人生方向、人生意义后的自足。如果说此前登临泰山的姚鼐面临着人生重大关口,内心风云激荡的话，那么此时的他早已坚定了决心，处之泰然，他不再犹豫彷徨，不再迷茫。

这种写法叫作什么？我们取一个名字，叫"不写之写"，表面上姚鼐什么都没写，是单纯客观的呈现，但是主体的精神已然充溢其中。

此时的姚鼐到底经历了什么，大家能够猜到吗？我们看另一个关键词，"除夕"，除夕的核心意义是什么？是"除旧迎新"，"迎新"的形象我们已经看到了，登顶泰山后，那个迎来新生的姚鼐形象呼之欲出，他已经度过了人生的危机。那么"除旧"是什么？姚鼐到底要告别什么？文本中不得而知，但不管要告别什么，这个过程肯定会非常痛苦茫然（不然他也不会在大雪中登山了），这恐怕也是他一再选择压抑情感的原因。文本探究到此，现在就让我们借助于史料吧。

纵观姚鼐的一生，乾隆三十九年的确具有辞旧迎新的独特意义。这一年秋天，42 岁的姚鼐以衰病或养亲为由，毅然辞去刑部郎中兼四库馆纂修官的职务，决计远离辗转十多年的喧嚣官场。辞官归隐，对士大夫而言，必然是人生中非常重要的一个决定，尽管决定已经做出，但这么做到底值得吗？同时，姚鼐对"自此将何征"，仍然深感迷茫与彷徨，未来的人生方向到底何去何从？所以姚鼐辞官之后并没有立即南返，在京城从秋天一直待到岁末年初的寒冬。

但是在泰安之行后，第二年春天返京不久，姚鼐就与四库馆同僚道别，整理行装，举家南归。从此以后，他以"隐君子之高风"，开启了持续后半生整整四十年的著书、授徒、讲学的生涯。①

显然泰安之行对他而言，意义重大。与朱孝纯等友人倾心交谈，畅游泰山及周边景点，让他坚定了归隐江湖的志向。

我们会想，为什么泰安之行让他坚定志向？或者进一步说，为什么泰山之行如此治愈？首先分析很多旁证，我们可以看到泰山之行对姚鼐的确意义重大，他为此写了很多诗，甚至很多年以后，姚鼐还念念不忘此次登山的经历和感受，其《跋汪稼门提刑〈登岱诗〉刻》写道："昔乘积雪被青山，曾入天门缥缈间。日观沧溟犹在眼，白头明镜久惊颜。壮才许国朝天近，名岳裁诗拥传还。盛藻宜标千仞上，衰翁无力更追攀。"便是对当年泰山之行的深情回忆。

---

① 此文背景知识介绍引自郭英德《地志知识、自然美景与人生境界——读姚鼐〈登泰山记〉随感》，《文史知识》，2020 年第 2 期.

问题可进一步归结于,姚鼐在泰山中找到了什么? 显然应该是他一直心之所向往的东西,是官场中得不到的东西,那便是自由,是精神之自由,心灵之自由。成年以后,我们会更明白"自由"二字之可贵,这恰恰是姚鼐辞官的缘由,这里不再详述姚鼐在官场中的现实遭际。

泰山,或者说一切名山,在中国古代文人传统中,往往代表着与世俗功利世界相对应的心灵自由世界。自然是最好的治愈。对自然山水的赞美和追求,恰恰体现的是个体对身心自由的追寻,苏轼的《赤壁赋》,陶渊明的《归园田居》一再地表达了这种思想。当姚鼐极力地去书写泰山的美,比如泰山夕照的阔大壮丽:"及既上,苍山负雪,明烛天南;望晚日照城郭,汶水、徂徕如画,而半山居雾若带然。"以及登上日观峰所见一轮红日喷薄而出之浩瀚:"戊申晦,五鼓,与子颖坐日观亭,待日出。大风扬积雪击面。亭东自足下皆云漫。稍见云中白若摴蒱数十立者,山也。极天云一线异色,须臾成五彩。日上,正赤如丹,下有红光,动摇承之。或曰,此东海也。回视日观以西峰,或得日,或否,绛皓驳色,而皆若偻。"也就代表他选择了自然山水,放弃了功名利禄,这是一种不写之写,当他正面肯定一方的时候,也就暗含着他对另一方的否定。同时姚鼐还在《晴雪楼记》写过这样一句话,"浮览山川景物,以消其沉忧"。姚鼐刻意冷峻地展示泰山之雄伟壮观,正是借山水自然之美消除心头的深沉隐痛。姚鼐对山水之美的再现与沉湎,是和他辞官归里的思想相对应的。[①]

我们再看,姚鼐对登临泰山过程的描写,他就写了一句话,"道中迷雾冰滑,磴几不可登"。雪后登山,周边雪气蒸发,眼前一片迷茫,脚下冻雪成冰,但他仍然一步一滑,奋力攀登。登山的经验告诉我们,大雪天登山的日子非常艰难,可是姚鼐就简单地写了这么一句话,没有做过多渲染。这意味着什么? 这个乘风雪之人,好像完全忽略了雪中登山之艰难,一切在他看来风淡云轻。大雪满山,路途艰难,不正象征着人生之艰难吗? 显然他早已完全超越了现实的苦难,心态从容淡定,自得其乐,所以他反而极力书写泰山之雄浑壮美,这恰恰是一种波澜不惊、光风霁月的洒脱、疏朗,是"一种浩然、超然的襟怀"。这同时也是我们一再说的"不写之写"。苏轼的"竹杖芒鞋轻胜马,谁怕,一蓑烟雨任平生",是一种直面人生之风雨,行路之艰难的姿态,是一种正面书写,而姚鼐的轻描淡写,也是一种写,是"不写之写",说明他早已超越了苦难,达到了平和心境。

---

①　吴怀东《姚鼐〈登泰山记〉研究》,《安徽大学学报》,2019 年第 6 期.

整本书
阅读
篇

28 "人生自是有情痴，此恨无关风与月"
——评《龄官划蔷痴及局外》

《龄官划蔷痴及局外》这一章节中写了宝玉平凡琐碎的一天所经历的五件事，先是哄黛玉、讥宝钗，接着戏金钏、怜龄官、踢袭人，可以说宝玉这一天基本没干什么好事。可是虽然这些事情很平凡琐碎，却是理解宝玉形象非常关键的一个章节。我们可以直观地感受到，这五个情节中的宝玉的形象是多么的复杂矛盾。最为关键的冲突在于，在哄黛玉的情节中，宝玉是如此的多情，黛玉说"我死了"，宝玉顺口就说，"你死了，我做和尚"，接着两人相对而泣，真正爱在心口难开，场景感人。可是到了戏金钏的场景中，看到午睡时慵懒的金钏，宝玉就有些恋恋不舍。从口袋里掏出一块糖，塞到金钏的口里，上来就拉着手，说"我明儿和太太讨了你，咱们在一处罢，我只守着你"，前面有多痴情，这会儿就有多轻佻，一种秒变渣男的感觉，我们真的很难以接受这样的宝玉。等到了龄官处，看到女孩在烈日底下划字，则又心生怜悯，无限怜惜，此时的宝玉又是如此体贴多情，不免让人心生感动。痴情、花心、多情这些矛盾的词语，就这么同时出现在一个人身上，你会感觉，如果不是曹雪芹在写作时走神分心的话，那么宝玉必然是一个人格分裂者。

有人说，把这几个方面叠加起来就构成了一个真实而又立体的宝玉。就像我们说人无完人，宝玉有优点，也有缺点，这便是真实的人性。但这毕竟不是一个简单叠加的关系，不是数学上的 A 加 B，我们不能无视其内在的显见的矛盾冲突，"痴情"和"花心"，无论你再怎么巧言善辩，它们也挨不到一块去。我想，伟大的曹雪芹必然清晰地知道这几个看上去矛盾的宝玉其实真正构成了他心中真实的宝玉，但关键是如何统一？在什么样的层面上，我们能把这几个宝玉统一起来，又不相互矛盾呢？显然我们需要回到文本中去发现一个更深层次的也更为本质的宝玉。我们抓大放小，来看三个情节。

我们先看"哄黛玉"的情节。有人说宝玉说话不过脑子，说话造次，这里表现得很典型。宝玉如何造次了呢？哄黛玉的时候，黛玉说："我死了。"宝玉说："你死了，我做和尚。"黛玉一听，脸立马拉了下来。黛玉听到心上人的表白誓言，为何不开心，反而觉得是造次呢？理由很简单，在当时的礼教中，宝玉是不能随意表白自己的情感的，非礼勿言,这种儿女私情是不被允许的。黛玉想:我现在跟你什么关系呀,你就跟我说这种轻浮的话,被别人听到,还不羞死去!所以赶紧跟他撇清关系。可是宝玉很单纯,他没有想这么多,他心里怎么想的嘴里就怎么说,他急于表露自己对黛玉的一片痴情,你死了,我做和尚,再不去娶其他女人,今生非你不娶。话刚一出口,结果被黛玉抢白,宝玉马上意识到自己的造次,脸红了,低着头不敢说一句话。我们可以下第一个判断,在宝玉说话不过脑子的背后是他的单纯与痴情。

接着我们跟随宝玉转入"龄官划蔷"的场景。

一面想,一面又恨认不得这个是谁。再留神细看,只见这女孩子眉蹙春山,眼颦秋水,面薄腰纤,袅袅婷婷,大有林黛玉之态。宝玉早又不忍弃他而去,只管痴看。

发现女孩子长得很美,大有林黛玉之态。宝玉早又不忍弃他而去,只管痴看。宝玉显然犯花痴了,发现了美人,直愣愣地盯着人家看,脚都挪不动地。大家不要想是因为女孩像林黛玉他才痴看的,换个美丽的女孩在悄悄的流泪,宝玉也一样会看痴。如果换作是你我,看了一会儿,也就礼貌地离开了,非礼勿视嘛,可见宝玉一点都不知道掩饰自己。可是他不是贪恋美色,它毕竟不是情色性质的,不是薛蟠或贾珍似的见色起意,这是要区分的,这里的痴是一种单纯的对美的欣赏。

一面想,一面又看,只见那女孩子还在那里画呢,画来画去,还是个"蔷"字。再看,还是个"蔷"字。里面的原是早已痴了,画完一个又画一个,已经画了有几千个"蔷"。外面的不觉也看痴了,两个眼睛珠儿只管随着簪子动,心里却想:"这女孩子一定有什么话说不出来的大心事,才这样个形景。外面既是这个形景,心里不知怎么熬煎。看他的模样儿这般单薄,心里那里还搁的住熬,可恨我不能替你分些过来。"

等到宝玉发现,女孩是重复在写一个蔷字之后,宝玉整个人也看痴了,眼珠儿只管随着簪子动。一个女孩重复画字有什么好看的,宝玉为什么会看痴,而不是觉得无聊呢?因为他心疼这个女孩,虽然不认识她,可他的情感都融入了这个场景中。他理解那个女孩的行为,一个人在烈日炎炎的中午流着泪写一个字写痴了,这肯定是有说不出来的大心事,心里不知怎么煎熬。当然,他现在还不知道女孩是因为思念贾蔷又不能在一起才这么做的。他也经常犯痴,为情而痴,痴情的人最懂痴。

可这种心疼不是简单的是怜香惜玉,它超出了一般的怜香惜玉范畴。宝玉想可恨我不能替你分些过来,这个情感的分量是很重的,恨不能把一个陌生人的痛苦分担过来,而不仅仅停留在旁观者的怜惜。我们一般人肯定做不到。这时候,老天很凑巧,落下一阵雨。宝玉想,她这个身子,如何禁得骤雨一激,禁不住便说道,不用写了,你看下大雨,身上都湿了。我们说宝玉说话做事不过脑子,这里又体现出来了。作为常人,你在提醒女孩的时候,你心中有男女之别,你会像我这么突然提醒对方,不会有些冒昧吗?不会暴露自己刚才一直在偷看吗?龄官肯定不希望自己偷偷流泪划字被别人,特别是男性看到。如果被薛蟠看到,她和贾蔷的私情很可能就暴露了。可是宝玉想都没想,关切之情超过了这些讲究,情急之下就说出来了。这是宝玉的可贵之处。

女孩听说后果然被唬了一跳,就笑道:"这人真怪,自己还淋着雨呢,倒来提醒我,难道姐姐在外头有什么避雨的?"宝玉这才发觉自己也淋湿了,浑身冰冷,这真的是很动人的一幕,他对女孩如此的关怀体贴以致整个地忘掉了自己。这样的宝玉是多么至情至性(而且这种关怀完全超越世俗的身份之别。宝玉知道这个女孩很像是个学戏的,那时候戏子的地位很低微,可是宝玉眼里是没有这个身份差异的,他想到的只是一个女孩的痛苦及淋雨)。我们可以联想到很多类似的情节,比如玉钏儿喂汤给宝玉喝,不小心烫到了宝玉的手,宝玉的直接反应是急切地问玉钏儿有没有烫到自己,玉钏儿说:"你自己烫了,只管问我。"宝玉听说,方觉自己烫了。

可能我们会觉得,这是一种很伟大的情感,对素不相识的人都有一种像佛家一样的博爱,因为关怀对方而忘掉自己。白先勇先生说,"难怪宝玉最后成佛,他对人常常是无私的,把自己忘掉的,对人的感情到了忘我的地步""在某方面来说,曹雪芹把贾宝玉写成一个像痴傻的圣人一样,一种圣人,唯其要到痴傻的程度,才能够包容那么大的世界"。而我觉得,对于宝玉这样至情至性的人而言,更准确的理解是,对于他心疼的人,真正在乎的人,他才会恨不能分担对方的痛苦。这个素不相识的内心煎熬的女孩让他在乎了。有当下情境的因素在,更重要的是,女孩在他心目中格外珍贵。这是宝玉不经意间流露的情愫。成为佛是要普度众生,是对众生苦难的一种悲悯,这个众生既包括女性,还包括男性。宝玉说,"恨我不能替你分些过来",这个你肯定不包括男性。宝玉对龄官内心煎熬的感同身受,是对柔弱女子的痛苦的感同身受,是对女儿,也仅止于对女儿的一种怜惜。

要进一步区分的是"龄官划蔷"中的宝玉至情至性,也很多情,但这个多情,不是男女两性之情,与其说是多情,不如说是博爱。男女两性之间的多情,最典型的就像《天龙八部》的段王爷,漂亮女孩他见一个爱一个,每一个都很爱,想对每一个她好,体贴她,照顾她。可两性的感情,无论你多么忘我地爱着对方,都是希望得到对方爱的回应的。宝玉对龄官,一个素不相识的地位卑微的女孩子,他的体贴是忘我的,没有个人私欲情感在里边,是一种本能的体贴,不希望得到回报的,这个情超越了两性。

我们进入到最有争议性的场景,"戏金钏":

宝玉见了他,就有些恋恋不舍的,悄悄的探头瞧瞧王夫人合着眼,便自己向身边荷包里带的香雪润津丹掏了出来,便向金钏儿口里一送。金钏儿并不睁眼,只管噙了。宝玉上来便拉着手,悄悄的笑道:"我明日和太太讨你,咱们在一处罢。"金钏儿不答。宝玉又道:"不然,等太太醒了我就讨。"金钏儿睁开眼,将宝玉一推,笑道:"你忙什么!'金簪子掉在井里头,有你的只是有你的',连这句话语难道也不明白?我倒告诉你个巧宗儿,你往东小院子里拿环哥儿同彩云去。"宝玉笑道:"凭他怎么去罢,我只守着你。"

宝玉是迷恋美色了吗?是的。宝玉是在调戏金钏吗?我想谁见到这一幕,都会这么承认。客观事实,宝玉休想狡辩。宝玉还有类似的举动吗?干过。第二十四回,宝玉见到鸳鸯,便把脸凑在她脖项上,闻那香油气,不住用手摩挲,其白腻不在袭人之下,便猴上身去涎皮笑道:"好姐姐,把你嘴上的胭脂赏我吃了罢。"一面说着,一面扭股糖似的粘在身上。吃女孩嘴上胭脂这样在我们看来情色的举动,宝玉没少干。既然如此,对于宝玉,我们直接宣判他是"渣男"就好了。我们还可以进一步推论,宝玉自小在这样的环境长大,耳濡目染,沾染了不少纨绔习气,还讨论什么?可是文学不是这样简单粗暴的,我们要追问,宝玉不觉得自己一会儿痴情,一会儿又花心,矛盾分裂吗?宝玉会怎样为自己辩护呢?有人说,这是宝玉多情的表现,对黛玉是灵,对金钏是肉,对龄官是同情,宝玉分得一清二楚。说白了,多情的宝玉有些贪恋女色。可是灵与肉他真能分得那么清吗?

那么我们要进一步追问,宝玉在这里的表现像薛蟠吗?宝玉戏金钏的实质是什么?如果是薛蟠,他肯定会想占有金钏。但是,宝玉迷恋色,没有到薛蟠那种淫荡的程度。说到底,宝玉在这里的表现更像一个孩子,他从未想要像薛蟠一样在身体上得到金钏,只是见到美有些意乱情迷,然后想腻歪想亲近。宝玉对鸳鸯又搂又蹭,恣意撒娇,完全像一个小孩的举动,更接近孩童对喜爱之物的亲近,这个行为与色欲无关。作为大观园中的男子,他习惯了与女子有亲密的肢体互动,包括身体与嘴唇的接触,并不以此为异。宝玉不会想到这是情色的举动。在某种意义上,宝玉的意乱情迷、轻浮是建立在忘记男女之别上的,如果宝玉有清醒的男女两性之别,他的举动立马变成了薛蟠,是真正在调戏一个女孩。当然,他本也可以成为薛蟠,他是贾府继承人,是宝二爷,他要真想淫乱,占有女孩子,那不是很轻松的事吗? 所以宝玉不会觉得自己是在背叛黛玉,是用情不专一。而黛玉对宝玉这些的浮花浪蕊的行为也很少在意,她知道,宝玉要是真改了,就再也不是她心中的那个宝玉了。

宝玉总是因为自己的忘情忘性而很受伤害,他一忘情地拉黛玉的手,黛玉就躁他,谁同你拉拉扯扯的,一天大似一天,还这么涎皮赖脸的,连个男女有别的道理也不知道。这话说得很正确,宝玉平日在女孩面前就这么涎皮赖脸的,连个男女有别的道理都不知道。宝玉受打击最深的一次是,他看紫鹃衣服穿得单薄,就上去关切地摸了一把。紫鹃很不客气地说:"从此咱们只可说话,别动手动脚的。一年大,二年小的,叫人看着不尊重,打紧的那起混账行子们背地里说你。你总不留心,还自管和小时一般行为,如何使得? 都这么大了,还动手动脚,让人看到了不尊重。"宝玉在那一刻非常受伤,整个人痴傻掉了,默默地留下了眼泪。因为他被他那么在乎的女孩嫌弃了,再也不能和她们两小无猜地亲近亲热了。长大了,男女自然要有分别。所谓"越长大越孤单",不过如此。可是,这个过程对于宝玉而言格外痛苦,难以接受。这种分离对他而言是灵与肉的双重切割。

他习惯了女孩的世界,他也只愿待在女孩的世界。事实上,《红楼梦》中宝玉一再地表达他对于女儿的情感。他说他此生最大的愿望是,只求女儿们看着他,守着他,不死也不出嫁,一起厮守在大观园。他最理想的死亡是,"如我此时若果有造化,该死于此时的,趁你们在,我就死了,再能够你们哭我的眼泪流成大河,把我的尸首漂起来,送到那鸦雀不到的幽僻之处。随风化了,自此再不要托生为人,就是我死的得时了。"能够安息在女儿们的柔情中,得女儿们的眼泪掩埋,是宝玉最理想的死亡,如此死法,多么甜蜜,多么浪漫。宝玉说,"女儿是水作的骨肉,男人是泥作的骨肉。我见了女儿,我便清爽;见了男子,便觉浊臭逼人!"这个话是相当惊世骇俗的,跟女儿相处,给宝玉带来的是超越理性的诉诸于本能的清爽快慰,我想曹雪芹在最开始塑造贾宝玉这个千古情痴形象时,脑海中最先想到的是这个句子,因为有了这句话,贾宝玉才有了灵魂,整个人真正丰富立体了起来。贾宝玉说我见了女儿就清爽,见了男子就觉得浊臭逼人,这不是诉诸于某种理性判断,因为当你诉诸于理性判断,去举证女儿好,男子不好的各种理由,紧接着又会有相反的理由来拆解你的论证,可是当贾宝玉诉诸于某种生理直觉,某种本能,那就是无法辩驳的理由。

因此,我们也更深地理解了宝玉为何只愿在女儿堆中厮混,喜欢对女儿伏低做小,以及爱吃女儿胭脂的毛病。这不是出于贵族公子的劣根性或空虚无聊,而正是他关怀女儿、爱慕女儿到了无以复加境地的一种折射。贾宝玉把"作养脂粉"当作一项神圣的事业,对其投入了满腔的热情和毕生的精力,他的理想、他的喜乐悲伤都是以女儿为中心,女儿之情占据了他生活的全部内容并成为他生命的最终目的。"宝玉有此生以来,此身此心为诸女儿应酬不暇。""人生自是有情痴,此恨无关风与月。"(欧阳修《玉楼春》)这话用在宝玉身上是极为体贴的。

总的来说,在女儿身上,宝玉看到的是美,是超越世俗的诗意的心灵,是不被男性世俗功利世界所玷污的清爽干净,女儿代表了宝玉心中的伊甸园,是他安身立命之所在。"我便一时死了,得他们如此,一生事业纵然尽付东流,亦无足叹惜。"

这就是宝玉,他本能地亲近女孩,想跟女孩厮守在一起,想呵护女孩。在女孩痛苦的时候,他会感同身受,恨不能分担,有时候,他又忘情,为了女孩的美意乱神迷,忘了男女之别,做出一些轻浮鲁莽的举动。这就是一个长不大也不愿长大的宝玉,单纯纯真至情至性,有时候又忘情忘性。如果说这几个宝玉,要统一起来,这个统一是建立在宝玉对女儿的亲近,建立在宝玉的如同小孩般的纯真幼稚上。

那么我们如何去评价宝玉的这一理想——把女儿世界当作自己的伊甸园?

自由、美丽、柔情、诗意的女儿世界是宝玉的伊甸园,是他内心最柔软的部分,是他想永久守护的大观园。理智地说,这样的宝玉,很单纯很幼稚,在某种意义上,他拒绝长大,不愿进入(世俗功利竞争的)男性世界而成为一个社会意义的男人——在宗法社会中,遵守社会和家庭对个人的设计和规范是一个男子长大成人的必要条件,可以说他是那个礼教社会的最大叛逆者,他被视为痴、傻、呆、不正常。即便在今天,他依然会被正常的社会视为叛逆者。

同样,宝玉的伊甸园注定要失落。因为女孩们会长大,会完成女儿的世俗化或社会化,她们不会仅仅停留在自由、美丽、柔情、诗意的阶段。即便女儿世界内部,也不会仅仅只有诗意、美丽,也会有争夺,会有功利计较。故而每一落到现实世界,宝玉的多情会带来无尽的烦恼,不是得罪这个,就是得罪那个。随着长大成人,宝玉和女孩们再也无法两小无猜,他单纯的体贴,他的多情无可避免地会陷入男女之情的猜疑。"一天大似一天,谁还跟你拉拉扯扯的""怎么这么大了,还做这么肉麻的举动",长大了就应该有所顾忌,应该受到礼教的约束,这是幼稚的宝玉和成人世界的错位。而现实也是,代表他的理想的女儿们最终在世俗世界的冲击下,一个个走向凋零毁灭,千红一哭,万艳同悲,宝玉最终彻底地失落了他的伊甸园，"白茫茫落得大地一片真干净"。宝玉对女儿的多情，无可避免地会走向幻灭，宝玉的悲伤无可逃避，这也是《红楼梦》深层次的一种悲伤。

我不想说，宝玉的纯真比我们更高级。我还是会觉得成熟更好，相处起来更舒服，只是成熟有时候不可避免会造成纯真的遗失。宝玉对于我们的意义是什么？他如此贪恋美丽、柔情、诗意的女儿世界，那么至情至性，又忘情忘性。我不知道大家内心是否也有过这样一个幼稚的宝玉，坦诚地说，我心中有过这样幼稚的宝玉，我依然会觉得我有时候很幼稚，这话绝不是夸耀。而真正的成熟和勇气，是在通向世俗化的过程中，在内心中依然保有这份幼稚，保有这份对单纯、美丽、自由、诗意、无功利世界的向往，这是宝玉这个形象带给我们的意义，这也是为什么宝玉这个形象将永恒地留存在人类文学形象的长廊中并长久地给予我们启迪。

㉙ 一个绣春囊引发的血案
——评《抄检大观园》

　　王夫人一脸气急败坏,一进来就把王熙凤骂个狗血淋头,拿王熙凤兴师问罪,她怀疑东西是王熙凤的,她到底气什么呀?因为园子里发现了绣春囊,就是绣着春宫图的一个东西。兹事体大,事情很严重,贾府是什么身份,怎么样的一种世家!居然跑出这种淫邪的东西。倘若园子里你未出阁的姐妹们看见了,成何体统,这还了得!更进一步,这件事情要是传出去,外面知道皇妃的家里跑出这种东西,贾府的脸面还要不要啊,想想都后怕。王夫人是贾府的主母,这件事情对她而言,冲击是很大的。你看她那出场的架势,只带一个丫头,一进来,立马喝令平儿出去,王熙凤一问,立马泪如雨下,声音都发颤了。

　　进一步追问,王夫人仅仅是因为绣春囊而气成这个样子吗?如果是她的丫鬟捡到了,她肯定会生气,但她不至于气到这地步。她会把王熙凤叫过来,训一顿,然后暗中把这事情处理了。关键在于,这东西是谁送来的,是邢夫人。原文有一句话,“但如今却怎么处?你婆婆才打发人封了这个给我瞧,说是前日从傻大姐手里得的,把我气了个死。”为什么邢夫人送过来,她气成这样,这是因为王夫人和邢夫人的关系很紧张,一直在暗中角力,只是没有公开。王夫人和邢夫人,一个二房,一个大房,按照封建礼仪的传统,掌权的应该是大房,可是偏偏邢夫人那作为长子的老公贾赦不争气,贾母不待见,贾母偏爱的是二儿子贾政,所以贾府的实际掌权者是王夫人以及她的侄女王熙凤。而且王夫人出自四大家族的王家,娘家很有背景,而邢夫人的身份比较低,她是一个填房。邢夫人把这个绣春囊交给王夫人,在王夫人眼里,这就是在示威,它的潜台词是,你看看你是怎么做当家人的,居然在咱们贾府里跑出这样淫秽的东西!这等于是被对手抓住一个把柄了,因此,王夫人气急败坏,她必须得有一个交代。她首先想到的,当然是质问作为大管家的王熙凤。

　　绣春囊事件出来了,王夫人找王熙凤商量怎么处理。大家想,如果是你,这事情该怎么解决啊?不宜对外声张,暗中查访是不是?要是被外人知道了,贾府的名声就毁了。大家跟王熙凤想的是一样的,凤姐道:“太太快别生气。若被众人觉察了,保不定老太太不知道。且平心静气暗暗访察，才得确实，纵然访不着，外人也不能知道。这叫作'胳膊折在袖内'。"这才是顾全大局。王夫人同意了吗？起初同意了。"如今且叫人传了周瑞家的等人进来，就吩咐他们快快暗地访拿这事要紧。"

可是后来的动作是按照这个计划进行的吗？不是，变成了抄检大观园，什么概念？大晚上，一群人声势浩大，逐屋地搜查，翻箱倒柜，这动静闹得是生怕别人不知道。这个决策很荒谬。因为无论查出什么结果，绣春囊这事肯定瞒不住。我们再进一步想想，如果真的查出什么不堪的呢？众目睽睽之下，你想掩盖也掩盖不了。园子里都住着什么人呀？宝玉、黛玉、宝钗、探春、迎春、惜春、李纨，除了宝玉、李纨，剩下的都是未出阁的姑娘，你在没查之前，你能确定谁会出事吗？一旦被牵扯到，这些姑娘的名声就真的毁了。

事情怎么会变成这个样子？谁出的主意？王善保家的。邢夫人的陪房，也就是邢夫人的心腹。"如今要查这个主儿也极容易，等到晚上园门关了的时节，内外不通风，我们竟给他们个猛不防，带着人到各处丫头们房里搜寻。想来谁有这个，断不单只有这个，自然还有别的东西。那时翻出别的来，自然这个也是他的。"王夫人道："这话倒是。若不如此，断不能清的清白的白。"可是王夫人怎么就答应了呢？到底是哪些因素促成了这次大抄检呢？

我们再进一步看，王善保家的为什么会出这个主意？事实上，是王善保家的想借机公报私仇，奉了王夫人的旨意进大观园抄检，她就可以耀武扬威一番。这王善保家正因素日进园去那些丫鬟们不大趋奉他，他心里大不自在，要寻他们的故事又寻不着，恰好生出这事来，以为得了把柄。又听王夫人委托，正撞在心坎上。要知道陪房是很有脸面的，她们当初就是小姐嫁过来时跟着一起来的，她是邢夫人的陪房，当然也就是邢夫人的心腹。像这种陪房老嬷嬷，很喜欢管东管西来彰显自己的权威。她本来在邢夫人那边，结果跑到大观园里，那些丫头不买她的账，不奉承她，因此早就积怨在心，这个事情正好是她报仇的机会。别看贾府表面和谐，一派温情脉脉，在关键时刻，各种矛盾就浮出水面了。这里典型地体现了老婆子对得宠的小丫鬟的那种水深火热的忌恨，另一方面也反映了得宠的小丫鬟对人老珠黄的老婆子的那种得意忘形的骄狂。

王善保家的说了一番什么话直接让王夫人下定决心抄检大观园？她供出了晴雯，说在宝玉的身边有妖精一样的女孩存在。这下真正触到了王夫人的心病。本来，王善保家一开始攻击大观园里的女孩子一个个目无尊长，自由散漫。"不是奴才多话，论理这事该早严紧的。太太也不大往园里去,这些女孩子们一个个倒像受了封诰似的。他们就成了千金小姐了。闹下天来,谁敢哼一声儿。不然,就调唆姑娘的丫头们,说欺负了姑娘们了,谁还耽得起。"王夫人直接给挡了回去,王夫人道:"这也有的常情,跟姑娘的丫头原比别的娇贵些。你们该劝他们。"可是当王善保家的提到了宝玉的身边人,王夫人立马就就范了。

"太太不知道,一个宝玉屋里的晴雯,那丫头仗着他生的模样儿比别人标致些,又生了一张巧嘴,天天打扮的像个西施的样子,在人跟前能说惯道,掐尖要强。一句话不投机,他就立起两个骚眼睛来骂人,妖妖趫趫,大不成个体统。"所谓风流灵巧招人怨,晴雯在大观园里,心性高傲,牙尖嘴利,得罪了不少人,平时不显现,在关键时刻,这后果就显现出来了。

"王夫人听了这话,猛然触动往事。"触动什么往事? 恐怕她自然想起了当初袭人的进言:"设若二爷叫人哼出一声不是来,我们不用说或,粉碎碎骨,还是平常,后来二爷一生的声名品行,岂不完了呢?"想起了金钏儿,宝玉调戏金钏儿,金钏儿说了逗趣的话:"你着什么急呀,金簪子掉在井里,是你的总会是你的。"王夫人醒来,一巴掌扇了金钏儿,说"好好的爷们,都被你们给教坏了"。王夫人是在儒家文化的熏陶下培养出来的,她心目中的女孩子应该守规矩,应该忠厚老实,乖乖的笨笨的最好,像晴雯这样的她最讨厌,太不成体统。你看王夫人的表述,"上次我们跟了老太太进园逛去,有一个水蛇腰,削肩膀,眉眼又有些像你林妹妹的,正在那里骂小丫头。我的心里很看不上那狂样子。""我一生最嫌这样人,况且又出来这个事。好好的宝玉,倘或叫这蹄子勾引坏了,那还了得。"王夫人有她的偏见,她紧守她那一套道德判断,当然晴雯自然也有她的问题,不然不会招致这样的怨恨。王夫人后来见到了晴雯,心里止不住的厌恶,喝声"去! 站在这里,我看不上这浪样儿! 谁许你这样花红柳绿的妆扮!"晴雯被这么一番羞辱,也气到不行。

所以我们看到,真正让王夫人下定决心抄检大观园的,是对宝玉的关切。所谓爱子心切,她要借这次抄检清理宝玉身边的人,即"清君侧"。只是这爱很盲目,我们看到这爱无意间伤了很多人。在她手上,第一个伤的就是金钏儿,第二就是晴雯,后来还有那些小戏子,都被她流放了。说起来,她是恪守礼教,只是这个礼教有时候很残忍。"这几年我越发精神短了,照顾不到。这样妖精似的东西竟没看见。只怕这样的还有,明日倒得查查。"凤姐见王夫人盛怒之际,又因王善保家的是邢夫人的耳目,常调唆着邢夫人生事,纵有千百样言词,此刻也不敢说,只低头答应着。

当然,还有另外一个原因。王善保家的为何出现?"王夫人正嫌人少不能勘察,忽见邢夫人的陪房王善保家的走来,方才正是他送香囊来的。王夫人向来看视邢夫人之得力心腹人等原无二意,今见他来打听此事,十分关切,便向他说:'你去回了太太,也进园内照管照管,不比别人又强些。'"很显然,王善保家的代表着邢夫人,她是邢夫人的耳目、代言人,所以王夫人让她参与这次抄检,也算是对邢夫人的一个交代,你看我并没有包庇谁。

我们总结来看,抄检大观园,用探春的话尽显丑态,本来可以不发生的。自己抄自己家,把好好一个家搞得乌烟瘴气,鸡飞狗跳,自己窝里斗,多么愚蠢荒谬,但是每个人在这个事情上都掺杂了私欲,邢夫人想看王夫人的笑话,王善保家的想公报私仇,王夫人护子心切,就这么把整个家族往深渊里推了一步。这就是探春说的"可知这样大族人家,若从外头杀来,一时是杀不死的,这是古人曾说的'百足之虫,死而不僵',必须先从家里自杀自灭起来,才能一败涂地!"

抄检大观园的大戏正式上演。我们首先注意抄检大观园的顺序:宝玉、(宝钗)、黛玉、探春、李纨、惜春、迎春。抄检中,各主要人物的性格特点一一再次展现。我们暂且只关注两个人物,宝玉和王熙凤。

这里涉及两个问题,为什么先抄检宝玉?为什么只查林妹妹却不查薛宝钗?有什么玄机在里面吗?最先抄检宝玉的理由,我们容易推测出来,理由有二,第一,宝玉是大观园中唯一的男性,最有可能私藏这种淫秽之物。第二,正因为宝玉是男性,而且是贾府的宝二爷,即便查出来这些脏东西,那么事情也可以理解可以接受,一个公子哥私藏个春宫图算得了啥,大不了被臭骂一顿。在某种意义上,春宫图归属于宝玉,这是事情最体面也最理想的解决方式。真正恐怖的结果是,在宝玉这什么也没有查出来。那么这意味着这颗毁灭性的炸弹可能会降临到任何一个未出阁的女孩头上,那注定是不可承受之重,一个女孩的名声因之尽毁。

果然,最可怕的结果出现了,宝玉那儿没有。有人问,宝玉那么叛逆,为什么不抗议抄检大观园呀。要知道,宝玉的叛逆只限于消极地去持守自己的内心,即你们给我选的阳光大道,我偏不走,我不要仕途经济,我也只爱我的林妹妹。可是宝玉从来不敢正面忤逆自己的父亲或母亲。哪怕触及到他性命根本的林妹妹,他也没有正面去抗争守护,只是一再地以犯痴犯傻的方式间接宣告他对林黛玉忠贞不渝的爱。后来,晴雯被赶走,他所珍惜的女孩一个个凋零,他也只是无声地流泪、告别、纪念。在某种意义上,这是一个追求纯粹的美和诗意的人注定的行为模式。在这时候,王熙凤对王善保家的意味深长地说了一句话:"我有一句话,不知是不是。要抄检只抄检咱们家的人,薛大姑娘屋里,断乎检抄不得的。"王善保家的笑道:"这个自然。岂有抄起亲戚家来。"这句话,看上去很合情合理。但疑点有二,第一,为什么刚好在这个时候交代,等查完其他几个女孩子家再说可以吗?当然不行。等排查完了再说,就是明显的抹黑宝钗了。第二,站在宝钗的角度而言,她希望被搜查吗?答案是肯定的,因为这是洗脱嫌疑最直接的方式。万一,此次抄检大观园没有搜出任何结果,那么宝钗就成了那个唯一可能的贼,这个锅她不背也得背。事实上,这次抄检后的第二天,宝钗就提出从大观园里搬出去,还笑着说道:"落什么不是呢?这也是通共常情,你又不曾卖放了贼。"话里话外,宝钗其实非常生气,因为她差点就成了大观园中那个未言明的贼。由此来看,王熙凤这番特意的交代,也就耐人寻味了。

接着场景来到了黛玉家中,黛玉已经睡了。这种事情选择睡去自然是最好的,这是王夫人的命令,一个外人怎么能发声抗议呢。可不曾想抄出两副宝玉常换下来的寄名符儿,一副束带上的披带,两个荷包并扇套,套内有扇子。王善保家的自为得了意,遂忙请凤姐过来验视,因为从客观的角度来说,女孩的闺房里抄出了男人的物件,自然代表了男女私情,这跟在司琪那抄出情人潘又安的信件,在性质上是相近的,事情很严重,而且这一切都直接指向小姐黛玉(可比后面司棋、入画的罪名严重多了)。可是这时候还没等黛玉、紫鹃开口,凤姐立马帮腔,解释其实很无力,"宝玉和他们从小儿在一处混了几年,这自然是宝玉的旧东西。这也不算什么罕事"。王熙凤接着动用自己查抄小分队队长的身份决定"撂下再往别处去是正经。"——有点落荒而逃的意思。这里王熙凤自然有维护贾母"心头肉"的成分在,但是联系刚才王熙凤对宝钗的心思,那么这里似乎隐约透露了关于贾府未来儿媳的议题中王熙凤的选择。

30 如何打开一本社科书
——评《乡土中国》

  费孝通的《乡土中国》是国内社会学著作的奠基之作,是研究传统中国社会的必读书目。尽管我们已经大跨步进入现代社会,但乡土性始终是我们民族的底色,它早已融入到我们民族的基因血脉中。谈论在我们身上还残留多少乡土性,这终究是一个伪命题,因为无论是对乡土性的否定还是继承,我们都始终处在乡土性的影响中,是作为后乡土性的存在。就像谈论过去在现在的我们身上还残留多少影响一样,这也是一个伪命题,没有过去,何来现在呢?

  我们如何打开一本社科类书籍,或者说如何定义我们真正读懂了一本社科著作呢?我们可以借助问题意识的概念来谈论,比如把握作者谈论的是什么问题,他又是如何分析问题,解决问题的。但我想换一个更简单的方法,一个思想家,无论他毕生著述有多少,总有他的思维范式,他所著书籍不过是这个思维范式在各个不同领域的生发。而一本书,无论他所谈论的对象表面多庞杂,同样也会集中于几个核心的概念或观念。在我看来,真正把一本书读懂、读薄,即是,我能用一句话或一个概念概括整本书,反过来,我能将这一句话或概念,在各个不同的维度加以阐发运用。

  对于《乡土中国》而言,或者说,对于乡土社会而言,最核心的概念是"稳定",与之相对的概念,则是"流动性",我们尝试以之对整本书进行阐述。

  为何文字未下乡?通常社会学解释告诉我们,乡村之所以多文盲,是因为知识的传播成本过高,教育的费用不是一个普通乡民能轻易支付的。费孝通则从乡土社会的本质出发给了另一个犀利的解释。乡土社会,文字之所以不通行,不仅是因为文字高昂的流通成本,而在于一个更惊人的事实,即乡土社会不需要。文字为什么会存在?文字存在的本质意义是帮助我们超越时空的限制与他人进行交流,这个他人既可以是远去的先人,也可以是地理意义上的远方的人。而在一个稳定的乡土社会,空间意义的距离早已取消,同在一个乡村,既然可以轻易地当面言说,何必借助笨拙的文字呢?所谓"词不达意",这本是文字先天的弊病;时间意义上的距离,对于一个依靠经验的乡土社会而言,经验或远方的故事口耳相传便已足够,也就无需文字的记载了。大多数时候，我们最早智慧的获得不就是要么在餐桌上，要么在篝火旁吗？换一个角度，如果文字在乡土社会是绝对的必需，那么文字流通的成本再高，恐怕乡土社会也会克服的。

乡土社会如何重经验轻科学？或者说乡土社会为何始终缺乏对研究普遍规律的兴趣和动力？从文化上来说，我们过多地专注于人世之维，"敬鬼神而远之"，把神秘未知过早地从现实世界中排除出去，悬置起来。而在费孝通看来，从社会学意义来说，我们之所以会重经验轻科学，根本原因在于，对于乡土社会而言，我们本便不需要科学，经验足以应对一切，既然不需要科学，又何谈缺乏对科学的兴趣呢？秦朝的乡村和清朝的乡村，又有多少本质的差异呢？秦朝的百姓所遇到的问题，和清朝的百姓所遇到的问题，又有多少根本的不同呢？当清朝的百姓能依据祖辈传承的经验来解决当下的个别的问题的时候，他又怎么会有动力去研究超越个别的普遍规律呢？祖辈传下的经验为何灵验？为何珍贵？还不是因为当下的问题没有变异，问题还是当初的问题。我们这个民族为何尚古尊老？为何动不动就说"先人有言"？孔子为何说"述而不作""克己复礼"？为何我们的黄金时代不在将来而在"上古"？为何明明是改革创新却总要"托古改制"？原因即在于乡土社会的恒定性，既然我们的先人们付出了头破血流的代价，已经为我们总结好了经验，何必还非得自己撞了南墙才回头？

乡土社会如何男女有别？从现代视角来看，乡土社会中的夫妻之间很少有现代意义上的亲密关系，相互之间很少表达爱，反而相对更重视同性之谊。比如义气在男人社会中尤其重要，做人不能"有了女人忘了兄弟"，重色轻义是要被谴责笑话的。《水浒传》中更是宣扬杀妻取义的道德观，头号人物宋江的上梁山即是如此。这首先跟男权社会中，女性的不平等地位紧密相关。费孝通关注的则是，男人和女人在本质上的不可通达性，就如一本畅销书的书目所昭示的，男人和女人，一个来自火星，一个来自金星，是两种截然不同的物种。因为性别的差异和隔阂，男人永远不可能理解女人，女人也永远不可能理解男人，这种相互的不可理喻是先天的。因此，从本质上来讲，男人或女人更容易在同性那里找到认同和理解。而男人和女人的结合，注定是不稳定的，它充满矛盾、碰撞，在其内部蕴含了巨大的非理性的能量或激情。对于一个稳定的社会秩序，它具有破坏性的动能。

但费孝通的疑问在于，为何西方社会反而最先发展出男女两性的亲密关系？费孝通从家庭所承担的功能予以解答，在乡土社会或者说中国传统社会，家庭不只是两性的结合,而且也是家族的结合,它不仅要生儿育女,传宗接代,而且还承担非常重大的经济或政治功能。家族类同于一个事业单位,妻子的加入/两性的结合首先是让这个家族发扬光大,其次才是夫妻个体间的情感。对于一个家族的长远发展而言,夫妻间稳定的协同合作是最重要的,而属于两性间的激情作为破坏性的动能恰恰是需要被压抑的。一个丈夫或妻子,最重要的是扮演好丈夫或妻子的角色,两人是否具有我们现代意义上的爱情并不重要。西方社会很早开始便是个人本位,因此家庭只需如其本来所是,作为两性情感的结晶即可。

乡土社会为何重礼法而轻律法?这不是说,乡土社会不讲律法,而是相对于律法,礼法在乡土社会发挥了更为重要的功能。我们自古是礼仪之邦,礼法的本质是"分别",男女有别,君臣有别,夫妻有别,父子有别……在一个礼法社会,最重要的是各社会成员紧守这个"分别",不能轻易僭越。为了落实这个分别,我们更进一步制定了"三纲五常",对每一个重要的伦理关系制定了相应的规范。我们每一个人一出生,伦理礼法的规范便伴随一生。费孝通所思考的问题在于,礼法为何在乡土社会如此有效力?而当我们一旦离开乡土,进入都市,礼法的效力就变得非常微弱。比如说,在现代社会,一个人"不孝、不悌、不忠、不信、不讲究礼义廉耻",可是只要他不触碰法律,事实上,在很大程度上,他依然可以活得逍遥自在。可是在乡土社会,一个人如果不孝敬父母,不讲信用,他/她首先一定会遭遇社会性死亡,其次可能遭遇生存危机,在乡里混不下去,最终流离失所。原因何在?这同样根源于乡土社会的稳定性,在一个稳定的彼此相熟的熟人社会,倘若做了严重的背德之事或违背礼法之事,光是乡里乡亲的唾沫都可以淹死你,你又有何脸面继续待下去呢?而一旦背井离乡,一个外地人要想在其他乡村扎下根,难度可想而知。从积极的意义来说,熟人社会也是温情脉脉的人情社会,天然的信用化的社会。试想,倘若你一辈子就住在一个村子里,一生中所密切接触的就是村子里的几百号人,那么你很自然地跟这些人结成了较亲密的关系。彼此知根知底,彼此人情往来,互帮互助,相互信任,那么当你遇到事的时候,你很自然地就想走熟人的门路,而彼此之间的商业往来,又何必借助冰冷的律法呢?熟人身份本身是信用的凭证,"大家都是熟人,打个招呼便是,你这么一来,就见外了。"为什么哪怕当今社会的婚姻,很多依然要借助于相亲的形式,因为通过熟人,彼此知根知底,这就有了一层信用的保障。

其实,温情脉脉的人情社会、熟人社会不仅只存在于中国的乡土社会,在西方的传统乡下小镇也是如此。比如林达在《一路走来一路读》中这样描述了美国乡下小镇所经历的变迁：

> 沃尔玛有它的可恨之处。沃尔玛来到小镇，其破坏力不能不叫人忧心。首当其冲遭受破坏的，就是小镇上原有的商家和小镇的文化。
>
> 传统的美国小镇，主街上集中着一些小商家。这些小商家向小镇居民和附近的农民们提供日常用品。它们全部是家庭经营，代代相传。它们的顾客也代代相传。小商店小本买卖，种类虽不多，但都是当地顾客需要的。这些商店和它们的顾客都相熟信任，可以订货，可以赊账。附近居民也可以把自己生产的东西放到小商店里寄售。这种商业，是小镇文化的一部分。那儿的居民，就是在这样的互相照应中长大。孩子们身上可以从不带钱，饿了就到店里吃，渴了就到店里喝，记账。小镇孩子们甚至上电影院看电影也记账。过一段时间，会有老奶奶来店里，把自己家孩子们欠的账付清。
>
> 传统的小镇生活方式和小镇文化是一种地方性的社区文化，它建立在人际信任的基础上，也维系着这种十分有特色的人际关系。它是舒缓的、轻松的，感性而浪漫。美国小镇清洁、宁静，如梦如画，十分适合朴素而注重生活质量的人们居住，特别是孩子们成长和退休老人养老。
>
> 沃尔玛却是另外一种风格。沃尔玛代表了全球化时代的肌肉和力量，它是紧张的、进取的，理性而冷峻。它的满面笑容服务周到的店员们，笑容面具下只有工作规范，没有人际关系。它知道它的力量不在人际文化，而在物质优势：多品种、高质量、低价格的商品及其服务，所向披靡。
>
> 沃尔玛所到之处，小商店顿时日子难过了。当小商店纷纷倒闭的时候，却看到周围几十英里范围的人们驾车来到沃尔玛购物。小镇周围道路交通流量大增，空气污染明显。沃尔玛停车场满满登登，小镇主街却萧条冷落。沃尔玛就像一个年轻的巨人，在它的压迫下，小镇显得苍老无力。伴随着小镇主街的萧条，是原有社区文化的衰落。

——林达《一路走来一路读》

说到底，稳定乡土社会的敌人不是西方，而是现代化。马克思说，"一切固定的都灰飞烟灭"，流动性是现代社会的本质特征。正如稳定性是传统社会的本质特征。在我们身上，稳定的传统的联结越来越弱，我们都在成为原子化的个体。我们越来越自由独立,却又越来越孤单。以前,传统是生命不能承受之重,但现代又何尝不是生命不能承受之轻。以前,从我们一出生,伦理之网便把我们网住了,锚定了。家族、邻里乡亲是我们一生都避不开的重要关系,再后来是同窗、同门、同行诸如此类,因为缺少流动性,所以这些关系都格外稳定也格外重要。可是今天,身处大都会的我们,一直处在流动中的我们,社会关系则处在极大的开放性中,"我有必要认识你吗?""我一定要跟你有联系吗?""邻里我压根不认识又如何?"亲戚可能很早就没来往了,同学同事朋友好像很重要,可是一换学校一换工作一换城市,所有就都变了。在这个陌生化社会,我们不再身处固定的位置,不再被伦理之网所羁绊,我们如同一个个原子一样,自由地碰撞,没有所谓"理所当然""非得如此",原子与原子的短暂组合,只取决于当下的现实和情感需要。而网络虚拟时空,更是加剧了这一变化。在现实生活中,我们完全可以做到不与真实的人交流,而不影响正常的生活。如果说,在以往,熟人是信用的重要凭证,那么此规则现在被完全颠覆,在流动的陌生人社会,法律成了唯一的依凭。为什么在网络购物平台上,我们面对虚拟的客户端,面对匿名化的陌生个体,我们依然可以放心大胆地购物,因为法律在背后保障了一切。

现代社会,在社会关系上,我们面临前所未有的开放性,无限的可能为我们打开,不是因为有血缘我们就一定需要发生生命的交集(除却直系血亲),一切都归属于你自主的选择。可是全面的自由真的好吗? 我们如同飘零的浮萍,我们遭遇无数迎面而来的相遇,可是每一段相遇都先天地缺乏"非得如此"的理由,直到遇到那个"命定"的他/她,然后你告诉自己,是的,我找到了我的"命定",我的归属,我的停留,直到下一次如梦初醒,你又再次陷入彷徨。

这也是为什么我们很少再听到从一而终的爱情故事,我们的电影好像突然对爱情失去了想象力,这也是为什么从此江湖消失,义气不再。因为江湖是在熟人社会的边缘地带,面对可能的陌生人的背叛和不确定性,用情和义的相守来温暖彼此,于是为了一句话便可以等待一生,于是为了义气可以两肋插刀,于是一个人便是一辈子。而现在的陌生人社会,法律接管一切,江湖早已荡然无存,情和义的相守有时变成了尴尬的存在,为了一片树叶放弃整片森林,为了一个诺言荒废自己的一生,有时显得荒唐可笑,江湖从此不再有生死爱恨情仇的传说。

我怀念那个重情重义的年代,我也怀念人情的温暖。

费孝通谈到了乡土社会和西方社会一个本质的区别,即差序格局和团体格局。差序格局比较好理解,即在一个社会中,我们结构社会关系的方式,是以我为核心,按照与我的远近亲疏,依次往外推,形成有差序的格局。而往外推的途径一般有两条,一条是血缘,一条是权势地缘等。费孝通用了一个非常形象的比喻,即一颗石子抛在湖面上,会形成一层层往外扩散的涟漪,而我就是作为中心的石子,扩散出去的涟漪即是以我为核心的伦理关系。差序格局的伦理关系,让费孝通忧心的问题在于,我们往往过于看重"私我",一切以我的利益为核心,因而缺少对公共事务或利益的关怀,所谓"各人自扫门前雪,休管他人瓦上霜"。很多时候,我们行事的准则不是依据普遍的定则,而是依据与我距离的亲疏远近,一旦被认作自己人,准则便可以通融,"公"的维度则可以被损害,即所谓因私废公。换句话说,差序格局中社会关系是私人关系构成的网络,社会道德也只在私人联系中发生意义。

这样的例子我们可以举出很多,可是值得追问的一个问题是,差序格局,在某种意义上,难道不是不分种族、不分国界,属于我们每个人结构社会关系的方式吗?我们每个人不都是以我为核心,结构一个有差序的社会关系网络吗?只是往外推的方式或许有差异而已,比如我们更重视血缘,可能有些社会更重视地缘权势,但以我为核心则是一定的。那么为何独独以差序格局命名我们的社会?问题的关键即在于,如何理解作为对立面的团体格局。本质上,费孝通谈论的是公与私或群己的界限问题。

团体格局,即先在地存在一个团体,而每个团体中的个人或份子都是独立和平等的,具备相应的权利和义务。团体的界限分明,不会轻易伸缩,离开这个团体,则不承担相应的义务,也失去相应的权利,进入这个团体,则可以享受相应的权利和必须履行相应的义务。费孝通以成捆的筷子做比喻,作为一个团体中的筷子,它是独立和平等的。可能有人会质疑,在乡土社会中,不也存在团体格局吗?比如一个家族不就是一个团体吗?问得好。关键在于,如何理解费孝通所说的团体到底是什么。在某种意义上,团体是一个相当现代化的概念,在大的层面上,很长时间以来我们都没有建立团体的意识。(微观的层面,当然有,不在讨论范围之内。)比如说,国家,在现代西方的意义上,它是一个团体。每一个公民让渡自己的一部分权利,而形成了国家,国家建立在契约之上,而作为国家中的每一个公民都是独立和平等的,具有相应的权利和义务。而国家领袖作为公的维度,他并不是国家的所有者,而只是代表者,他占据公的抽象位置,是公的"道成肉身",行使相应的职能。可是在我们的封建宗法制社会中,"普天之下莫非王土,率土之滨莫非王臣",天子是天下的所有者,老百姓不过是被统治者,那个喊出"大清的天下是我们大家的"的夏瑜到头来是一个"疯子"的存在。朝代的更迭或朝廷的更替,是"肉食者谋之"之事,是拿朝廷俸禄的人操心之事,所谓的"公"与普通百姓又有何干?因此,现代意义上的与己密切相关之团体或"公"在封建社会中从未存在过,又何论重视私我而缺乏公/团体的精神或公德心呢?

费老对东西方差序格局和团体格局的定位,我想大体是可以接受的。

后　记

　　对于语文学科而言，我们通常追问两个问题，一是教什么，二是怎么教。很多前辈穷尽了毕生心力在回答这两个问题，但是我的讨论想回到一个逻辑上更早的起点，即对于语文学科而言一个好像不言自明的问题——为什么而教。

　　但我并不是站在传统的朴素的立场上追问语文学科存在的价值和意义，如它有怎样的育人功能，而是站在一个新的时代背景下，去回应语文学科所面临的挑战。那就是，在信息化时代，当知识不被轻易垄断，面对触手可及的书籍/信息（太多的好书籍等待我们去阅读），作为一名语文老师，或语文作为一个学科，存在的意义是什么？进一步，当我们直面"学好语文最重要的是阅读"这个似乎不言自明的普遍真理，当一个学生依靠大量自主的阅读好像便能学好语文的时候，作为语文老师，或语文作为一个学科，存在的意义是什么？更进一步，当我们教材中的经典篇目都拥有了充分恰当的解读，当学生能够自由获取关于课文解读的"最佳答案"或"专家观点"时，我们语文课堂存在的意义又是什么？事实上，作为一名文科生，如果你对人文有真正的爱，又有充分的时间，那么你在图书馆的知识海洋中可以获得无尽的真理。

　　我们好像被层层的问题压迫着，但是穿透迷雾，问题本质上只有一个：那就是语文学科的专业性何在？相对于自主阅读，它又有着怎样的无可替代性？对此，我的答案是回到文学研究一个非常悠久的传统——文本细读。它与英美新批评和俄国形式主义的关系，这里不再赘述。语文学科存在的重大意义即在于，通过文本细读以及写作训练，让我们成为一个专业的阅读者以及专业的写作者/表达者（一个好的写作者通常是一个好的读者）。当我们面对一部作品，我们不再是简单停留在印象式的感慨，比如"读了真的好感动""太刺激了""我好喜欢书里面的女主角"，而是能够从更专业的角度，从文本的主题思想、情节结构、人物形象、艺术技巧、语言风格等层面予以细致地分析评论，那么语文教学便获得了其存在的本真意义。

　　可能有人会继续追问，文本细读确实让语文学科获得了学科的自足性或学科的专业性，但它更像是一个技术性的工具，我们又将置我们通常谈论的语文的人文价值于何地呢？《普通高中语文课程标准》中提出了作为语文学科的四大核心素养："语言建构与运用""思维发展与提升""审美鉴赏与创造"和"文化传承与理解"，它覆盖语言、思维、审美、文化四个维度，是解读语文学科核心价值的最普遍、最权威的说法。

我要请大家注意的是，《课标》中特意强调的一段话，"语言建构与运用是语文学科核心素养的基础，在语文课程中，学生的思维发展与提升、审美鉴赏与创造、文化传承与理解，都是以语言的建构与运用为基础，并在学生个体言语经验发展过程中得以实现的。"当《课标》特意强调"语言建构与运用是语文学科核心素养的基础"时，恰恰是在告诉我们，立足于语言，更进一步立足于文本，才是语文教学的根基所在。因为只有立足于语言，立足于文本，才能够清晰地界定语文学科的边界。比如只单纯谈论"思维发展与提升"的维度，那么它跟逻辑课的区别是什么？又比如只单纯谈论"文化传承与理解"的维度，那么它与思政课的区别又在哪里？我们讲《屈原列传》，讨论屈原的伟大人格，不是一上来就抽象地进入如何看待屈原形象的问题，而是始终立足于文本层面，在此基础上生发问题，开展思辨。事实上，语文另外的三个维度"思维、审美、文化"，它们也并非单独地具有意义，而是始终立足于文本，脱离了文本，所谓"思维、审美、文化"便无从谈起。

"思维、审美、文化"看上去是语文学习更高阶的追求，但是它们并不是我们能直接奔赴的目的地。"思维、审美、文化"本质上是文本细读的副产品。倘若我们直奔"思维、审美、文化"的目的而去，我们也可能失去它们，文本细读或文学批评才是实现它们的不二法门。而这也是我们在为语文学科存在的价值和意义辩护时所提出的语文学科的专业性之缘由所在。我们正是在文本的分析中，在问题的探讨中，获取人生的教益，达致对思维的训练、对美的感悟以及情感价值的熏陶浸染。

而文本细读的训练恰恰是自主阅读所难以完成的，它需要一个引领者，一个在场的指导者(语文老师作为一个鲜活的生命个体，他/她是以其全部的生命经验带领学生领悟文本，语文老师本身的人格和真诚的生命经验便是一个无可替代的在场)，更重要的原因在于文本细读中思维本身的训练过程是不可替代的。课堂是一个思维生成的场域，也是交流碰撞互动的场域，思维只有历经艰难的思辨，才可能获得真正长足的进步。如同数学抽象定理的学习，推导的过程远比单纯死记公式来得更有意义，思维的快感本身才是我们愿意学习的持久动力。而一个真正的好老师，不仅是传授知识，更是引导学生学会思考。这一朴素的真理，对于文理科皆然。倘若我们需要的只是一篇课文的解读,一个最终的答案,或者说老师只是在一味地"灌输",没有以问题来引领充分的思考,那么语文老师存在的地基也就真正被动摇了。

在这里,我将引用我在《如何读小说》中的一段话,来进一步回答何为文本细读的问题。

"读小说,就如同面对一个人。它的文字是肌肤血肉,但同时无时不刻地透露着它的灵魂气质。好的小说一定会有一颗美妙的灵魂,读小说就是和这个灵魂对话的过程。但它也通常隐约朦胧,它期待一个好的读者与它相遇,能够真正读懂它。而这也正是探究文本的乐趣所在。反之,差的小说往往其内在的灵魂浅陋无趣,一览无余,经不起深究。

"小说的灵魂到底指什么? 问题很大,我们先聚焦小说世界中人物的灵魂,对小说的理解归根结底在于对人物的理解。《断魂枪》的沙子龙为何不传五虎断魂枪?《红楼梦》中宝玉为何认为'女儿是水作的骨肉,男人是泥作的骨肉。我见了女儿,我便清爽;见了男子,便觉浊臭逼人。'《百合花》中的新媳妇为何执意给牺牲的小战士盖上百合花被? 恰恰是这些看上去'不可理喻'的行为或瞬间蕴藏着某种惊心动魄的人性的力量,它一次次地冲击着我们的理性世界,它诱惑着我们去寻求答案,最终让我们走向那个未知的有关人性的神秘领域。读小说,首先要尊重你的直觉,抓住文本最核心最吸引你的问题,一步步思辨,不断地提问、分析,这样才能直抵文本的深处。在这个过程中,我们对小说的技巧也便会有一个更透彻的理解,因为技巧是为表达而服务的。"

文本细读的核心即是立足于文本,以问题为引领,去探究思考文本所告诉我们的有关人生、有关世界的真相。文本细读,正是本书最想做的一个工作。倘若本书的解读有什么值得称道的地方,那便是自足于真实的语文课堂,始终以问题为引领,直面读文本时最初的困惑,尽最大努力去尝试做一个回答。倘若在我的课堂上,真存在属于我的标识,那么便也是始终围绕文本最核心最有价值的问题,引领学生展开思辨讨论。一个课堂的开始,往往不是有关作家作品背景知识的介绍,而是让学生在阅读后,分享他们的阅读体验/赏析,或提出他们的困惑,在对话交流中,让文本最核心的问题浮现出来,然后共同寻找解决问题的思维路径。

从文风上来讲,我一直觉得我是典型的"口水写作"或"课堂写作",即文字本身依循的并非完全书面写作的思维习惯,而是课堂讲述的效果以及口语的节奏,详略快慢的把握、语序的调整等皆按在课堂听起来是否感觉舒服为宜(比如有些内容的讲述,书面写作可以肆意地挥洒膨胀，但是对于课堂的听讲而言却会显得过于冗余或游离，"口水"写作必须主线清晰，中心明确，能随时抓住学生的注意力）。走上教学岗位后，不得不说远离学术写作久矣。但"课堂写作"，我希望其自有一种独特的韵律腔调在。要说明的是，有些文章，并未形成完整的闭合，而是片段性的存在，原因在于，课文的文本解读本是一个源远流长的传统，我并非向壁虚构，不过是在前辈们的基础上，做一点小小的推进，所以前辈已言之，我尽量不言，若避不开，也是出于文章整体逻辑顺畅的考虑。不足之处，敬请批评指正。写下来的，便是个人的一点点心得体会，陶渊明说，"每有所得，便欣然忘食"，我自是做不到这地步，但是我喜欢琢磨。最后，我想说的是，单纯的创造带给我最本真的快乐。我也希望我的学生，无论将来选择什么专业，都能将单纯的创造，无关乎功利的探索，作为基本的人生信条。